Dresden

Zeit für das Beste

Highlights – Geheimtipps – Wohlfühladressen

»Wenn es zutreffen sollte, dass ich nicht nur weiß, was schlimm und hässlich, sondern auch, was schön ist, so verdanke ich diese Gabe dem Glück, in Dresden aufgewachsen zu sein.«

Erich Kästner

BRUCKMANN

Dresden

Zeit für das Beste

BRUCKMANN

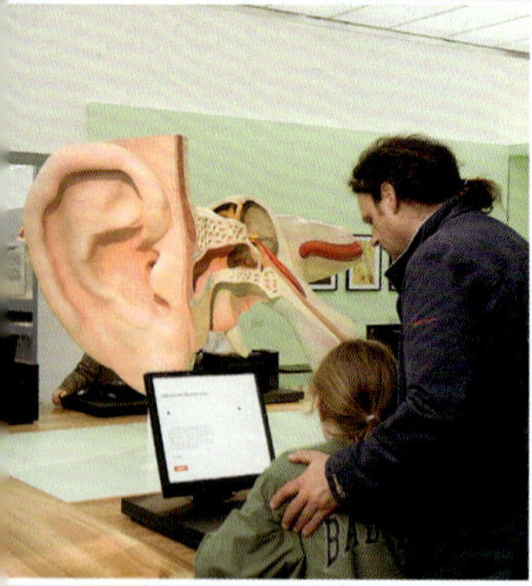

S. 2/3: Blick vom Garten des Chinesischen Pavillon auf die Altstadt
Oben: Das Vorbild zum Goldenen Reiter ist im Schloss zu sehen.
Mitte: Der Große Garten ist einer der beliebtesten Freizeitorte in Dresden.
Unten: Dresdner Hygienemuseum

INHALTSVERZEICHNIS

ENTLANG DER ELBE

DIE SÄCHSISCHE SCHWEIZ

RUND UM DRESDEN

REISEINFOS

Oben: Wasserspiel im Zwinger
Mitte: August der Starke war geradezu verrückt nach Porzellan.
Unten: In den Weinbergen Radebeuls lohnt sich ein ausgedehnter Spaziergang.

DIE TOP TEN

ZWINGER (S. 32)

Ein Barockbauwerk der Meisterklasse. Den Auftrag dafür erteilte Auxgust der Starke Anfang des 18. Jahrhunderts. Errichtet wurde der Zwinger in mehreren Phasen zwischen 1710 und 1733, heute beherbergt er gleich mehrere Museen von Weltruf.

FRAUENKIRCHE (S. 66)

Der barocke Kuppelbau ist Dresdens altes und neues Wahrzeichen. Die Kirche am Neumarkt wurde nach mehr als zehnjährigem Wiederaufbau 2005 neu geweiht. Einst brachte die Frauenkirche der Stadt den Namen »Elbflorenz« ein. Vom Turm hat man eine atemberaubende Aussicht.

GRÜNES GEWÖLBE (S. 44)

Die Schatzkammer Augusts des Starken brachte der Elbestadt viel Ruhm ein. Seit 2006 wird die Sammlung, das Historische und das Neue Grüne Gewölbe, wieder im Schloss präsentiert. Insgesamt sind rund 4000 Meisterwerke und Kostbarkeiten aus nächster Nähe zu bewundern, viele der Exponate gelten weltweit als einzigartig.

BRÜHLSCHE TERRASSE (S. 60)

Ein Garten über der Stadt. Direkt an der Elbe erhebt sich die 500 Meter lange Terrasse, auf der man unbedingt entlangspazieren sollte. Sie wird gern als »Balkon Europas« bezeichnet, der Ausblick von dort reicht bis in die Umgebung Dresdens. Benannt ist die Anlage nach Freiherrn Heinrich von Brühl, der sie Mitte des 18. Jahrhunderts auf einem Teil der früheren Stadtbefestigung bauen ließ.

SEMPEROPER (S. 40)

Die Dresdner Oper ist ein Haus mit langer Tradition. Namen wie Richard Wagner und Richard Strauss sind mit ihm verbunden. Das Hausorchester, die Sächsische Staatskapelle Dresden, wurde bereits 1548 gegründet. Neben Oper und Konzert hat der Tanz seinen festen Platz im Spielplan. Nach der Kriegszerstörung wurde das zweite Gebäude in den 1980er-Jahren originalgetreu wiederaufgebaut.

ELBWIESEN (S. 160)

Breites, sattes Grün erwartet den Besucher im Sommer an der Elbe, oft hohes Gras, in dem man verschwinden kann. Idyllisch zum Ausruhen, schön zum Wandern und abwechslungsreich beim Radfahren. Entlang der Elbe gibt es viel zu entdecken, darunter Schlösser, Villen und Winzerhäuser.

SCHLOSS PILLNITZ (S. 180)

Eine wunderschöne Anlage vor den Toren der Stadt ist die ehemalige Sommerresidenz der sächsischen Herrscher in Pillnitz. Das Ensemble aus Architektur und Gartenkunst liegt malerisch in der Flusslandschaft des Elbtals. Seine Ausstattung ist ein perfektes Beispiel für die Chinamode im 18. Jahrhundert. Der weitläufige Park bietet viele botanische Besonderheiten.

DOM ZU MEISSEN (S. 242)

Der mittelalterliche Kirchraum wirkt auf den ersten Blick unverändert. Der Dom zu Meißen ist eine weitgehend stilreine Hallenkirche aus der Frühzeit der Gotik. Jedes Zeitalter hat dennoch dem Wahrzeichen der Stadt Teile hinzugefügt, Räume neu ausgestattet oder verändert. Hoch über der Stadt und eng verbunden mit der Albrechtsburg bestimmt der Dom das Panorama von Meißen.

SCHLOSS MORITZBURG (S. 250)

Das barocke Jagdschloss ist Mittelpunkt der Moritzburger Teich- und Waldlandschaft. In seiner heutigen Form geht es auf August den Starken zurück, der es zwischen 1723 bis 1733 zu repräsentativen Zwecken umbauen ließ.

BASTEI (S. 198)

Das Wahrzeichen der Sächsischen Schweiz. Von der 1851 erbauten und fast 200 Meter hohen Sandsteinbrücke bekommt man einen bleibenden Eindruck von der bizarren Felslandschaft des Elbsandsteingebirges. Daher ein Muss, auch wenn die Bastei immer reich bevölkert ist.

Oben: Kathedrale und Schloss als Zeugen der Residenzstadt
Unten: Die Engel der »Sixtinischen Madonna« haben ihre eigene Karriere gestartet.

Dresden – Harmonie aus Stein

Wer glaubt, Dresden ist nur barock, der irrt. Natürlich definiert sich die Stadt an der Elbe über Bauten des 18. Jahrhunderts und zehrt vom Reichtum Augusts des Starken. Aber was wäre sie ohne den Fluss, die herrlichen Elbwiesen und ohne ihre wunderbare Umgebung?

Das alles macht Dresden so einzigartig. Ein Mix aus Architektur, Kunst und Musik, aus barocker Fülle und Verspieltheit, aus Natur und nicht zuletzt aus den Menschen, die zum besonderen Flair der Stadt beitragen. Die Dresdner mögen manchmal etwas mürrisch sein, auch ihr Dialekt wird gern belächelt. Doch bei näherem Kennenlernen wird man ihre weit verbreitete Gastfreundlichkeit entdecken und vielleicht ihre Art zu leben schätzen lernen. Was macht die Stadt aus, von der alle so schwärmen und die für viele eine der schönsten

Dresden – Harmonie aus Stein

Europas ist? Dresden ist ein Ort einmaliger Kunstschätze und barocker Prachtbauten. Die Stadt lebt von der Vergangenheit, trotzdem verändert sie sich. Neues ist gewachsen, Altes wurde kurz vor dem Verfall gerettet. In kaum einer anderen deutschen Stadt hat sich in den vergangenen 20 Jahren so viel verändert wie in Dresden, und in kaum einer anderen Stadt steht das Moderne so direkt neben dem Historischen. Weltweit Aufsehen erregte der Wiederaufbau der Frauenkirche am Neumarkt, aber auch Wohnhäuser und ganze Viertel wurden saniert, Palais und Villen haben neue Nutzer. Dazwischen werden städtebauliche Lücken, die der Zweite Weltkrieg hinterließ, gefüllt mit moderner Architektur – nahezu fast immer umstritten und nur selten bejubelt. Neue Bauten wie das Congress Center fügen sich harmonisch in die Landschaft ein, andere hingegen wie die Geschäftshäuser am Altmarkt verbauen das Areal, und der Keil von Daniel Libeskind im Militärhistorischen Museum schlägt ein. Vieles dauert aber lange, manches zu lange wie die Bebauung am Wiener Platz nahe dem Hauptbahnhof. Überhaupt hat man mitunter den Eindruck, dass die Uhren in der Elbestadt etwas langsamer laufen.

Das Florenz des Nordens

Dresden erhielt wegen des italienischen und insbesondere florentinischen Einflusses Anfang des 19. Jahrhunderts den Beinamen »Elbflorenz«. In der Tat ähneln sich die riesigen Kirchenkuppeln beider Städte. Die große Schwester in Florenz ist allerdings mehr als 300 Jahre älter und mit einer noch größeren Kuppel gekrönt: Der Dom Santa Maria del Fiore wurde 1436 erbaut, die Dresdner Frauenkirche 1743. Sie ist das einzige Gebäude nördlich der Alpen, das eine so große Steinkuppel besitzt. Ihr Schöpfer George Bähr (1666–1738) hatte allerdings zunächst eine kupfer-

Oben: Der Goldene Rathausmann von Richard Guhr
Unten: Der Kleine Schlosshof wurde mit einem modernen Glasdach geschlossen.

Oben: Die Barocke Frauenkirche mit der »Zitronenpresse« (Kunstakademie) im Vordergrund
Unten: Die Deutschen Werkstätten Hellerau haben Geschichte geschrieben.

gedeckte Holzkuppel vorgesehen. Diese Variante war jedoch zu teuer. Alternativ schlug Bähr vor, die Kuppel teilweise oder ganz aus Stein zu fertigen. Gutachten wurden eingeholt und George Bähr mehrfach befragt, ehe 1733 ein Vertrag über die Ausführung in Stein geschlossen wurde. Als Erbauer der katholischen Hofkirche wurde schließlich ein Italiener gewonnen: Gaetano Chiaveri (1689–1770) und weitere Landsleute kamen 1737 in die Elbstadt und ließen sich auf dem Gelände des heutigen Theaterplatzes nieder. Vom Namen ihrer Wohn- und Arbeitsstätten zeugt bis in die Gegenwart das Italienische Dörfchen. Auch die Architektur des frühen 19. Jahrhunderts orientierte sich an italienischen Vorbildern. Gottfried Semper (1803–1879) entwarf seine Galerie am Zwinger nach dem Vorbild der Uffizien. In vielen Stadtvillen schlug sich die Formensprache der italienischen Renaissance nieder, manche hatten die Statur eines Florentiner Palazzo (das zerstörte Logenhaus in der Ostra-Allee). Auch Villen, die Semper für Dresden entwarf, hatten konkrete florentinische Vorbilder wie das zerstörte Palais Kaskel-Oppenheim (Bürgerwiese), das dem Palazzo Pandolfini nachempfunden war. Der Name »Elbflorenz« wird inzwischen auch in Verbindung mit anderen Gemeinsamkeiten und Berührungspunkten zwischen der sächsischen und toskanischen Hauptstadt verwendet. Dresden und Florenz verbindet seit 1978 eine Städtepartnerschaft, die nach der politischen Wende neue Impulse bekam.

Weltkulturerbe ade!

Während das »centro storico« von Florenz seit 1982 Weltkulturerbe ist, hat Dresden diesen Titel der UNESCO verspielt – ein zutiefst unrühmliches Kapitel in der jüngeren Stadtgeschichte. Das Welterbe schützte die weitläufige Kulturlandschaft des Dresdner Elbtals seit 2004. Bei einem Bürgerentscheid 2005 hatte sich dann die Mehrheit der Dresdner für den Bau der modernen Waldschlösschenbrücke entschieden. Die UNESCO hatte dagegen deutlich gemacht: »Wenn die Konstruktion der Brücke nicht gestoppt und der Schaden gutgemacht wird, wird das Dresdner Elbtal 2009 von der Liste des Welterbes gestrichen.« Und so geschah das, was zuvor höchst selten geschehen war – der Welterbetitel war weg! Nun wagt Dresden einen neuen Vorstoß bei den Denkmalhütern: Die Gartenstadt Hellerau soll es wieder richten. Die Entscheidung, ob Dresden damit wieder ein Welterbeprojekt erhält, fällt jedoch frühestens 2016.

Schmerzhafte Vergangenheit

Einen unermesslich größeren Verlust aber musste die Stadt 1945 hinnehmen. Vom 13. bis 15. Februar erlebte Dresden vier Angriffswellen der Alliierten, damals starben 25 000 Menschen. Große Teile der Innenstadt und der industriellen und militärischen Infrastruktur wurden zerstört, die Altstadt wurde nahezu vollständig dem Erdboden gleichgemacht. Bis heute sitzt der Stachel im Fleisch, die Trauer in den Herzen derer, die das überlebt haben. Jedes Jahr am 13. Februar um 21.45 Uhr läuten die Glocken zur Erinnerung an den Fliegeralarm, der zu Beginn der ersten Angriffswelle ausgelöst wurde. In den ersten 15 Minuten des Bombardements waren etwa drei Viertel der Dresdner Altstadt in Brand gesetzt worden, die Flammen im weiten Umkreis am Himmel zu sehen. Heutzutage versammeln sich jedes Jahr Tausende Dresdner und Besucher an der Frauenkirche und setzen in stillem Gedenken mit Kerzen ein Zeichen. Wegen genehmigten Neonazi-Kundgebungen und Tausenden Gegendemonstranten kam es in den vergangenen Jahren am Gedenktag mehrfach zu heftigen Krawallen.

Oben: Kostbare Schale aus dem Bernsteinkabinett
Mitte: Putten und Skulpturen schmücken den barocken Zwinger.
Unten: Relikt aus der DDR: das 240 Meter lange Wohnhaus »Prager Zeile«

DDR-Vergangenheit

Und eine weitere Diktatur hat Narben bei den Menschen hinterlassen. Unter der SED mussten wie in anderen ostdeutschen Städten zahlreiche historische Gebäude weichen, zu wichtig war den Machthabern die sozialistische Großstadt aus Betonkästen und Plattenbauten. Eine Ausnahme ist der Dresdner Zwinger, dessen Wiederaufbau gleich nach dem Krieg angepackt wurde. Dass die historische Bausubstanz der Altstadt trotzdem weitestgehend erhalten blieb, wenn auch zum Teil als Ruine wie das Residenzschloss und das Taschenbergpalais, ist engagierten Denkmalpflegern und Bürgern zu verdanken. Erfolglos allerdings blieb ihr Engagement für die Sophienkirche, die zum Zeitpunkt ihres Abbruchs die älteste und einzige gotische Kirche der Innenstadt war. 1351 als Kirche des Franziskanerklosters gebaut, war sie bis 1918 evangelische Hofkirche Dresdens, die Hauptkirche des lutherischen Königreichs Sachsen und nach dem Ende der Monarchie ab 1922 Bischofskirche des ersten sächsischen Landesbischofs. Einziger Trost: Ein Teil der Ausstattung konnte gerettet werden, darunter der Nosseni-Altar, der heute in der Loschwitzer Kirche steht.

Frühe Stadtgeschichte

Erste Besiedlungen datieren schon in der Jungsteinzeit aus dem Jahr 5500 v. Chr. Die Gründung der Stadt liegt um 1173. Der Name Dresden ist von dem altsorbischen Wort »Dreždany« abgeleitet, das so viel wie Wald- oder Auenbewohner bedeutet. Urkundlich erwähnt wurde die Stadt erstmals 1206. Von dem rechtselbisch gelegenen »Altendresden«, der heutigen Inneren Neustadt, wird 1350 als »Antiqua Dressdin« gesprochen. Die Verleihung des Stadtrechts an Altendresden soll am 21. Dezember 1403 durch den Markgrafen von

Oben: Detail aus der Kanzel der Hofkirche
Mitte: Die Reiterstandbilder im Fürstenzug sind aus Porzellan.
Unten: Besucher in der Schatzkammer von August dem Starken

Meißen, Wilhelm I. (1343–1407), erfolgt sein. Im Jahr 1485 wählten die albertinischen Wettiner Dresden zu ihrem ständigen Hauptsitz. Sie waren Gegner der Reformation und die Stadt wurde daher Zentrum der Auseinandersetzung mit den Thesen Martin Luthers (1483–1546). Die Reformation hielt schließlich 1539 mit dem ersten lutherischen Gottesdienst in der Kreuzkirche Einzug. Kurfürst Moritz verfügte 1549 über die Einverleibung Altendresdens nach Dresden und vereinte damit die rechts- und linkselbischen Teile der Stadt. Unter Kurfürst August (1526–1586), der die Regierung 1553 übernahm, schritt die bauliche Veränderung Dresdens schnell und umfassend voran. Die bestehende Burg wurde zu einer mächtigen Schlossanlage umgebaut, es entstanden der Stallhof und das Zeughaus. Moderne Festungsanlagen ersetzten die mittelalterliche Stadtmauer. Der Dreißigjährige Krieg (1618–1648), an dem sich die Kursachsen ab 1620 beteiligten, hinterließ jedoch verheerende Spuren. Hunger, Not und Pest dezimierten die Bevölkerungszahl und die Wirtschaft kam nahezu zum Erliegen. 1685 wurde Altendresden durch einen Großbrand zerstört. Daraufhin entstand die Neustadt mit prächtigen Barockbauten, die Stadt erholte sich in wenigen Jahrzehnten und setzte zu neuer Blüte an.

August der Starke

Untrennbar mit Dresden verbunden ist die schillernde Persönlichkeit Friedrich Augusts I., genannt August der Starke (1670–1733). Dieser Mann, der ab 1694 die Geschicke Sachsens lenkte, ist bis heute in Dresden allgegenwärtig wie sonst kein anderer sächsischer Regent. Das verwundert nicht, denn er war der am meisten exzentrische unter ihnen: Seiner Prunksucht und seinem Kunstsinn verdankt Dresden die prächtigsten Bauten und seinen Ruf als Kunst- und Kulturstadt. Zahlreiche

Oben: Die Brühlsche Terrasse bietet sich auch für einen abendlichen Spaziergang an.
Mitte: Das Taschenbergpalais liegt in unmittelbarer Nachbarschaft zum Zwinger.
Unten: Die Königstraße in der Neustadt

Oben: Abendliche Eleganz in der Semperoper
Mitte: Der Zwinger bietet zahlreiche Details.
Unten: Spazieren auf den Brühlschen Terassen

Anekdoten und Frauengeschichten – die populärste ist die seiner Mätresse Constantia von Cosel (1680–1765) – ranken sich um den absolutistischen Herrscher, überall spiegeln sich seine Neigungen und Launen wider. Dies gilt ganz besonders für den Zwinger, dessen Planung und Ausführung der Landesherr selbst mit beeinflusste. Das Bauwerk von 1719 ist ihm in vielen Details unmittelbar auf den Leib geschrieben und huldigt ihn als Kurfürst und König von Polen. Wegen der polnischen Krone war August 1697 zum Katholizismus übergetreten, wovon die Katholische Hofkirche noch ein machtvolles Zeugnis ablegt. Zu den großen Verdiensten August des Starken gehörte auch die Förderung des sächsischen Manufakturwesens, das unter anderem mit der Meißner Porzellan-Manufaktur, der sächsischen Teppich- und Tapetenfabrikation oder den Goldschmiede- und Bildhauerwerkstätten bald internationalen Ruf erlangte.

Dresdner Bürgertum

1806 besetzten französische Truppen Dresden, Sachsen wurde zum Königreich von Napoleons Gnaden. 1813 siegte Napoleon zum letzten Mal auf deutschem Terrain in der Schlacht von Dresden, musste aber kurz danach in der Leipziger Völkerschlacht kapitulieren. Nach der Zeit der napoleonischen Herrschaft bestimmte nicht mehr nur der königliche Hof die Dresdner Stadtentwicklung: Im 19. Jahrhundert erblühte in der Residenzstadt das Bürgertum. Es entstanden Industriebetriebe, 1825 die Technische Bildungsanstalt und 1839 mit der Eisenbahnlinie Leipzig-Dresden die erste Fernbahn Deutschlands. Zahlreiche Salons, Lese- und Opernzirkel und Gesellschaften wurden gegründet und waren offen für prominente Gäste aus dem In- und Ausland. Namen wie Ludwig Tieck (1773–1853), Carl Maria von Weber (1786–1826), Gottfried Semper (1803–1879) und Carl

Gustav Carus (1789–1869) sind mit dieser Zeit verbunden. Richard Wagner (1813–1883) hielt an der Hofoper 1842 mit der Uraufführung von Rienzi Einzug, 1843 wurde er zum Königlich-Sächsischen Kapellmeister ernannt. Der Kampf um politische Reformen und für einen modernen, bürgerlichen Staat gipfelte für Dresden im gescheiterten Maiaufstand 1849, an dem auch Wagner und Semper teilnahmen. Beide flohen aus der Elbestadt. Bis zur Abschaffung des Königreichs Sachsen 1918 sollte es jedoch noch viele Jahrzehnte dauern. Bis heute herausragend ist in der Elbstadt das Engagement der Bürger. Ihr Einsatz gilt vor allem der Kunst und Musik sowie den zahlreichen Denkmälern. In Dresden gibt es neben zwei herausragenden Orchestern (Philharmonie und Staatskapelle) und mehreren renommierten Chören (Kreuzchor, Kapellknaben und Semperopernchor) auch auffallend viele Laienensembles mit hohem Niveau, darunter die Dresdner Singakademie. Herausragend auch der Dresdner Kammerchor, dem vorwiegend (ehemalige) Gesangs- und Musikstudenten sowie qualifizierte Laien angehören. Höhepunkt im musikalischen Leben der Stadt sind die Dresdner Musikfestspiele.

Moderne, (Künstler-)Szene und Natur

Schön an Dresden ist aber nicht nur die Musik – schön sind die Gegensätze. Der allgegenwärtige verspielte Barock ist mit der Moderne konfrontiert wie dem Hygiene-Museum, das 1930 fertiggestellt wurde. Etwas früher datiert ist die Gartenstadt im Norden, die ab 1909 als grüne Reformwohnsiedlung mit Arbeitsstätten und Festspielhaus entstand. Dresden zog seit jeher Künstler an, die sich durch die harmonische Atmosphäre inspirieren ließen. Bis heute bestimmen sie das Flair der Stadt, vor allem auf der Neustädter Seite kann man sich

Oben: Der Frauenkirchenchor wurde 2005 von Kantor Matthias Grünest gegründet.
Mitte: Das Residenzschloss beherbergt heute mehrere Museen.
Unten: Die Hauptstraße ist barocke Flaniermeile auf der Neustädter Elbseite.

Oben: In der Dresdner Neustadt finden sich zahlreiche Graffitis.
Mitte: Daniel Libeskind durchbrach das alte Arsenal mit einem Glaskeil.
Unten: Die Dresdner Schwebebahn wurde 1901 eröffnet.

in zahlreichen Galerien, Kunstläden und Werkstätten ein Bild davon machen. Dresden überzeugt aber auch wegen seiner natürlichen Lage am Fluss und den zahlreichen Parks und Grünanlagen, im Sommer sind die Elbwiesen ein idealer Ort zum Verweilen. Den berühmten Canaletto-Blick vom Neustädter Elbufer auf die Kulisse der Altstadt sollte jeder Dresden-Besucher wenigstens einmal genießen. Aber auch eine Radtour entlang des Ufers oder eine Dampferfahrt auf der Elbe, am besten gleich bis Pillnitz zum Lustschloss des Königs, lohnen sich. Der Große Garten lädt als »Grüne Lunge« Spaziergänger ein, Wohnviertel wie der Weiße Hirsch oder Blasewitz bilden eine einzigartige Symbiose aus Kultur und Natur.

Elbeflut 2002

Dass die Natur in ihrer Gewalt verheerend sein kann, vor allem, wenn der Mensch in sie eingreift, musste auch Dresden 2002 erfahren. Am 17. August stieg der Elbepegel auf seinen bisherigen Höchststand von 9,40 Metern, flussaufwärts in Pirna wurden 11,50 Meter gemessen. Das Hochwasser gilt als eine der schwersten Naturkatastrophen Mitteleuropas, die Schäden beliefen sich auf Milliardenhöhe. Der hohe Pegelstand der Elbe 2002 wurde maßgeblich durch den Verbau des Flutraums und damit durch den Menschen verursacht. Die enormen Schäden in der historischen Altstadt aber richtete bereits am 12. und 13. August die Weißeritz an, deren Lauf man bereits im 19. Jahrhundert verändert hatte. Mit dem Hochwasser kehrte sie wieder in ihr altes Flussbett zurück, das mit dem Eisenbahnbau verlegt worden war. Die Flutwelle verlief quer durch Teile der Innenstadt, Zwinger und Opernplatz standen unter Wasser, der Hauptbahnhof wurde wegen der tieferliegenden Gleiskörper überflutet. Allein an der Semperoper belief sich der Schaden auf 27 Millionen

Euro, bei den Staatlichen Kunstsammlungen auf rund 20 Millionen.

Sächsische Schweiz

Etwa 30 Kilometer von Dresden entfernt, dort, wo die Elbe eine ihrer größten Schleifen zieht, liegt das Elbsandsteingebirge, eine kreidezeitliche Erosionslandschaft. Sonne, Wind und Regen haben eine bizarre Welt aus Bergen, Riffen und Schluchten geformt, wie sie schöner nicht sein kann. Wie gemalt liegen Sandsteinfelsen, Basalt- und Tafelberge vor dem Auge des Betrachters. In dieser Natur hat der Mensch seine Spuren hinterlassen. Enge Schluchten und historische Mühlen, zerklüftete Sandsteinriffe und Reste mittelalterlicher Felsenburgen: All das ist dieses Mittelgebirge. Es erstreckt sich beiderseits der Elbe zwischen der tschechischen Stadt Děčín und dem sächsischen Pirna, insgesamt ist es rund 700 Quadratkilometer groß und erreicht in Böhmen mit dem Hohen Schneeberg Höhen bis 723 Meter über dem Meeresspiegel. Auf deutscher Seite ist der Große Zschiernstein mit seinen 561 Metern die höchste Erhebung. Der auffällige Formenreichtum der einzigartigen Landschaft ist eine Folge biologischer Prozesse und chemisch-physikalischer Erosion von Gesteinen, die aus den in der Kreidezeit abgelagerten Sanden gebildet wurden. Neben Basalt- und Tafelbergen gibt es vor allem Sandsteinfelsen, die zahlreiche Kletterer anlocken. Bis auf drei Ausnahmen ist das Klettern an Felsmassiven nicht erlaubt und generell nur an ausgewiesenen freistehenden Klettergipfeln gestattet, von denen es weit mehr als 1000 gibt. Wer das Abenteuer sucht, kann außerdem verschiedene Stiegen nutzen, bei denen schwindelfreie und trittsichere Wanderer mit Hilfe von Treppen, Leitern, Metalltritten und Griffen teilweise recht große Höhenunterschiede überwinden können. Zu den beliebtesten gehören

Oben: Wahrzeichen der Sächsischen Schweiz: die Basteibrücke
Unten: Die Sächsische Dampfschifffahrt verfügt über neun historische Raddampfer.

Oben: Detail der Schlosskapelle auf Schloss Weesenstein im Müglitztal
Mitte: Die Kirnitzschtalbahn bringt Wanderer zu ihrem Startpunkt.
Unten: Radfahrer vor Schloss Wackerbarth

die Häntzschelstiege in den Affensteinen, die Heilige Stiege sowie die Rübezahl- und Rotkehlchenstiege nördlich von Schmilka. Der deutsche Teil des Elbsandsteingebirges wird als Sächsische Schweiz, der tschechische als Böhmische Schweiz bezeichnet. Der inzwischen häufig verwendete Begriff »Sächsisch-Böhmische Schweiz« ist davon abgeleitet. Um diese harmonische Landschaft zu erhalten, wurden große Teile zum Landschafts- und Naturschutzgebiet erklärt. Im Gebiet der Sächsischen Schweiz gibt es eine Reihe von Burganlagen, die zum Schutz der Handelswege errichtet wurden. Zeugen dafür sind die Festung Königstein und die Burg Hohnstein. Einige der Burgen wurden auch als mittelalterliche Raubnester genutzt. Ursprünglich war dieses Gebiet slawisch besiedelt und kam erst im 15. Jahrhundert in ungefähr heutigen Grenzen unter sächsische Herrschaft. Der Tourismus setzte bereits im 19. Jahrhundert ein. Nach der Erschließung des Gebirges kamen regelmäßig auch Künstler in die Felsenwelt, vor allem die Maler der Romantik ließen sich von der wilden Schönheit der Felsen inspirieren. Jenseits der Highlights wie Bastei und Festung Königstein (die aber trotz Besuchermassen angeschaut werden sollten!) kann man in der Sächsischen Schweiz auch ganz allein unterwegs sein. Ein Erlebnis ist das Übernachten in freier Natur unter einem Felsvorsprung in der »Boofe«, das hier eine lange Tradition hat.

Fazit – warum Dresden?

Dresden ist wie eine schöne Frau mit Charme. Bei einem Spaziergang über die Augustusbrücke mit Blick auf die Kathedrale und die Semperoper scheint die Welt in Ordnung. Der Klang der Sächsischen Staatskapelle Dresden ist geradezu himmlisch, der Wiederaufbau der Frauenkirche grenzt an ein Wunder, das Szeneviertel Neustadt

ist nicht nur schrill, sondern setzt auf seine Weise die jahrhundertealte Kunst und Kultur der Stadt fort. Dresden, das ist der Wechsel von historisch und modern auf engstem Raum, das ist aber auch der gemütliche Kaffee, das Detail an der Fassade und das edle Restaurant. Nicht zuletzt trägt der sächsischen Dialekt zu der anziehenden und zum Teil anheimelnden Atmosphäre dieser Stadt bei. Das Sächsische klingt zwar etwas breit, doch die Sachsen sind »helle«, das wird ihnen nachgesagt. Einige der Dresdner Bauwerke bestechen durch ihre Perfektion und Geschlossenheit wie der Zwinger, ein einzigartiges Zeugnis barocker Baukunst, etwas ganz Besonderes ist auch die Brühlsche Terrasse. Innenhöfe, Plastiken, das Elbufer, Gründerzeit- und Barockhäuser – überall gibt es Dinge zu sehen und ganz individuell zu entdecken. Es sind die vielen schönen Blicke, die eine Stadt attraktiv machen und die man in Dresden genießen kann. Dabei muss man nicht gleich auf den Schlossturm oder die Frauenkirche klettern. Auf jeden Fall sollte man sich angewöhnen, auf dem (Spazier-)Weg immer wieder den Blick zurückzulenken und die ständig in Wandlung begriffenen Perspektiven zu verinnerlichen. Die Qualität dieser Stadt liegt zudem an ihrer herrlichen Umgebung und ihrer Nähe zur Sächsischen Schweiz. Von klassisch-konservativ zu familiär-sportlich bis hin zu ausgeflippt oder alternativ, ob Kunstliebhaber, Natur- oder Shoppingfreund, Fahrradfahrer oder Fußgänger – Dresden enttäuscht selten.

Oben: Die Meißner Albrechtsburg ging als »Wiege Sachsens« in die Geschichtsbücher ein.
Unten: Entspannen am Leuchtturm von Schloss Moritzburg

Die Hofkirche in barocker Pracht.

Steckbrief Dresden

Lage: 51° 05 N, 13° 74 O

Höhe: 113 Meter über NN

Fläche: 328,31 Quadratkilometer

Park- und Grünanlagen: mehr als 500 Hektar

Einwohner: 526 395 (9/2011)

Status: Landeshauptstadt von Sachsen
Stadtgliederung: 10 Ortsämter und 9 Ortschaften

Stadtwappen:

Kunst und Kultur: zahlreiche Weltklassemuseen, zwei bedeutende Orchester

Bühnen: Semperoper, Staatsschauspiel und Staatsoperette

Erfindungen: In Dresden wurde 1708 das Porzellan erfunden, 1838 die erste deutsche Dampflokomotive in Betrieb genommen, die erste Milchschokolade (1839) und die erste Kondensmilch in Deutschland (1886) entwickelt. Auch das Odol-Mundwasser (1892), der Bierdeckel (1892), die erste Zahnpasta in der Tube Chlorodont (1907), der Melitta-Kaffeefilter (1908) und die Erika-Kleinschreibmaschine (1910) sowie der erste industriell hergestellte Teebeutel (1929) werden den Dresdnern zugeschrieben. Schließlich gab es in den 1930er-Jahren mehrere Erfindungen in der Kameratechnik, 1972 die Sauerstoffmehrschritttherapie und 1996 den ersten 3D-Bildschirm.

Wirtschaft und Tourismus: In der Landeshauptstadt sind knapp 48 000 Unternehmen ansässig, davon 12 000 im Handel und mehr als 6000 im Handwerk. 2011 zählte die Stadt 1,8 Millionen Übernachtungsgäste, davon 33 Prozent Geschäftsreisende und 67 Prozent private Besucher. Dresden bietet 114 Hotels mit 18 500 Betten, 61 Gasthöfe und Pensionen, neun Jugendherbergen und Hostels und drei Campingplätze.

Religion: Vier Fünftel gehören keiner religiösen Gemeinschaft an, 15,4 Prozent sind evangelisch, 4,6 Prozent katholisch, 1000 Angehörige der Russisch-Orthodoxen Kirche, 700 Angehörige der Jüdischen Gemeinde.

Geschichte im Überblick

1204 Erste Erwähnung

1485 Sächsische Landesteilung, Herzog Albrecht wählt Dresden zu seiner Residenz.

1539 Einführung der Reformation in Dresden

1547 Herzog Moritz wird Kurfürst, Dresden Sitz des protestantischen Kurfürstentums Sachsen.

1694 August der Starke wird als Friedrich August I. Kurfürst von Sachsen.

1697 August der Starke wird als August II. König von Polen und konvertiert deshalb zum Katholizismus.

1708 Erfindung des Porzellans durch Friedrich Böttger und Ehrenfried Walther von Tschirnhaus in der Dresdner Jungfernbastei

1720 Graf Wackerbarth erlässt eine Bauordnung, die für die barocke Stadtentwicklung maßgeblich wird.

1756 Dresden wird zu Beginn des Siebenjährigen Krieges von preußischen Truppen attackiert und bis 1760 teilweise zerstört und eingenommen.

1806 Französische Truppen besetzen Dresden, Sachsen wird zum Königreich von Napoleons Gnaden.

1813 Letzter Sieg Napoleons in der Schlacht von Dresden, Kapitulation kurz danach in der Leipziger Völkerschlacht, in der Sachsen gemeinsam mit Napoleon gegen den Rest Europas verliert

1815 Sachsen verliert nach dem Wiener Kongress zwei Drittel seines Territoriums an Preußen. Gründung der Medizinischen Akademie

1828 Gründung der Technischen Hochschule

1836 Gründung der Sächsisch(-Böhmisch)en Dampfschifffahrtsgesellschaft

1839 Eröffnung der ersten Ferneisenbahnlinie auf dem europäischen Kontinent zwischen Leipzig und Dresden

1901 Eröffnung der ersten Bergschwebebahn der Welt

1918 Abdankung des letzten Sachsenkönigs, Dresden wird Hauptstadt des Freistaats Sachsen.

1938 In der Reichspogromnacht wird auch die von Gottfried Semper erbaute Synagoge zerstört.

1945 Bei den Luftangriffen am 13. und 14. Februar werden 15 Quadratkilometer Stadtgebiet zerstört. Rund 25 000 Bewohner sterben. Am 7. und 8. Mai erreicht die Rote Armee Dresden-Neustadt. Beginn der sowjetischen Militärverwaltung

1946 Beginn des Wiederaufbaus. In den 1950er-Jahren werden zahlreiche wiederaufbaufähige Ruinen gesprengt, um eine »sozialistische Großstadt« zu errichten.

1949 Gründung der DDR

1952 Auflösung des Landes Sachsen, Dresden wird Bezirkshauptstadt.

1956 Der Zwinger ist das erste komplett wiederaufgebaute historische Bauwerk Dresdens.

1985 Wiedereröffnung der Semperoper mit Carl Maria von Webers Freischütz

1989 Dresden spielt bei der friedlichen Revolution zusammen mit Leipzig und Plauen eine maßgebliche Rolle, die größte Demonstration ist am 3. und 4. Oktober.

19. Dezember 1989 Rede Helmut Kohls vor der Frauenkirche, erstmals wird die Losung »Wir sind das Volk« zu »Wir sind ein Volk«.

1990 Mit der deutschen Wiedervereinigung am 3. Oktober wird Dresden Hauptstadt des ebenfalls wiedergegründeten Freistaats Sachsen.

1995 Mit der Eröffnung der Siemens-Chipfabrik (später Infineon und Quimonda) wird Dresden zum Standort moderner Mikroelektronik (»Silicon Saxony«).

1999 Nach Eingemeindungen ist Dresden flächenmäßig die viertgrößte Stadt Deutschlands.

2002 Jahrhundertflut im August. Der Elbepegel erreicht mit 9,40 Metern seinen bisherigen Höchststand. Die Weißeritz sucht sich ihr altes Flussbett mitten in der Stadt, Zwinger, Opernplatz und Hauptbahnhof stehen unter Wasser.

2004 Das Dresdner Elbtal wird Welterbe der UNESCO, nach zähem Ringen wird der Titel 2009 wegen dem Bau der Waldschlösschenbrücke wieder aberkannt.

2005 Weihe der wiederaufgebauten Frauenkirche

2006 800-jähriges Stadtjubiläum. Eröffnung des Historischen Grünen Gewölbes im Schloss

2010 Eröffnung der Türckischen Cammer im Schloss und des neu gestalteten Albertinums

2011 Eröffnung des umgestalteten Militärhistorischen Museums mit Daniel Libeskind

2012 Staatliche Kunstsammlungen Dresden feiern »500 Jahre Sixtinische Madonna«.

2013 Eröffnung der Rüstkammer im Riesensaal des Residenzschlosses

2013 Eröffnung des Mathematisch-Physikalischen Salons im Zwinger

2013 Voraussichtliche Fertigstellung der Waldschlösschenbrücke

ALTSTADT HISTORISCHES ZENTRUM

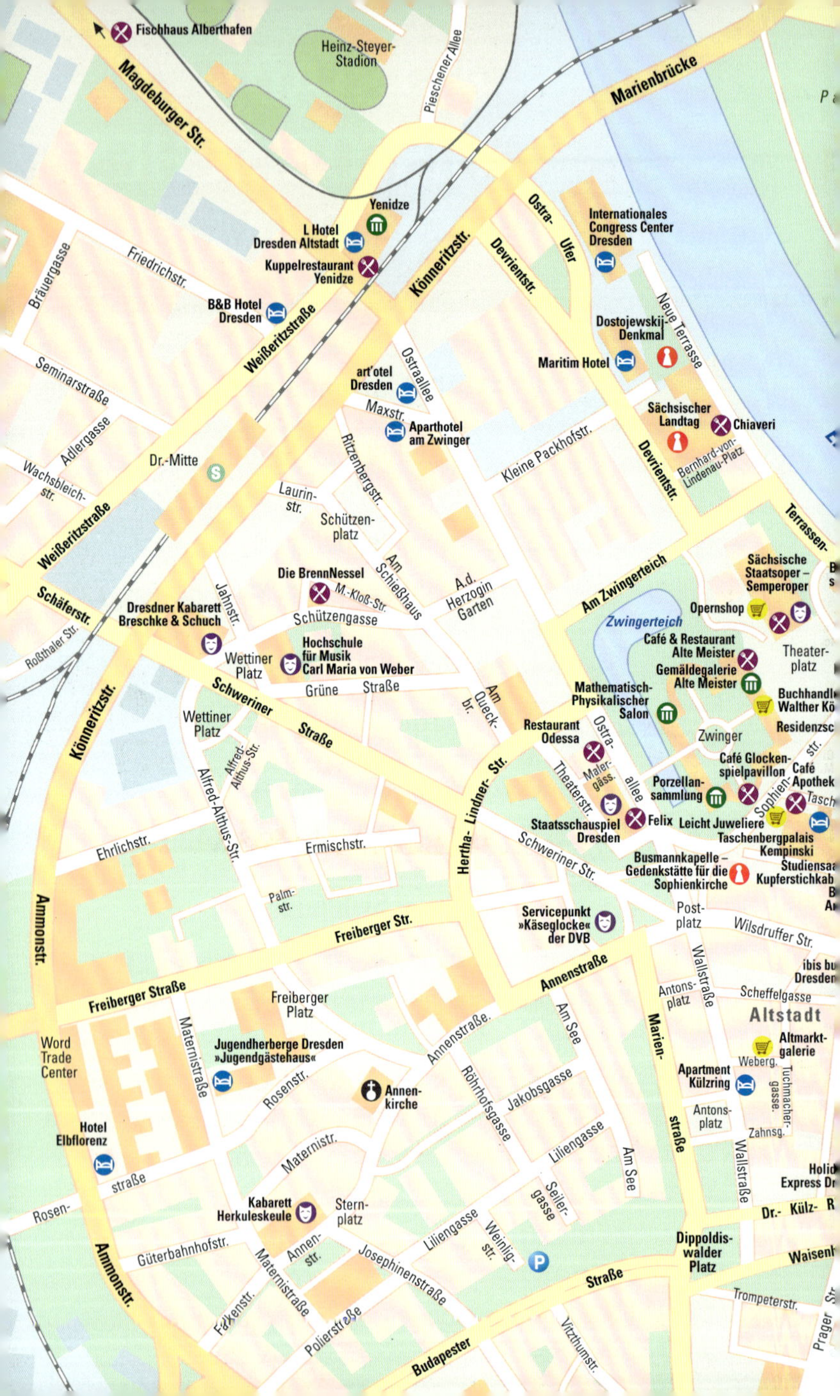

Fischhaus Alberthafen
Heinz-Steyer-Stadion
Pieschener Allee
Magdeburger Str.
Marienbrücke
Yenidze
L Hotel Dresden Altstadt
Kuppelrestaurant Yenidze
Internationales Congress Center Dresden
Ostra-Ufer
Devrientstr.
Könneritzstr.
Friedrichstr.
Bräuergasse
B&B Hotel Dresden
Weißeritzstraße
Neue Terrasse
Dostojewskij-Denkmal
Maritim Hotel
Ostraallee
art'otel Dresden
Seminarstraße
Maxstr.
Aparthotel am Zwinger
Sächsischer Landtag
Chiaveri
Adlergasse
Dr.-Mitte
Ritzenbergstr.
Kleine Packhofstr.
Bernhard-von-Lindenau-Platz
Wachsbleichstr.
Laurinstr.
Schützenplatz
Terrassen-
Weißeritzstraße
Sächsische Staatsoper – Semperoper
Am Zwingerteich
Die BrennNessel
Am Schießhaus
A.d. Herzogin Garten
Schäferstr.
Jahnstr.
M.-Kloß-Str.
Opernshop
Dresdner Kabarett Breschke & Schuch
Schützengasse
Zwingerteich
Roßthaler Str.
Café & Restaurant Alte Meister
Theaterplatz
Hochschule für Musik Carl Maria von Weber
Wettiner Platz
Gemäldegalerie Alte Meister
Grüne Straße
Am Queckbr.
Mathematisch-Physikalischer Salon
Buchhandlung Walther Kö
Könneritzstr.
Schweriner Straße
Wettiner Platz
Restaurant Odessa
Zwinger
Residenzsc
Alfred-Althus-Str.
Ostra-allee
Café Glockenspielpavillon
Café Apothek
Maler-gäss.
Theaterstr.
Porzellansammlung
Sophienstr.
Tasch
Hertha-Lindner-Str.
Staatsschauspiel Dresden
Felix
Leicht Juweliere
Taschenbergpalais Kempinski
Ehrlichstr.
Alfred-Althus-Str.
Schweriner Str.
Ermischstr.
Busmannkapelle – Gedenkstätte für die Sophienkirche
Studiensaal Kupferstichkab
Palmstr.
Servicepunkt »Käseglocke« der DVB
Postplatz
Wilsdruffer Str.
Ammonstr.
Freiberger Str.
Annenstraße
Antonsplatz
Wallstraße
Scheffelgasse
ibis bu Dresden
Freiberger Straße
Freiberger Platz
Am See
Altstadt
Marienstraße
Annenstraße
Word Trade Center
Maternistraße
Jugendherberge Dresden »Jugendgästehaus«
Röhrhofsgasse
Altmarkt-galerie
Weberg.
Apartment Külzring
Tuchmachergasse
Rosenstr.
Annenkirche
Jakobsgasse
Antonsplatz
Hotel Elbflorenz
Zahnsg.
Maternistr.
Liliengasse
Am See
Wallstraße
Rosenstraße
Seilergasse
Holid Express Dr
Kabarett Herkuleskeule
Sternplatz
Dr.-Külz-R
Liliengasse
Weinligstr.
Dippoldiswalder Platz
Güterbahnhofstr.
Annenstr.
Josephinenstraße
Waisenh
Ammonstr.
Maternistraße
Straße
Falkenstr.
Trompeterstr.
Polierstraße
Budapester
Vitzthumstr.
Prager Str.

Sehenswürdigkeit, Denkmal
Aktivität, Ausgang, Theater
Museum, Galerie
Shopping
Restaurant, Bar, Café
Übernachtungsmöglichkeit
Kirche, Moschee
0
200 m
N
Palais-platz
Motel One
Chirel Chocolade & Caffee
Bülow Palais
Jazzclub Tonne e.V.
Wenzel Prager Bierstuben
Königstraße
An der Dreikönigskirche
Dreikönigskirche – Haus der Kirche
L'art de vie, Die Pasta-manufaktur
Societaetstheater
Ober-graben
Metzer Str.
Ritterstr.
Markthalle
Kügelgenhaus – Museum der Dresdner Romantik
Turmbesteigung
Rähnitz-gasse
Heinrichstr.
Große Meißner Str.
Hospitalstraße
Oberer Kreuzweg
P.-Schwarze-Str.
Staatsarchiv
E.-Ponto-Str.
Archivstraße
Watzke
Neustädter Markt
Hauptstraße
Sarrasanistraße
Albertstraße
Eiscafé Venezia
Goldener Reiter
Westin Bellevue
Park Inn by Radisson Dresden
Café Scholze
Museum für Sächsische Volkskunst mit Puppentheater-sammlung
Wigardstraße
Blockhaus
Köpckestraße
Neustädter Markt
Carola-platz
Staatskanzlei
Archivstr.
Stauden-garten
Wiesen-torstr.
Finanz-ministerium
Königsufer
Königsufer
Augustusbrücke
Carolabrücke
Theaterkahn – Dresdner Brettl
Sächsische Dampf-schiffahrtsgesellschaft
Schlossplatz
Kathedrale Ss. Trinitatis – Hofkirche
Radeberger Spezialausschank
Terrassenufer
Terrassenufer
Rietschelstraße
Gerichtsstraße
Brühlsche Terrasse
Café Vis-à-vis
Hilton Dresden
Augustusstr.
Bibl. des Münzkabinetts
Grand Café & Restaurant Coselpalais
Brühlscher Garten
Kunsthalle im Lipsiusbau
Hasenberg
Neue Synagoge
Steinstraße
Ziegelstraße
Gerichtsstraße
Schössergasse
Kathedral-forum
Töpferstr.
QF Quartier
QF Hotel Dresden
An der Frauenkirche
An der Frauenkirche
Salzgasse
Museum Festung Dresden
Albertinum
Kastenmeiers
Swissôtel Dresden
Verkehrsmuseum
Jüden-hof
Neu-markt
Frauen-kirche
Innside Dresden
Tzschirner-platz
Rathenau-platz
Buchhandlung Walther König
Aparthotel Altes Dresden
Freiberger Cohenhaus
Kultur-palast
Galerie-str.
Frauenstr.
Landhausstr.
Moritzstr.
Steigen-berger Hotel de Saxe
Schießgasse
Pillnitzer Straße
Zirkusstr.
Alt-markt
Kleine Kirchgasse
Friesengasse
Stadtmuseum Dresden
Wilsdruffer Straße
Ladencafé Aha
Besucherzentrum Frauenkirche
Café Central
Weiße Gasse
Pirnaischer Platz
NH-Hotel
Pfarrgasse
Kreuzkirche
Kreuzstr.
Gewandhausstr.
Gewand-haus
Ringstraße
Grunaer Straße
Zirkusstr.
Seidnitzer Str.
Seidnitzer Str.
Mathildenstr.
Rathaus
Rathaus-platz
Schulg.
St. Petersburger Str.
Dr.-Külz-Ring
Dresdner Kapellknaben
Grunaer Straße
Georg-platz
Lingnerallee
Pirnaische Str.
Ferdinand-platz
Bühlerstraße
Lingnerallee

Seite 24–25: Den Canaletto-Blick gibt es vor der Kunstakademie.
Mitte: Inmitten des weitläufigen Theaterplatzes steht das Reiterstandbild von König Johann.
Unten: Die Brühlsche Terrasse ist ein Muss für jeden Besucher.

1 Altstadtrundgang
Zwischen Adel und Eierschecke

Höfische Lebensart und die Baulust der Wettiner sind bei einem Spaziergang durch die Dresdner Altstadt zu entdecken. Die Freude am Exotischen und die Leidenschaft der früheren Herrscher für Kostbarkeiten von unschätzbarem Wert versetzen Besucher bis heute in Staunen.

Verdient gemacht um die Kunstschätze und Barockbauten der Elbmetropole haben sich vor allem Kurfürst Friedrich August I. (1670–1733) und sein Sohn Friedrich August II. (1696–1763). Ihr Kunstverstand und ihre Sammelleidenschaft prägen das Stadtbild bis in die Gegenwart. Der gut zweistündige Rundgang beginnt auf dem Theaterplatz A. Von hier aus bietet sich ein herrlicher Panoramablick auf die historische Altstadt. Von der Semperoper schweift der Blick im Uhrzeigersinn zum Italienischen Dörfchen und zur Kathedrale, dann zum Schloss und schließlich über die Schinkelwache zur Rückseite des Zwingers mit der Sempergalerie. Der Rundgang führt zunächst an der seitlichen Kathedrale vorbei zum Schloss, das man am Eingang zum Grünen Gewölbe B erreicht. Auf der gegenüberliegenden Seite des Kleinen Schlosshofs ist der Ausgang zur Schloßstraße. Nun biegt man nach links ein und kommt

MAL EHRLICH

TAPAS FÜR TOURISTEN

Die Münzgasse sollte möglichst schnell durchlaufen und nicht für eine kulinarische Pause genutzt werden. Es gibt zahlreiche Einkehrmöglichkeiten in der Altstadt, die Besseres zu bieten haben.

auf der anderen Seite zum Stallhof C. Er war im 16. und 17. Jahrhundert Schauplatz großer Reitturniere und ist heute ein schöner Ruhepunkt. Der Lange Gang des Stallhofs verbindet den Georgenbau mit dem Stallgebäude, dem heutigen Johanneum. Innen befindet sich eine offene Bogenhalle mit einer Arkadenreihe und 22 toskanischen Säulen. Das Georgentor D war der Ausgang zur Elbbrücke. Vom Schlossplatz geht es weiter zur Kathedrale E und Brühlschen Terrasse F: Über die herrliche Freitreppe betritt man den schönsten Garten über der Stadt. Jenseits der Elbe liegen das sächsische Finanzministerium und die Staatskanzlei sowie die Dreikönigskirche. Gegenüber der Kathedrale erhebt sich das Sächsische Ständehaus G. Nur wenige Schritte weiter die Terrasse entlang steht das Sekundogenitur (von »Zweitgeborener« abgeleitet), das heutige Hotel »Hilton« H.

Zitronenpresse

Zur Stadtseite hin erhebt sich ein monumentaler Bau – die Kunstakademie. Dem Gebäudekomplex setzte Architekt Konstantin Lipsius (1832–1894) eine gläserne Kuppel auf, die wegen ihrer Form »Zitronenpresse« genannt wird. Schließlich gelangt man weiter zum Kunstmuseum Albertinum I, einem umgebauten Zeughaus aus dem 16. Jahrhundert. Unterhalb des Museums liegt die Neue Synagoge J, die Ende der 1990er-Jahre unweit der zerstörten Alten Synagoge gebaut wurde. Am östlichen Ende der Terrasse schließt sich der eigentliche Brühlsche Garten an K, eine Oase jenseits des Touristenrummels. Auf der Terrasse geht der Weg jetzt wieder ein Stück zurück in Richtung Innenstadt. Die Treppen führen auf die Münzgasse, an deren Ende sich der Neumarkt eröffnet, der von dem massiven barocken Kuppelbau der Frauenkirche L beherrscht wird. Falls die Kirche gerade nicht geöffnet ist, bleibt der Aufstieg auf den

AUTORENTIPP!

PAUSE AUF VIETNAMESISCH

Ein wunderbarer Ort, um auszuspannen, besonders in den Sommermonaten: Da sitzt man im »Hot Wok« auf der malerischen Sonnenterrasse auf halber Höhe zwischen Brühlscher Terrasse und Münzgasse gerade richtig. Angeboten werden Köstlichkeiten aus der vietnamesisch-thailändischen Küche zu moderaten Preisen. Alles ist nach Originalrezepten mit frischen Zutaten zubereitet. Der Duft von Curry, Zitronengras und geröstetem Sesam mitten in der Dresdner Altstadt setzt einen luftigen Kontrapunkt zur barocken Fülle der historischen Bauten. Eine kleine Ausstellung zeigt Arbeiten vietnamesischer Künstler, die auch käuflich erworben werden können. Für Privatfeiern bietet das »Hot Wok« separate Räume und individuell gestaltete Speisekarten an.

Hot Wok. Tgl. 11.30–23.30 Uhr, An der Frauenkirche 5, Eingang über die Treppe von der Münzgasse zur Brühlschen Terrasse, Tel. 0351/49776246, www.hotwok.dresden.de

mehr als 90 Meter hohen Turm. Anschließend empfiehlt sich eine typische Dresdner Eierschecke im Coselpalais **M**. Der Rundweg führt nun zurück über den Platz zum Jüdenhof an der Westseite mit dem Johanneum **N**. Man verlässt den Neumarkt durch die Augustusstraße und kommt am Fürstenzug **O** vorbei. Auf mehr als 100 Metern Breite ziehen die sächsischen Herrscher des Hauses Wettin hoch zu Ross vorbei. Danach geht es wieder durch das Georgentor in die Schloßstraße und dann nach rechts zum Taschenbergpalais **P**, das August der Starke für seine Mätresse Gräfin Cosel (1680–1765) errichten ließ. Hinter dem Palais entsteht seit einigen Jahren eine Gedenkstätte für die gotische Sophienkirche **Q**. Über die Straße gelangt man nun zum Zwinger **R**, der viele verspielte, kleine Details und architektonische Kostbarkeiten bietet. Durch den Bogengang der Sempergalerie **S** direkt gegenüber vom Kronentor kommt man zurück zum Theaterplatz.

Rundgang Altstadt

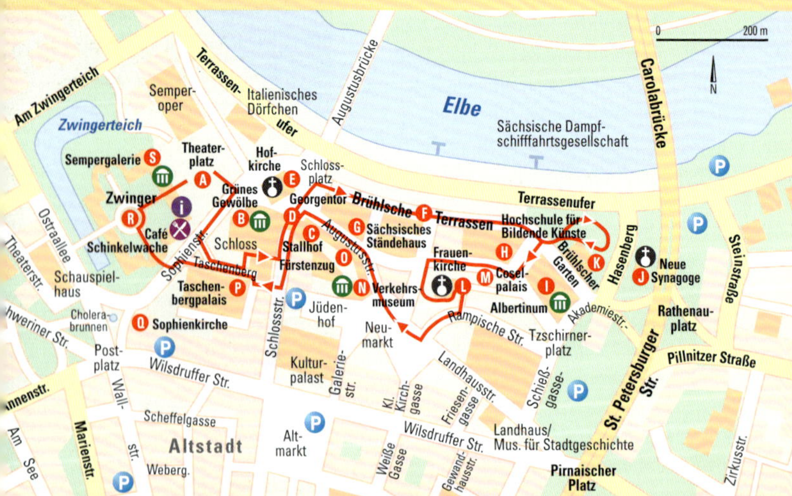

Infos und Adressen

ESSEN UND TRINKEN

Café Schinkelwache. Vis-à-vis der Semperoper findet man hier klassische Kaffeehaustradition und regionale Küche – im Sommer mit Blick auf die Altstadt. Tgl. 10–24 Uhr, Theaterplatz 2, Tel. 03 51/490 39 09 www.schinkelwache-dresden.de

ÜBERNACHTEN

Aparthotel am Zwinger. Gemütliche Hotelzimmer und großzügige Ferienwohnungen bietet eines der wenigen Gründerzeithäuser, das die Kriegsereignisse der Altstadt überstanden hat. Maxstr. 3–7, Tel. 03 51/89 90 01 00, www.pension-zwinger.de

Hotel Suitess. Das Fünf-Sterne-Hotel hat eine barocke Fassade, die nach historischem Vorbild rekonstruiert wurde. Den Gast erwarten im Biedermeier-Stil eingerichtete Einzel- und Doppelzimmer, elegante Suiten, ein luxuriöser Wellnessbereich sowie ein exklusives Restaurant. Rampische Str. 1,Tel. 03 51/41 72 70, www.suitess-hotel.com

AKTIVITÄTEN

Sächsische Dampfschiffahrt. An Bord der ältesten und größten Raddampferflotte der Welt lassen sich die Stadt und das Umland auf besonders angenehme Weise erkunden, denn die traditionsreiche Flotte fährt durch eine der schönsten Flusslandschaften Europas, das Dresdner Elbtal. Ticketverkauf und Anlegestelle: Terrassenufer 2, Tel. 03 51/86 60 90, www.saechsische-dampfschiffahrt.de

INFORMATION

Dresden Tourismus. Information, Planung, Buchung telefonisch und online. Tel. 03 51/50 16 01 60, www.dresden.de/tourismus

Touristeninformation im Hauptbahnhof. Tgl. 9–19 Uhr, Wiener Platz 4, Tel. 03 51/50 160 160, www.dresden.de

Touristeninformation im Stadtzentrum. April–Dez. Mo–Fr 10–19 Uhr, Sa 10–18 Uhr, So/Feiertag 10–15 Uhr, Jan.–März verkürzte Öffnungszeiten, Schössergasse 23 (Ecke Sporergasse, zwischen Schloss und Frauenkirche),Tel. 03 51/50 160 160, www.dresden.de

Charme des alten Dresdens im Gründerzeithaus: Pension Am Zwinger

Seite 30 Oben: Schön, aber nicht notwendig: eine Kutschfahrt durch die Altstadt
Seite 30 Mitte: Der 102 Meter lange Fürstenzug gilt als größtes Porzellanbild der Welt.

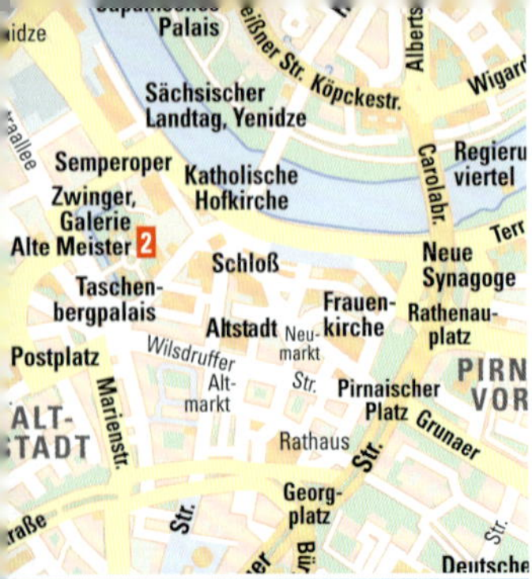

Mitte: Üppig geschmückter Wallpavillon im Zwinger
Unten: Gemäldegalerie Alte Meister mit Sixtinischer Madonna

2 Zwinger und Galerie Alte Meister

Spontane Genialität aus dem 18. Jahrhundert

Ein barocker Garten mitten in der Stadt – eine Oase zum Verweilen. Der Zwinger ist zweifellos eines der bekanntesten Barockbauwerke Deutschlands und Europas, neben der Frauenkirche wohl das berühmteste Baudenkmal und Wahrzeichen von Dresden. Es gibt viele kleine Details, aber auch die ganz große Kunst zu entdecken.

Den Auftrag zum Zwingerbau erteilte der sächsische Kurfürst Friedrich August I., bekannt als August der Starke (1670–1733), zu Beginn des 18. Jahrhunderts. Der Begriff »Zwinger« stammt aus der Befestigungskunst und verweist auf die ursprüngliche Lage des Baus vor der Ringmauer der Stadt. Doch schon zu Zeiten Augusts hatte der Zwinger keineswegs die Funktion einer Befestigungsanlage. Errichtet in mehreren Phasen zwischen 1710 und 1733 durch Matthäus Daniel Pöppelmann (1662–1736) und Balthasar Permoser (1651–1732), war er vielmehr eine Stätte höfischer Festivitäten. Der etwa 200 mal 100 Meter große Zwingerhof ist umgeben von Bogen- und Langgalerien und sechs prächtigen Pavillons sowie dem Kronentor. Mit den von Balustraden, Figuren und Vasen gesäumten Galerien ist der Zwinger ein barockes Gesamtkunstwerk, in dem Architektur und Skulptur unauflöslich miteinander verbunden sind. Der Kunsthistoriker Georg Dehio (1850–1932) jubelte: »Kein Bau des Jahrhunderts zeigt ein gleiches Maß von spontaner Genialität. Man darf am Zwinger nicht die bezaubernde Fülle und den romantischen Übermut der Einzelform als das allein Wesentliche sehen, ebenso ist es die Klarheit und

Größe des Grundrisses. Es liegt hier nicht nur ein dekoratives, sondern auch ein architektonisches Meisterwerk vor.« Mitte des 19. Jahrhunderts schloss Gottfried Semper (1803–1879) die bis dahin zur Elbe hin offene Seite mit seinem Galeriegebäude ab.

Die Alten Meister

Zwar befanden sich schon in der 1560 gegründeten kurfürstlich-sächsischen Kunstkammer zahlreiche Gemälde, doch eine systematische Sammeltätigkeit verfolgten erst August der Starke und insbesondere sein Sohn August III. (1696–1763). Ihr berühmtestes Exponat ist die Sixtinische Madonna von Raffael (1483–1520), der sie im Auftrag von Papst Julius II. 1512/13 für die Klosterkirche San Sisto in Piacenza schuf. Dass August III. bei ihrer Erstpräsentation im Audienzsaal eigenhändig seinen Thron mit dem Ruf »Platz da für den großen Raffael« zur Seite gerückt haben soll, ist wohl Legende. Der Ruhm der Dresdner Sammlung Alte Meister gründet sich aber auch auf die hervorragende Auswahl hochkarätiger Meisterwerke, so aus der italienischen Renaissance (Raffael, Tizian, Correggio, Mantegna oder Botticelli), aus Flamen des 17. Jahrhunderts (Rembrandt, Rubens, Jordaens und van Dyck) und aus den Niederlanden und Deutschland (Jan van Eyck, Dürer, Cranach und Holbein) sowie Spanien und Frankreich des 17. Jahrhunderts. Und noch eine Rarität kann die Dresdner Gemäldegalerie präsentieren: zwei Werke des holländischen Meisters Johannes Vermeer aus Delft (1632–1675). Weltweit sind nur 37 Bilder des Malers bekannt. Auch das 18. Jahrhundert ist vertreten: Von besonderem Interesse sind hier die Veduten des Canaletto (1722–1780) mit dem wohl berühmtesten Bild der Altstadt, Dresden vom rechten Elbufer unterhalb der Augustusbrücke (1748) sowie dem Zwingerhof in Dresden.

AUTORENTIPP!

KLASSISCH SPEISEN IN DER GALERIE

Ein schmackhaftes Menü oder einen Wein genießen mit Blick auf Semperoper, Hofkirche und Schloss – was will man mehr? Es gibt kaum einen Ort in Dresden, an dem man so schön sitzt wie in den »Alten Meistern«. Das Café und Restaurant gleich neben der Semperoper wurde im Oktober 2001 in den Räumen des ehemaligen Braun'schen Ateliers eröffnet. Albert Braun leitete nach dem Zweiten Weltkrieg den künstlerischen Wiederaufbau des Zwingers. Am Tag ist das Lokal Café für die zahlreichen Museumsbesucher, abends verwandelt es sich in ein stilvolles Restaurant, das auch viele Dresdner nutzen. Der Innenraum kommt ruhig und klassisch daher, hohe Säulen und große Fenster erinnern sofort an die Nähe zur Gemäldeausstellung. Im Sommer sitzt man wunderschön auf Balkon oder Terrasse, die italienischen und französischen Speisen wechseln je nach Saison.

Café & Restaurant Alte Meister.
Tgl. 10–1 Uhr, Theaterplatz 1a,
Tel. 03 51/481 04 26,
www.altemeister.net

Die Gemäldegalerie Alte Meister zeigt Werke aus dem 15. bis 18. Jahrhundert.

Oben: Blick zum bekanntesten Teil des Zwingers: das Kronentor
Mitte: Porzellansammlung mit herausragenden ostasiatischen Stücken des 17. und 18. Jahrhunderts
Unten: Aufgang in der Mitte der im 19. Jahrhundert erbauten Sempergalerie

Sucht nach weißem Gold

Den Grundstein zur Porzellansammlung legte August der Starke. Er war geradezu süchtig nach dem »weißen Gold« und begeisterter Anhänger der Chinamode. Zu sehen sind die Exponate aus dem frühen 17. und 18. Jahrhundert im 1719 fertiggestellten Pavillon zwischen Langgalerie und Glockenspielpavillon. Der New Yorker Architekt Peter Marino gab Bogengalerien und Tiersaal eine moderne Prägung. Im Tiersaal sind die Wände mit Ledertapeten nach Vorbildern des frühen 18. Jahrhunderts gestaltet. In der Mitte befinden sich chinesisch anmutende Baldachine, zwischen ihnen steht ein gitterförmiger, fünf Meter hoher Pavillon, gedeckt von einem Pagodendach mit Porzellanglocken. Auf vergoldeten Wandkonsolen sitzen Vogelplastiken von Johann Joachim Kaendler (1706–1775). Ein weiterer Höhepunkt ist das kostbare Meißner Porzellan. In den Werken höchster Kunstfertigkeit lässt sich seine Entwicklung von der Erfindung im Jahre 1708 bis zum späten 18. Jahrhundert nachvollziehen. Besonders sehenswert ist das aus 2200 Teilen bestehende Schwanenservice für den Grafen Heinrich von

MAL EHRLICH

HIMMLISCHE WERBESTARS

Klar sind sie putzig, die beiden Engelchen der »Sixtina«, Dresdens bekanntestem Gemälde in den Alten Meistern. Ihre kindlichen Köpfe eignen sich hervorragend für ganz verschiedene Projektionen, mit ihrem Aussehen erobern sie die Herzen der Betrachter im Sturm. Aber müssen sie deshalb gleich überall drauf sein? Tassen, T-Shirts, Sektflaschen, Weihnachtskugeln, Raumspray und Toilettenpapier, Backmischung und Kaffeedosen – es gibt kaum ein Produkt oder Thema, dass sie nicht schon besetzt hätten.

Brühl (1700–1763). Seit dem Zweiten Weltkrieg gelten Teile des legendären Service als verschollen. Außer Schwänen zieren Wassermotive wie Flussgötter und Muscheln die Einzelteile. Der Tellerspiegel ist als flache Seemuschel gestaltet, in der ein schwimmendes Schwanenpaar, andere Wasservögel und Schilf dargestellt sind.

Wahrzeichen der Stadt

Das Kronentor an der Westseite des Zwingers ragt mit seiner zwiebelförmig gewundenen Dachhaube aus der Langgalerie heraus. Es ist eines der Wahrzeichen Dresdens. Vier vergoldete polnische Adler flankieren die Königskrone. Die reiche Säulenarchitektur ist dem italienischen Hochbarock entlehnt. Wie die übrigen Gebäude des Zwingers ist der Triumphbogen mit mythologischen Skulpturen geschmückt. Die vier Jahreszeiten schauen auf die Besucher herab, auch Ceres, Flora, Bacchus und Vulkan tummeln sich auf dem antiken Bilderbogen. Ceres und Vulkan stammen übrigens von Meister Permoser selbst. Die ebenfalls von ihm geschaffenen Figuren Venus und Amor im Obergeschoss kamen erst später hinzu. Zu beiden Seiten des Kronentors erstrecken sich die Langgalerien mit jeweils 18 Fensterachsen. Sie verbinden das Tor mit den Eckpavillons und den Bogengalerien. An der Hofseite sind die Galerien mit fantasievoll gestalteten steinernen Brunnen und von Faunsgestalten gestützten Konsolsteinen geschmückt.

Stundenschlagmelodien aus Porzellan

Im Jahr 1728 als Stadtpavillon fertiggestellt, beeindruckt der Glockenspielpavillon vor allem wegen der anschließenden Bogengalerie mit den kunstvollen bildhauerischen Arbeiten. Seinen

AUTORENTIPP!

KONZERTSAAL DER MUSIKHOCHSCHULE

Nach jahrelangem Ringen hat die Dresdner Musikhochschule seit 2008 einen eigenen Konzertsaal. Die Macher des Stuttgarter Büros »hammeskrause architekten« wagten einen Brückenschlag von alt nach neu, das Gründerzeitgebäude der Hochschule für Musik Carl Maria von Weber am Wettiner Platz ist nun mit dem von ihnen konzipierten Neubau wirkungsvoll verbunden. Das Gebäude nicht weit entfernt vom Zwinger ist nicht nur ein Blickfang, es hat auch eine ausgezeichnete Akustik. Experimentelle Raummusik und Soloabende sind genauso praktikabel wie Jazzkonzerte. In dem Saal mit seinen 450 Plätzen gibt es kaum rechte Winkel, dafür aber Schallreflektoren und Jalousien für die jeweilige Proben- und Konzertsituation. Zu hören sind öffentliche Musikwettbewerbe, Absolventenkonzerte, Gäste der Hochschule, aber auch Ensembles der Stadt.

Hochschule für Musik Carl Maria von Weber. Wettiner Platz 13, Tel. 0351/4923600, rektorat@hfmdd.de, www.hfmdd.de

AUTORENTIPP!

THEATERKAHN BRETTL

Seit 1994 hat am Elbufer ein ganz besonderes Schiff festgemacht. Der Theaterkahn liegt mitten in der Altstadt, nur wenige 100 Meter vom Zwinger entfernt an Dresdens ältester Brücke, der Augustusbrücke. Er beherbergt das 1988 gegründete freie Theater »Dresdner Brettl« sowie ein Restaurant. Dazu wurde ein verrosteter und für den Schrott bestimmter Elbkahn umgebaut. Das Theater auf dem Wasser bietet mehr als 200 Zuschauern Platz, ist mit moderner Technik ausgestattet und unterhält sein Publikum mit bestem musikalischen Cabaret und Comedy kleiner Form. Das Repertoire reicht von Erich Kästner bis Otto Reutter, von Joachim Ringelnatz bis Kurt Tucholsky, von Georg Kreisler bis Horst Evers. Wer es auch sinnlich und kulinarisch haben will, dem sei das Restaurant »Kahnaletto« sowie die Schiffsbar ans Herz gelegt. Vorbestellung empfohlen!

Theaterkahn – Dresdner Brettl.
Tgl. außer Mo, Terrassenufer an der Augustusbrücke, Tel. 0351/4969450, info@theaterkahn.de, www.theaterkahn-dresden.de

Namen hat es von der Uhr mit dem Glockenspiel aus Meißner Porzellan. Von Architekt Pöppelmann geplant wurden die Glocken, deren Zahl man nach dem Zweiten Weltkrieg von ursprünglich 24 auf 40 erhöhte, aber erst 1933 an der Fassade zum Zwingerhof angebracht. Heute erklingen zu jeder viertel, halben, dreiviertel und vollen Stunde die Stundenschlagmelodien von Günter Schwarze.

Höhepunkt des Dresdner Barock

Gegenüber dem Glockenspiel an der Nordseite des Zwingers steht der Wallpavillon. Er ist ein Höhepunkt des Dresdner Barocks schlechthin mit herausragenden Bildhauerarbeiten aus der Werkstatt von Balthasar Permoser. Die geschwungenen Stufen der Freitreppe führen zu reich verzierten Arkaden. Der ovale Festsaal oben auf dem Wall ist über eine kleine Brücke zugänglich. Die Hermenpilaster an den Pfeilern meißelte Permoser ohne Modell direkt aus dem Block. Neben dem üppigen Schmuckwerk und den Satyrhermen sind am Gebäude auch Götter und Heroen der griechischen Sage zu sehen. Über dem Giebelaufsatz mit dem sächsisch-polnischen Wappen samt den Insignien »A.R.« für Augustus Rex bekrönt der die Weltkugel tragende Hercules Saxonicus den Pavillon. Er ist die einzige Skulptur des Zwingers, die von Permoser signiert ist. Beiderseits des Wappens würdigte Permoser dem Kurfürsten mit einer abgewandelten griechischen Sage: Der jugendliche August hält als lorbeerbekränzter Paris statt eines Apfels die polnische Königskrone in der Hand. Flache Galerien verbinden den Wallpavillon mit zwei spiegelbildlichen Pavillons: dem Mathematisch-Physikalischen Salon im Westen und dem Französischen Pavillon im Osten.

Permosers barocke Wasserkunst

Hinter dem Französischen Pavillon ist in den Wall der ehemaligen Stadtfestung das Nymphenbad eingebaut, ein barockes Wasserkunstwerk von festlicher Pracht und zugleich intimer Atmosphäre. Die Steinmetze aus der Werkstatt Permoser schöpften mit ihren Nymphen, Delfinen und Tritonen nahezu alle Möglichkeiten der barocken Bildhauerkunst aus. Vor allem im Sommer ist das Nymphenbad ein lohnenswertes Ziel. Das Ambiente aus Wasser und Sandstein wirkt beruhigend, die Kühle erfrischend. Zu sehen sind neben Permoses, Nymphe mit der Muschel auch die zum Bade gehende und die vom Bade kommende Nymphe, außerdem Skulpturen von Künstlern wie Benjamin Thomae (1682–1751) und Johann Christian Kirchner (1691–1732).

Mathematisch-Physikalischer Salon

In der neu konzipierten Dauerausstellung des Mathematisch-Physikalischen Salons im westlichen Pavillon sind Exponate zur Mechanik und Mathematik um 1600 zu sehen, Figurenautomaten wie der »Trommelnde Bär« und astronomische Weltmodelle wie die Planetenlaufuhr Eberhard Baldeweins (1525–1593), die zu den kompliziertesten mechanischen Maschinen des 16. Jahrhunderts gehört. Das Physikalische Kabinett zeigt Brennapparate von Ehrenfried-Walther von Tschirnhaus (1651–1708) und eine Vakuumpumpe von Jacob Leupold (1674–1727). Riesige Teleskope erinnern an das Observatorium, das hier 1777 provisorisch eingerichtet wurde, um den Lauf der Himmelskörper zu studieren. Im Neubau ohne Tageslicht kann man die faszinierende Welt der Globen erkunden. Der älteste stammt aus dem 13. Jahrhundert und wurde auf dem Gebiet des heutigen Irak gefertigt.

Oben: Verantwortlich für die Skulpturen im Zwinger war der Dresdner Balthasar Permoser.
Unten: Zwinger-Stadtpavillon mit Meißner Porzellanglocken und Stundenschlagmelodie

Infos und Adressen

SEHENSWÜRDIGKEITEN

Gemäldegalerie Alte Meister im Semperbau am Zwinger. Di–So 10–18 Uhr, Theaterplatz 1, Tel. 0351/49142000, www.skd.museum

Mathematisch-Physikalischer Salon im Zwinger. Di–So 10–18 Uhr, Tel. 0351/49146661, www.skd.museum

Porzellansammlung im Zwinger. Di–So 10–18 Uhr, Eingang Glockenspielpavillon, Tel. 0351/49142000, www.skd.museum

Figuren in der Porzellansammlung des Zwingers

ESSEN UND TRINKEN

Café Apotheke im Taschenberg. Das »aus dem Rahmen fallende« Schokoladenmädchen winkt in einem Café der ganz besonderen Art: Das Interieur entstammt einer aufwendig sanierten Apotheke aus der Gründerzeit. Statt Pillen und Salben tragen heute hausgebackene Kuchen, Torten und Eiskreationen zum Wohlbefinden der Heilsuchenden bei. Im Sommer lädt die Sonnenterrasse mit Blick auf den Dresdner Zwinger ein. Tgl. 11–23 Uhr, Taschenberg 3, Tel. 0351/497260, www.cafe-apotheke.de

Café Glockenspielpavillon. Ein guter Platz für Kaffee und Plausch in der ersten Etage der Porzellansammlung – ganz nah der Meißner Porzellanglocken – und mit weitem Blick in den Zwingerinnenhof. Eingang Glockenspielpavillon, Di–So 10–18 Uhr, Tel. 0351/49142000, www.skd.museum

Felix – Das Restaurant im Schauspielhaus. Das Restaurantteam sorgt vor und nach den Theateraufführungen sowie in der Pause für kulinarisches Wohlbefinden und einen anregenden Plausch. An allen Vorstellungstagen ab 17.30 Uhr, bzw. zwei Stunden vor Beginn der Vorstellung, geöffnet. Theaterstr. 2 (Eingang Ostra-Allee), Tel. 0351/4819804, www.felix-dresden.de

Fischhaus Alberthafen. Das alte Dresdner Fischkontor und sein neues Flair machen Lust auf Meer, auch beim Blick ins größte Aquarium Sachsens. Direkt am Elbradweg gibt es außerdem Hotelzimmer. Tgl. 11–23 Uhr, Magdeburger Str. 58, Tel. 0351/4982110, www.fischhaus-alberthafen.de

Restaurant Odessa. Russische, ukrainische und deutsche Spezialitäten genießen mit Blick auf den Zwinger oder im idyllischen Garten. Di–Do 11–23 Uhr, Fr–Sa 11–24 Uhr und So 11–22 Uhr, Ostra-Allee 11, Tel. 0351/26358990, www.odessa-restaurant.de

ÜBERNACHTEN

L Hotel Dresden Altstadt. Von hier aus kann man die historische Altstadt zu Fuß erobern. Und für Nachtschwärmer ist die Neustadt bequem mit der Bahn erreichbar. Magdeburger Str. 1 a, Tel. 03 51/48 67 00, www.leonardo-hotels.de

Jugendgästehaus. Die größte Jugendherberge Sachsens befindet sich in bester Citylage nur wenige Gehminuten vom historischen Stadtzentrum entfernt. Kulturgenuss und Szeneleben, Sport oder nur Stadtbummel – all das ist möglich. Maternistr. 22, Tel. 03 51/49 26 20, www.jugendherberge-sachsen.de

Artis Hotel Dresden. Wohlfühlen wie zu Hause durch den Komfort großer Suiten mit gutem Hotelservice. Dabei einen Abstecher durch die Friedrichstadt machen, ein Stadtgebiet mit großer Geschichte und touristischer Zukunft, das abseits der bekannten Pfade liegt. Berliner Str. 25, Tel. 03 51/864 50, www.artis-hotel.de

EINKAUFEN

Buchhandlung Walther König. Tgl. 10–18 Uhr, Mo geschlossen, Gemäldegalerie Alte Meister, Theaterplatz 1, Tel. 03 51/486 17 29, www.buchhandlung-walther-koenig.de

Leicht Juweliere. Eine kostbare Erinnerung an schöne Tage. Di–Fr 10–19 Uhr, Sa 10–18 Uhr und So 10–16 Uhr, Sophienstr. 1, Tel. 03 51/490 05 88, www.leicht-jewellery.com

AKTIVITÄTEN

Kindergeburtstag im Museum. Das Geburtstagskind lädt seine Freunde direkt in die Porzellansammlung oder in die Gemäldegalerie ein und geht mit ihnen auf gemeinsame Entdeckungsreise zwischen echten Schätzen. Ab sechs Jahren, mit unterschiedlichen Themen, in verschiedenen Museen der Staatlichen Kunstsammlungen Dresden. Nur auf Voranmeldung: Tel. 03 51/49 14 20 00, www.skd.museum.de/museum-erleben

Kabarett Die Herkuleskeule. Schon zu DDR-Zeiten für brisantes politisches Kabarett bekannt, bestätigen heute die Zuschauer aus Ost und West, dass das Programm der Keule zum Besten gehört, was es an Ensemblekabarett in Deutschland gibt. Bestellung Mo–Fr ab 9 Uhr: Tel. 03 51/492 55 55, Kasse Mo–Fr 13.30–18 Uhr, Abendkasse 60 Min./, Sa 90 Min. vor Vorstellungsbeginn, Sternplatz 1, www.herkuleskeule.de

Kabarett Breschke & Schuch. Politische Satire für bis zu 195 Zuschauer pro Vorstellung. Ergänzt wird das eigene Angebot durch zahlreiche Gastspiele. Das Kabarett ist behindertengerecht ausgestattet. Tageskasse Di–Fr 10–18 Uhr, Abendkasse 60 Min. vor Vorstellungsbeginn, Wettiner Platz 10, Tel. 03 51/490 40 09, www.kabarett-breschke-schuch.de

Politisches Kabarett mit Breschke & Schuch

Mitte: Die Panterquadriga auf dem Dach der Semperoper
Unten: Lohnender Blick nach oben: Allegorie aus Mosaik

3 Semperoper

Dritter Musentempel am Theaterplatz

Einzigartiger Klang verbunden mit überragender Architektur – das ist die Semperoper an der Elbe. Die dort beheimatete Sächsische Staatskapelle Dresden gehört zu den berühmtesten Orchestern der Welt. Musik, Tanz und Baukunst verschmelzen in diesem Haus zu einem Ganzen. Selbst wer kein Opernfan ist, wird das genießen können.

Der Bau ist bereits die dritte Oper am Theaterplatz nach Plänen von Gottfried Semper (1803–1879). Die erste, 1841 eröffnet, brannte aus, die zweite von 1878 wurde im Zweiten Weltkrieg zerstört. Die Semperoper ist ein Haus mit Tradition: Hier begann Richard Wagners Weg zum Weltruhm. Sein Rienzi wurde 1842 in Dresden uraufgeführt, ebenso Der fliegende Holländer (1843) und Tannhäuser (1845). Auch der Name Richard Strauss ist mit der Semperoper unauslöschlich verbunden. Nach der Uraufführung seiner Salome (1905) schrieb er an Dirigent Ernst von Schuch: »Ich freue mich riesig über den kolossalen Erfolg.« Es folgten 1909 Elektra, 1911 der Rosenkavalier und 1938 Daphne. Mit Sonderzügen waren Musikbegeisterte damals aus Berlin an die Elbe gereist, um den »Rosenkavalier« zu erleben. Tradition hat auch vor allem die Sächsische Staatskapelle Dresden, die in der Semperoper zu Hause ist. Die Wurzeln des Orchesters reichen bis ins späte Mittelalter. Eine einzigartige Abfolge der Komponisten-Kapellmeister Heinrich Schütz (1585–1672), Johann Adolph Hasse (1699–1783), Carl Maria von Weber (1786–1826) und Richard Wagner (1813–1883) sowie unter anderen der General-

musikdirektoren Ernst von Schuch, der 1933 von den Nazis regelrecht vom Pult vertriebene Fritz Busch, Karl Böhm und in den 1990er-Jahren Giuseppe Sinopoli verbürgt sich für die Qualität des Orchesters. Neben Oper und Konzerten kommt dem Ballett eine wichtige Rolle zu. Bereits im 17. Jahrhundert gab es am kurfürstlichen Hof erste Ballettaufführungen im Rahmen prunkvoller Feste. 1825 setzte Carl Maria von Weber dann die Festanstellung eines Ballettensembles am Dresdner Hoftheater durch.

Junge Szene

Seit wenigen Jahren gibt es im Anbau der Semperoper an der Elbseite eine zweite, kleinere Bühne. Dafür wurde die Probebühne im Erdgeschoss mit 200 Zuschauerplätzen ausgestattet und ein separater Eingang geschaffen. Die Junge Szene führt Kammeropern und Kinderstücke auf, auch Gesprächsabende mit Künstlern finden statt. Vor allem jugendlichen Opernfreunden soll Lust auf Ballett und Musiktheater gemacht werden. Zuvor lag die kleine Bühne der Semperoper in den ehemaligen Wohn- und Arbeitsräumen der berühmten Aus-

Oben: Die Semperoper wurde in den 1980er-Jahren nach historischem Vorbild wieder aufgebaut. **Unten:** Glanz und Pracht wie im alten Rom: die Vestibüle als architektonisches Highlight der Oper

AUTORENTIPP!

ABENDS IN DIE OPER
Auch wenn viele sagen, die preiswerten Plätze seien lange im Voraus ausverkauft: Nicht entmutigen lassen! Opernliebhaber (und alle, die nicht in den Genuss einer Führung durch das Haus gekommen sind) sollten auf jeden Fall an der Abendkasse nach Hörplätzen fragen. Das sind preiswerte Plätze im vierten Rang, bei denen zwar die Sicht auf die Bühne erheblich eingeschränkt ist, die sich aber für Konzerte hervorragend eignen. Für inszenierte Stücke sollten Sie lieber nach den ebenso günstigen Bankplätzen fragen. Man muss dann zwar stehen, sieht aber dafür alles. Achtung, hartnäckig bleiben! – zuerst werden natürlich die 100-Euro-Restkarten angeboten. Hüten Sie sich auch vor den Schwarzverkäufern, sie bieten meist Karten zu überteuerten Preisen an. Was die Kleidung betrifft, ist das Dresdner Publikum wie in vielem anderen eher konservativ – aber tolerant.

druckstänzerin Mary Wigman (1886–1973), Bautzner Straße 107. In der kleinen Szene fanden jährlich auch nahezu 100 Vorstellungen statt.

Wiederaufbau der Semperoper in der DDR

40 Jahre nach der Zerstörung ihrer Stadt feierten die Dresdner inmitten der SED-Diktatur die meisterliche Vollendung des dritten Semper-Opernhauses nach Originalplänen des Architekten und im Stil der italienischen Hochrenaissance. Die Dresdner wollten kein Museum, sondern ein modernes Theater mit zeitgemäßer Bühnentechnik. Deshalb ist alles, was der Zuschauer sieht, wie einst bei Semper und alles jenseits des Hauptvorhangs hochmodern. Grund zum Feiern hatten damals vor allem die Architekten, Ingenieure, Handwerker und Künstler, die sich mit großem persönlichem Engagement an den Wiederaufbau machten. Während auf der Bühne noch die Presslufthammer lärmten, wurde im Foyer schon mit der Ausmalung begonnen. Höchste Anforderungen stellten die Stuckarbeiten. Hinter der nüchternen Bilanz, dass über 600 Tonnen Gips verwendet wurden, verbirgt sich kunstvolles Formenwerk – Fruchtgewinde, Masken und Säulenschäfte. Manches davon ist Täuschung, so die über 50 Säulen der Vestibüle, die wie Marmor aussehen. Doch das schönste Opernhaus ist ohne eine gute Akustik nichts wert. Nach Abschluss der Innenarbeiten wurden akustische Messungen am leeren Haus vorgenommen. Dann wollte man auch die Klangqualität mit Publikum testen und verpflichtete Soldaten der Nationalen Volksarmee, unterschiedlich besetzte Orchester anzuhören und zu beurteilen. Manche Soldaten sollen von der klassischen Musik eingeschlafen sein, doch vor allem wegen der ganz hervorragenden Akustik.

Infos und Adressen

SEHENSWÜRDIGKEITEN

Sächsische Staatsoper Dresden – Semperoper. Theaterplatz 2, Tel. 03 51/491 12 10, www.semperoper.de

Kartenvorverkauf und Tageskasse Schinkelwache. Mo–Fr 10–18 Uhr und Sa/So 10–17 Uhr, Theaterplatz 2, Tel. 03 51/491 17 05, Restkartenangebote: unter Tel. 03 51/491 17 77

ESSEN UND TRINKEN

Semperoper. Bevor sich der Vorhang hebt, wird genießerisch flaniert. In allen Foyerbereichen gibt es kulinarische Kleinigkeiten und Getränke an edlen weiß-goldenen Theken. Theaterplatz 2, Tel. 03 51/491 12 10, www.semperoper.de

Italienisches Dörfchen. Das Traditionshaus mit Elbblick, von den Dresdnern liebevoll ID genannt, beherbergt mehrere Restaurants unter einem Dach. In Biersaal und Kurfürstenzimmer wird traditionelle sächsische Küche angeboten. Tgl. ab 10 Uhr, Theaterplatz 3, Tel. 03 51/49 81 60, www.italienisches-doerfchen.de

ÜBERNACHTEN

art'otel Dresden. Ein Hotel für Liebhaber moderner Kunst, denn der in Dresden geborene A. R. Penck und der Mailänder Denis Santachiara stellen hier aus. Ostra-Allee 33, Tel. 03 51/492 20, www.artotels.com/dresden

B&B Hotel Dresden. Preiswerte Hotelzimmer mitten im Zentrum. Farbenfroh gestaltete Räume und hervorragender Service machen den Aufenthalt besonders angenehm. Weißeritzstr. 10, Tel. 03 51/65 23 60, www.hotelbb.de/de/dresden

AKTIVITÄTEN

Führung durch die Semperoper. Themenspezifisch und für verschiedene Altersgruppen wird durch die Oper geführt. Im Opernshop, der während der Führungszeiten geöffnet ist, gibt's Erinnerungen für zu Hause. Theaterplatz 2, Tel. 03 51/320 73 60, www.semperoper-erleben.de

Oberes Rundfoyer der Oper

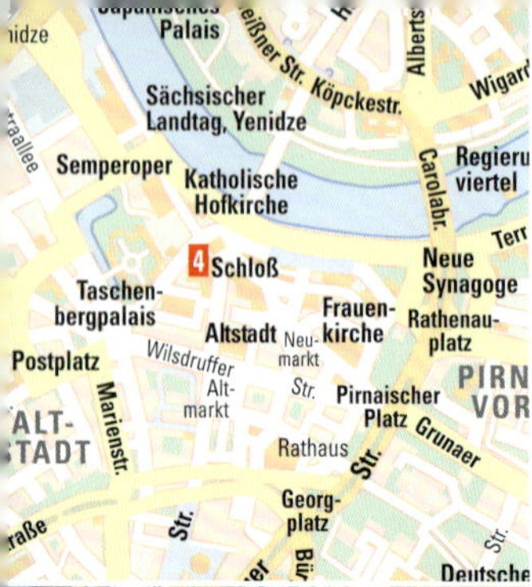

Unten: Stolze Präsentation von Diamanten und Edelsteinen im Historischen Grünen Gewölbe

4 Schloss und Grünes Gewölbe

Ein goldenes Kaffeeservice für den Kurfürsten

Ursprung und Zentrum der Staatlichen Kunstsammlungen Dresdens ist das Residenzschloss im Herzen der Altstadt. Der Sitz der sächsischen Kurfürsten (1547–1806) und Könige (1806–1918) zählte zu den prächtigsten in Deutschland. In den vergangenen Jahrzehnten wurde er für den Museumsbetrieb des 21. Jahrhunderts modernisiert.

Erstmals erwähnt wurde eine Burg 1289. Die Meißner Markgrafen nutzten sie zur Überwachung des Dresdner Elbübergangs. Von 1464 bis 1485 sowie ab 1547 wurde sie Residenzschloss der sächsischen Kurfürsten, ab 1806 war der Gebäudekomplex schließlich das Machtzentrum der sächsischen Könige. Die Dresdner Residenz in seiner heutigen Form mit den drei Schlosshöfen, wertvollen Portalen und der großartigen Sgraffito-Malerei im Großen Schlosshof zählt zu den bedeutendsten Renaissance-Schlossanlagen Europas. Der Umbau im Renaissance-Stil erfolgte zwischen 1548 und 1556: Herzog Moritz von Sachsen (1521–1553) ließ 1547 nach seiner Ernennung zum Kurfürsten im Westen des Schlosses einen Flügel anbauen. Zwei neue Räume und ein großer Saal mit angeschlossenem Turmzimmer erhielten prunkvolle Decken, wobei die Kapitelle und Säulenbasen malachitgrün bemalt wurden. Letzteres gab diesen vier Räumen den Namen »Grünes Gewölbe«. Offiziell wurden sie ab dem späten 16. Jahrhundert die »Geheime Verwahrung« genannt: Das Gewölbe diente zu jener Zeit der Aufbewahrung kostbarer Gegenstände und Unterlagen. Zwischen 1723 und

Schloss und Grünes Gewölbe

1729 richtete August der Starke (1670–1733) eine aus neun Räumen bestehende »Wunderkammer« ein, in der Besucher die gesammelten Kunstobjekte und Raritäten besichtigen konnten. Dort, wo Kurfürst August I. (1526–1586) im Jahr 1560 die Kunstkammer gründete, ist ein lebendiger Ausstellungskomplex zur sächsischen und europäischen Geschichte gewachsen. Im Residenzschloss haben vier Museen ihren angestammten Platz: Grünes Gewölbe, Kupferstichkabinett, Rüstkammer und Münzkabinett.

Das Historische Grüne Gewölbe

Das Historische Gründe Gewölbe ist in den ursprünglichen Räumen so zu erleben, wie es August der Starke als Ausdruck absolutistischer Macht errichten ließ. (Der Zugang ist aus konservatorischen Gründen nur mit Zeittickets möglich!) Zu sehen sind wertvolle Juwelier- und Goldschmiedekunst und kleine Plastiken von der Renaissance bis zum Klassizismus. In die neun Ausstellungsräume gelangt man über ein Vorgewölbe mit dem Luther-Kabinett, das seinen Mundbecher und Siegelring zeigt. Der dramaturgisch angelegte Rundgang beginnt sodann mit dem Bernsteinkabinett und führt über das Elfenbein- und Weißsilberzimmer zum Silbervergoldeten Zimmer mit Goldschmiedearbeiten aus dem 16. bis 18. Jahrhundert. Im anschließenden Preziosensaal erlangt die prachtvolle Ausstattung ihren ersten Höhepunkt: Alles glitzert und glimmert. Kostbare Gefäße aus farbigen Edelsteinen, aus Bergkristall, Seeschnecken und Straußeneiern werden durch vielfache Spiegelungen in ihrer Wirkung noch gesteigert. Durch ein Gitter kann man in das Eckkabinett mit den von August dem Starken so geliebten kleinformatigen Pretiosen blicken. Über das Wappenzimmer mit astronomischen Tischuhren gelangt man in das Juwelenzimmer, den grandiosen Höhepunkt des Besuchs. Der

AUTORENTIPP!

AUF DEN SPUREN VON HEINRICH SCHÜTZ

Die ehemalige evangelische Schlosskapelle wieder als Musikzentrum erlebbar zu machen, darum bemüht sich seit vielen Jahren der Dresdner Heinrich-Schütz-Verein zusammen mit dem Verein Dresdner Hofmusik. Schon in ihrem Rohbau werden deshalb seit 2009 »Konzerte in der Schlosskapelle« gegeben. Im Mittelpunkt steht die Musik des 16. bis 18. Jahrhunderts. Alte Musik in solch einem Ambiente zu hören, ist ein ganz besonderer Genuss, die Töne fließen durch den Raum und erfüllen ihn, als sei die Musik nur für diesen Ort gemacht. Weil das Dresdner Staatsschauspiel seit 1998 die Kapelle als Interimsbühne nutzt, musste die Konzertpraxis zunächst unterbrochen werden. Auch Sanierungsarbeiten zwingen immer wieder zu Pausen oder Ausweichorten für die Aufführungen alter Musik.

Kapelle im Residenzschloss.
Weitere Infos: www.dresdner-hofmusik.de, www.heinrich-schuetz.eu

AUTORENTIPP!

KUNST UND BÜCHER
Eintauchen in die Welt der Bücher: Großformatige Bildbände, ausgewählte Fachliteratur zu einzelnen Epochen, Theorien oder Zeitgenossen und Raritäten von der Antike bis zur Gegenwart stehen interessierten Besuchern in der ersten Etage des Residenzschlosses zur Verfügung. Hier ist (fast) alles zu haben, was man zur Kunstbetrachtung braucht. Der Bibliotheksbestand umfasst 260 000 Bände, der überwiegende Teil ist auch schon im Vorfeld über das Internet recherchierbar. Die Kunstbibliothek im Residenzschloss orientiert sich eng am Sammlungsprofil der darin beheimateten Museen – weshalb es hier Bücher gibt, die sonst eher selten sind. Die Bibliothek ist nicht nur für Kunsthistoriker und Spezialisten ein Eldorado, sondern auch für interessierte Besucher der Museen.

Kunstbibliothek Residenzschloss. Mo–Fr 10–18 Uhr, Eingang über Kleinen Schlosshof oder Taschenberg 2, Tel. 03 51/49 14 32 40, www.skd.museum.de

mit vergoldeten Spiegelwänden ausgestattete Raum bewahrt eine einmalige Kollektion repräsentativen Fürstenschmucks des 18. Jahrhunderts. Zu sehen sind der berühmte Mohr mit Smaragdstufe und der Obeliscus Augustalis. Schließlich endet der Rundgang durch die Schatzkammer mit dem Bronzezimmer, das etwa 80 französische Kleinbronzen zeigt, und dem Raum der Renaissance-Bronzen.

Das Neue Grüne Gewölbe

Im zweiten Teil der Schatzkammer, dem Neuen Grünen Gewölbe, sind rund 1000 Objekte der Juwelier- und Goldschmiedekunst zu sehen. Die Objekte stehen chronologisch geordnet auf farblich unterschiedlichen Sockeln. Neben Stücken des Hofbildhauers Balthasar Permoser (1651–1732) ziehen vor allem Kunstwerke des Hofgoldschmieds Johann Melchior Dinglinger (1664–1731) die Aufmerksamkeit auf sich. – Ein Magnet ist der Kirschkern im Mikrokabinett mit seinen »185 Angesichtern«. Er wurde um 1589 mit einer Lupe hergestellt. Das Exponat gehört zu einer Gruppe von vier Kirschkernen, die Bibelgeschichten, Porträts und Wappen in feinster Ausführung zeigen. Anders

MAL EHRLICH

DRESDEN ZU FUSS
Wer träumt nicht davon, wie August der Starke in einer eleganten Kutsche durch Dresden zu schaukeln? Dass es die Pferde – heute wie damals – auf dem harten Pflaster nicht leicht haben, daran denkt keiner. Obwohl es mittlerweile für sie eigene Tierschutzbestimmungen gibt. Also: Gehen Sie lieber auf zwei (Menschen-)Beinen. Das ist genauso schön und vielleicht sogar intensiver, zumal die Wege zu Dresdens Highlights so kurz sind, dass diese zu Fuß bequem erreichbar sind.

verzaubert dagegen das Goldene Kaffeezeug von Dinglinger, entstanden zwischen 1697 und 1701. Verwendet wurden für das Service neben Gold und Silber auch Materialien wie Emaille und Elfenbein sowie 5600 Diamanten. Die Kosten betrugen 50 000 Taler und waren damit höher als die für den Rohbau von Schloss Moritzburg. Ein Prunkstück ist auch der von Dinglinger geschaffene Hofstaat zu Delhi am Geburtstag des Großmoguls Aurang-Zeb. Die 137 Personen und Tiere sind mit 4909 Diamanten, 160 Rubinen, 164 Smaragden, einem Saphir und 16 Perlen verziert. Die Zierschale Das Bad der Diana von 1705 zeigt die römische Jagdgöttin aus Elfenbein in einer goldenen Nische unter einem wertvoll verzierten Baldachin. Glanzpunkt der Sammlung ist der »Dresdner Grüne Diamant« aus Indien, mit seinen 41 Karat einer der größten der Welt. Seine einzigartige Farbe verdankt er natürlicher Radioaktivität. August der III. (1696–1763) erwarb ihn 1742 auf der Leipziger Ostermesse. Seit 1768 ist er Teil eines kostbaren Hutschmucks, in dem weitere wertvolle Brillanten eingearbeitet sind.

Kupferstichkabinett

Zeichnungen, druckgrafische Werke und Fotografien sind im Dresdner Kupferstichkabinett zu sehen. Die Sammlung bietet Meisterwerke von Albrecht Dürer (1471–1528), Rembrandt (1606–1669), Michelangelo (1475–1564) und Caspar David Friedrich (1774–1840) bis hin zu Henri Toulouse-Lautrec (1864–1901), Pablo Picasso (1881–1973) und Georg Baselitz (geb. 1938). Mit rund 515 000 Werken von mehr als 20 000 Künstlern aus acht Jahrhunderten scheint ihr zahlenmäßiger Reichtum unerschöpflich. In wechselnden Sonderausstellungen werden Werke aus dem eigenen Bestand und Leihgaben internationaler Museumspartner im Residenzschloss präsentiert.

Oben: Sitz der sächsischen Kurfürsten und Könige: das Dresdner Residenzschloss
Mitte: Die Restaurierung der Sgraffito-Malereien im großen Schlosshof ist umstritten.
Unten: Im Historischen Grünen Gewölbe glänzt und funkelt es überall.

Rüstkammer

Albrecht der Beherzte (1443–1500) gründete im Residenzschloss die herzogliche Harnischkammer. 1832 zog die unter August dem Starken bereicherte Sammlung in den Zwinger und wurde in Königliches Historisches Museum umbenannt. 1877 erfolgte ein weiterer Umzug in den nun Johanneum genannten Neuen Stall. Erst mit dem Wiederaufbau des Residenzschlosses konnte sie in ihre alten Räume zurückkehren. Die Rüstkammer umfasst um die 10 000 Prunkwaffen, darunter Reitzeuge und Prunkkleider von Waffenschmieden und Kunsthandwerkern aus ganz Europa und dem Orient. Nicht zuletzt hat die sogenannte Türkenmode am kursächsischen Hof die Sammlung bereichert: In der Türckischen Cammer beeindrucken ein osmanisches Dreimastzelt aus Gold und Seide und acht aus Holz geschnitzte Pferde in Originalgröße. Einmalig sind auch die Gruppe osmanischer Reflexbögen mit Originalbespannung, deren ältestes Exemplar aus dem Jahr 1586 stammt, und vier faltbare Ledertrinkbecher.

Riesensaal

Mit einer Länge von 60 und einer Breite von elf Metern ist der ehemalige Festsaal der größte des Schlosses. Seine Ausgestaltung hat sich über die Jahrhunderte mehrfach verändert. Ursprünglich war er an den Längsseiten mit Fresken von Kriegern, den »Riesen«, gestaltet. Die Größe des Raumes bietet die Möglichkeit, den umfangreichen Bestand an Harnischen und Waffen des späten 15. bis 17. Jahrhunderts zu präsentieren. Eine Attraktion sind Gegenstände, mit denen die drei Hauptturnierarten dargestellt sind: das Rennen, das Pallienstechen und das Fußturnier. Eine Auswahl von Gemälden, die im Auftrag von Christian I. (1560–1591) zu Ehren seines Vaters Kurfürst August von Sachsen (1526–1586) entstanden sind, bilden das Turnierwesen

Oben: Prunkschale: Das Bad der Diana
Mitte: Funkelnde Rüstungen in der Rüstkammer
Unten: Im Studiensaal des Kupferstichkabinetts können alle Blätter ausgiebig studiert werden.

dieser Zeit ab. Neben dem Riesensaal entsteht im Nordflügel der Residenz die Schlosskapelle wieder neu, mit Schlingrippengewölbe aus dem 16. Jahrhundert und einem sechsteiligen Blütenstern. Hier wirkte der Dresdner Hofkapellmeister Heinrich Schütz (1585–1672) und begründete den Ruhm sächsischer Musikpflege.

Münzkabinett

Mit dem reichen Bestand von insgesamt 300 000 Objekten von der Antike bis zur Gegenwart gehört das Kabinett zu den größten Universalsammlungen Europas. 30 000 Münzen und Medaillen bilden wichtige Epochen der sächsischen Landesgeschichte ab. Die Sammlung umfasst auch Orden und Ehrenzeichen, Banknoten, historische Wertpapiere, Münzstempel sowie münztechnische Geräte.

Hausmannsturm

Ein wenig überdimensioniert zu den übrigen Schlossbauten wirkt der gut 100 Meter hohe Hausmannsturm am nordwestlichen Ende der Residenz. Mit barocker geschweifter Haube und offener Laterne bekrönt war er bis 1945 der höchste Turm Dresdens. Er ist der älteste heute noch existierende Teil der Schlossanlage. Kurfürst Moritz von Sachsen erhob ihn sogar zum Wahrzeichen des kurfürstlichen Schlosses. Um 1400 als Wachturm der einstigen markgräflichen Burg errichtet, wurde er unter Kurfürst Johann Georg II. (1613–1680) um 35 Meter erhöht. Nach Plänen von Wolf Caspar von Klengel (1630–1691) erhielt er zwischen 1674 und 1676 sein barockes Äußeres. Seinen Namen erhielt der Turm von den dort tätigen »Hausmännern«, die für das Ausspähen von entstehenden Feuersbrünsten zuständig waren. Eine Aussichtsplattform ist über den Besuchereingang im Westflügel des Schlosses zu erreichen.

AUTORENTIPP!

EIN BAD IN DER HOLZWANNE

Wer im Advent in Dresden ist, sollte unbedingt einen Abstecher zum weihnachtlichen Mittelaltermarkt im historischen Stallhof machen. Der ehemalige Reiterhof verbreitet in der vorweihnachtlichen Zeit eine ganz besondere Atmosphäre. Das Essen hat merkwürdige Namen, man bezahlt mit Talern – sogar das Feilschen gehört dazu. Handwerker verschiedener Zünfte wie Schmiede, Töpfer, Hutmacher oder Seiler führen ihr Gewerbe vor und verkaufen nur Handgemachtes, im Wagen »Laterna Magica« werden für Kinder wechselnde Grimm'sche Märchen gezeigt und auch sonst sind allerlei Spektakel zu sehen. Abgehärtete oder Mutige können täglich ein heißes Bad in einer Holzwanne nehmen. In den beiden Zubern im (frostsicheren) Badehaus finden bis zu 20 Personen Platz.

Mittelaltermarkt im Stallhof.
28. Nov.–23. Dez. und 27. Dez.–30. Dez. tgl. 11–21.30 Uhr, Augustusstr. 1, Tel. 03 51/43 83 70-320, www.mittelalter-weihnacht.de

Der Thron des Großmoguls Aureng-Zeb von Hofschmied Melchior Dinglinger

Infos und Adressen

SEHENSWÜRDIGKEITEN

Residenzschloss. Taschenberg 2, Eingang über Sophienstr. oder von der Schloßstr. durch das Löwentor in den Kleinen Schlosshof, Tel. 0351/4914 2000, www.skd.museum

Historisches Grünes Gewölbe. Tgl. 10–18 Uhr, Di geschlossen, der Einlass erfolgt ausschließlich mit Zeittickets

Neues Grünes Gewölbe. Tgl. 10–18 Uhr, Di geschlossen

Kupferstichkabinett. Tgl. 10–18 Uhr, Di geschlossen

Der Georgsbrunnen von 1904 wurde beim Wiederaufbau restauriert.

Türckische Cammer. Tgl. 10–18 Uhr, Di geschlossen

Rüstkammer. Tgl. 10–18 Uhr, Di geschlossen

Fürstengalerie. Tgl. 10–18 Uhr, Di geschlossen

Hausmannsturm. April–Okt. tgl. 10 –18 Uhr

Münzkabinett im Hausmannsturm. Tgl. 10–18 Uhr, Di geschlossen

Bibliothek des Münzkabinetts. Residenzschloss, Georgenbau, Schloßstr. 25, Mi 10–17.30 Uhr oder nach Voranmeldung

Studiensaal im Kupferstichkabinett. Residenzschloss. Taschenberg 2, Mo/Mi 10–13 und 14–16 Uhr, Do 10–13 und 14–18 Uhr, Fr 10–13 Uhr. Jeder erste Sa im Monat 10–13 Uhr, Di/So geschlossen, telefonische Voranmeldung erbeten: Tel. 0351/4914 3221, www.skd.museum

ESSEN UND TRINKEN

Bistro Café Am Schloss. Wie vor 100 Jahren trifft man hier bedeutende Leute. Waren es früher die großen Komponisten Richard Wagner und Frédéric Chopin, so sind es heute … Halt, keine Namen. Die Speisekarte gibt's übrigens auch auf Englisch, Russisch, Italienisch und Spanisch. Tgl. 8–24 Uhr, Schloßstr. 7–9, Tel. 0351/495 11 54, www.cafe-am-schloss-dresden.de

Paulaner's im Taschenbergpalais. Munterer Betrieb herrscht tagsüber im Restaurant, zu späterer Stunde finden sich Anhänger erfrischender Cocktails an der Bar ein, im Gewölbekeller wird das nach bayerischem Reinheitsgebot von 1516 gebraute Paulaner ausgeschenkt: also die »Bayerische Botschaft« in Dresden. Tgl. 11–1 Uhr, Taschenberg 3, Tel. 0351/496 01 74, www.paulaners-dresden.de

Dresdner Speisekammer. Die Jahreszeiten haben für viele an Bedeutung verloren: Alles ist immer möglich. Das ist in der Dresdner Speisekammer anders: Wie in alten Zeiten werden hier Vorräte in Einweckgläsern angelegt und mit dem frischen Angebot des Marktes ergänzt und kombiniert. Sporrergasse 5, Tel. 0351/40 77 60 16, www.dresdner-speisekammer.de

ÜBERNACHTEN

Swissôtel Dresden Am Schloss. Hinter der historischen Fassade verbirgt sich ein stilvolles und modernes Interieur – und Schweizer Gastfreundschaft. Sehr zentrale Lage nahe Residenzschloss, Semperoper, Zwinger und Frauenkirche! Schloßstr. 16, Tel. 03 51/50 12 00, www.swissotel.com/dresden

ibis budget Dresden City. Im Herzen der Stadt stehen über 200 komfortable und freundlich ausgestattete Zimmer für jeweils maximal zwei Erwachsene und ein Kind unter zwölf Jahren zur Verfügung. Wilsdruffer Str. 25, Tel. 03 51/83 39 38 20, www.ibis.com

Apartment Külzring. Einraumapartment mit Schlafbereich, Küche und Bad, Wallstr. 17, und andere Apartments in unterschiedlichen Größen und Ausstattungen an ausgewählten Standorten. Tel. 03 51/470 20 04, www.ferienwohnungen-dresden.com

EINKAUFEN

Buchhandlung Walther König. Tgl. 10–19 Uhr Di geschlossen, im Residenzschloss, Taschenberg 2, Tel. 03 51/481 89 20, www.buchhandlung-walther-koenig

AKTIVITÄTEN

Kindergeburtstag im Museum. Geburtstag feiern im Neuen Grünen Gewölbe oder in der Türckischen Cammer. Ab sechs Jahren und auf Voranmeldung: Tel. 03 51/49 14 20 00, www.skd.museum/de/museum-erleben

Auf junge Art – mit Schülern durch die Kunst. Mit Engagement und Elan erklären Schüler der achten bis zwölften Klasse Besuchern in der Türckischen Cammer, der Gemäldegalerie Alte Meister und dem Albertinum ihr Lieblingswerk. An einem So im Monat, 11–13 Uhr, Termininformation über Tel. 03 51/49 14 27 80, www.skd.museum/de/museum-erleben

Kunstbetrachtung für Senioren. Spezielle Führungen werden für kunstinteressierte Besucher der älteren Generation durch Sonder- und Dauerausstellungen angeboten. Jeder erste und zweite Mi im Monat jeweils 11 Uhr, Treffpunkt unter Tel. 03 51/49 14 20 00, www.skd.museum/de/museum-erleben

Der Raub der Sabinerin, eine Arbeit von Melchior Barthel (um 1760), ist im Grünen Gewölbe zu sehen.

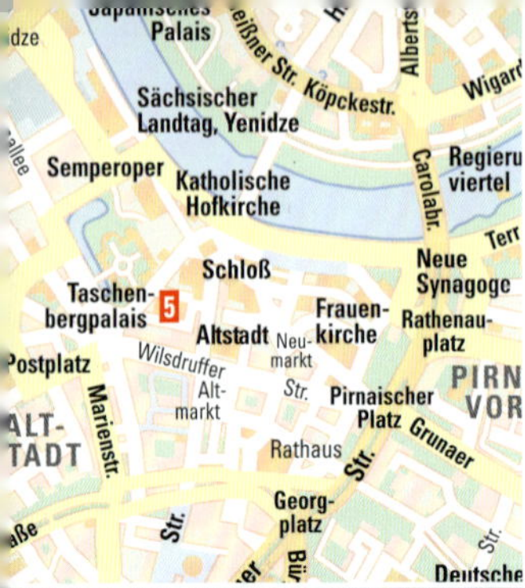

Mitte: Das Taschenbergpalais für Augusts Lieblingsmätresse ist heute das Nobelhotel »Kempinski«.
Unten: Großzügige barocke Innengestaltung im früheren Palais der Gräfin Cosel

5 Taschenbergpalais

Grandhotel im Wohnparadies der Gräfin Cosel

August der Starke machte seiner Geliebten ein nobles Geschenk. Und Reichsgräfin Cosel lebte in Saus und Braus in dem großzügigen Palais – bis sie beim Kurfürsten in Ungnade fiel.

Die Geschichte des Hauses ist bizarr: Ausgerechnet im ehemaligen Wohnsitz der bekanntesten Mätresse Augusts des Starken (1670–1733) öffnete 1995 Dresdens erstes Fünf-Sterne-Hotel. Anna Constantia von Hoym, geb. Brockdorff (1680–1765), als Reichsgräfin Cosel bekannt, lebte in diesem noblen Palazzo einige Jahre mehr als großzügig. Das Stadtpalais mit der verschnörkelten Außenfassade hatte der Kurfürst zwischen 1705 und 1708 für die Gräfin errichten lassen. Es war mit mehreren Hundert Quadratmetern Wohnfläche auf drei Etagen und Dutzenden von Bediensteten ausgestattet – ein überaus großzügiges Ambiente, während die offiziell angetraute Kurfürstin Christiane Eberhardine auf dem vergleichsweise einfachen Landsitz Pretzsch bei Torgau lebte. Im Taschenbergpalais wohnte die Cosel acht Jahre lang. Als offizielle Mätresse stand sie an der Spitze der Hofordnung, noch über den Ministern. Ein geheimer Ehevertrag verband sie mit August dem Starken, der Kaiser hatte sie im Februar 1706 in den Reichsgrafenstand erhoben. An der Seite Augusts war die Gräfin stets gut informiert, doch als sie die Polenpolitik des Königs für einen Fehler hielt, kühlte sich das Verhältnis zwischen beiden deutlich ab. Schließlich kam es nach acht Jahren, in denen sie August drei Kinder gebar, zum Bruch. Im Dezember 1713 wurde der Verbindungsgang zwischen Residenzschloss und ihrem Stadtpalais abgerissen. Nach Ansicht des Hofes hatte sie sich zu sehr in die Politik eingemischt, höfische Intrigen taten ihr Übriges. Danach diente das Taschenbergpalais – der damaligen Mode entsprechend orientalisch eingerichtet – als Türkisches Palais und erfuhr mehrfach Erweiterungen, vor allem der beiden Seitenflügel. Im Zweiten Weltkrieg zerstört wurde es 1995 als Grandhotel der Kempinski-Gruppe neu eröffnet. Äußerlich repräsentiert der Komplex den üppigen Dresdner Barockstil, auch das Treppenhaus wurde denkmalgerecht rekonstruiert und die Kapelle Zum Heiligen Kreuz, ein Meisterwerk des Dresdner Rokoko. Das übrige Gebäudeinnere ist jedoch modern gestaltet. Doch auch für diejenigen, die sich eine Übernachtung im edlen Haus nicht leisten können, gibt es Trost. Im Eckrestaurant »Paulaner's« – der bayerischen Einkehr im Taschenbergpalais mit Hefeweißbier und Weißwurst – geht es eher rustikal zu, dafür sind Getränke und Speisen bezahlbar. Volksnah ist auch das jährliche Angebot im Winter. Dann verwandelt sich der barocke Innenhof des Palais-Hotels in eine Eisfläche und lädt zum Schlittschuhlaufen ein. Unter freiem Himmel rund um einen Tannenbaum kurven und dazu einen Punsch trinken – das gönnen sich sogar viele Dresdner. Schlittschuhe können übrigens ausgeliehen werden.

Eislaufen rund um den Tannenbaum ist im Winter im Innenhof möglich.

Infos und Adressen

Den Abend mit einem Drink ausklingen lassen

ESSEN UND TRINKEN

Sophienkeller im Taschenbergpalais. Rustikales Gewölberestaurant. Bei Arrangements mit Bedienung in barocken Kostümen treten August der Starke und Gräfin Cosel auf. Musikanten, Wahrsager und allerlei Künstlervolk sorgen für Stimmung. Vor dem Eingang steht der Cholerabrunnen. Er ist Ausdruck des Dankes dafür , dass die Cholera Dresden zu Beginn des 19. Jhs. verschont hat. Tgl. 11–1 Uhr, Taschenberg 3, Tel. 03 51/49 72 60, www.sophienkeller-dresden.de

Karl May Bar. Bordeauxfarbenes Leder und feine Eiche – die Cocktailbar erinnert an Wildwest-Saloons. Der sächsische Abenteuerschriftsteller Karl May lässt grüßen. Fr/Sa 21–2 Uhr Live-Musik von internationalen Künstlern. Tgl. Happy Hour 18–20 Uhr. Taschenberg 3, Tel. 03 51/491 20, www.kempinski.com/de/dresden/hotel

ÜBERNACHTEN

Hotel Taschenbergpalais Kempinski. Taschenberg 3, Tel. 03 51/491 20, www.kempinski.com/de/dresden/hotel

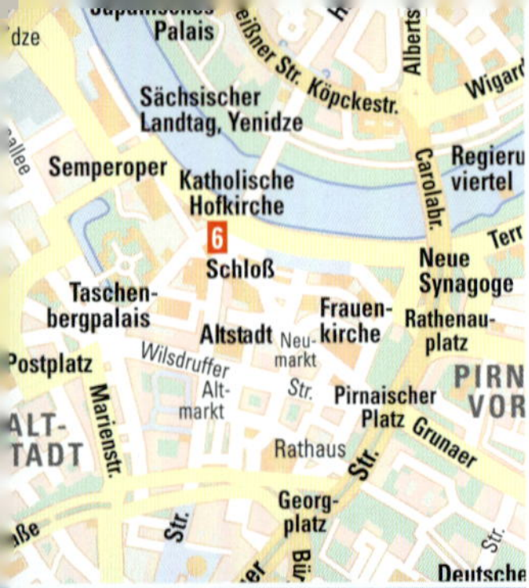

Mitte: In der Hofkirche werden seit 250 Jahren Messen gefeiert.
Unten: Altarbild von Hofmaler Anton Raphael Mengs

6 Katholische Hofkirche

Italienische Eleganz in Vollendung

Wie eine stolze Frau steht sie da – in Elbnähe, am Ende der Augustusbrücke. In der Katholischen Hofkirche feiern Christen seit 250 Jahren die Messe, bis 1918 diente die spätere Kathedrale als Hof- und Pfarrkirche zugleich.

Die Kirche wurde von 1739 bis 1751 nach Plänen des Italieners Gaetano Chiaveri (1689–1770) im Stil des römischen Spätbarocks erbaut. Ihre äußere Gestalt bestimmt das lebendige und vielseitige Konzept Chiaveris und des italienischen Bildhauers Lorenzo Mattielli (1688–1748). Mattielli schuf 74 überlebensgroße Heiligenstatuen für die Fassaden und Balustraden sowie die allegorischen Figuren Glaube, Hoffnung, Liebe und Gerechtigkeit für den Turm. Die Auswahl der Heiligen trafen Königin Maria Josepha (1699–1757), Gaetano Chiaveri und vor allem Pater Ignaz Guarini (1676–1748), der Beichtvater des Königspaars. Neben Aposteln und Kirchenvätern sind jene Frauen und Männer dargestellt, die als Schutzpatrone für die sächsischen, habsburgischen, böhmischen und polnischen Lande eine Bedeutung haben. 1980 wurde die Hofkirche durch die Verlegung des Bischofssitzes von Bautzen nach Dresden zur Kathedrale Sanctissimae Trinitatis des Bistums Dresden-Meißen.

Innenraum mit Gedächtniskapelle

Das Innere der Kirche ist eher schlicht. Es fehlen Deckengemälde und eine farbige Marmorierung. Der Hochaltar wurde aus einheimischem Marmor und vergoldeten Bronzeornamenten nach

Zeichnungen Chiaveris geschaffen, das große Altarbild fertigte der Hofmaler Anton Raphael Mengs (1728–1779) in den Jahren 1752 bis 1761. Es zeigt den zum himmlischen Vater heimkehrenden Christus. Die Kanzel ist ein Werk des Barockbildhauers Balthasar Permoser (1651–1732). Drei der Eckkapellen sind prächtig gestaltet, die Gedächtniskapelle für die Opfer der Zerstörung Dresdens am 13. Februar 1945 ist dagegen schmucklos. Die weiße Pietà von Friedrich Press (1904–1990) aus Meißner Porzellan erinnert an millionenfaches Leid. Die Schmerzensmutter hält ihren toten Sohn auf dem Schoß. Die weit aufgerissenen Augen Marias haben sogar das Weinen verlernt. Auf ihren Händen hält sie die Trümmer des Krieges, die sich zu einer Dornenkrone zusammensetzen. Vor der Pietà trägt der freistehende Blockaltar am unteren Rand Totenköpfe, aus denen Feuerflammen schlagen. Sie erinnern an das brennende Dresden.

Silbermannorgel

Auf der Hofkirchenempore steht die letzte der drei Dresdner Silbermannorgeln. Gottfried Silbermann (1683–1753) schuf sie in den Jahren 1750 bis 1753. Sie umfasst 47 Register auf drei Manualen und Pedal bei etwa 3000 Pfeifen. Während die beiden anderen großen Silbermannorgeln in der Frauen- und Sophienkirche 1945 zerstört wurden, konnte die dritte durch rechtzeitiges Auslagern gerettet werden. Der Barockprospekt verbrannte völlig und wurde nach Fotografien rekonstruiert. Das Instrument wurde 2001/02 umfassend restauriert und auf die originale Stimmtonhöhe von 415 Hertz wiedereingestellt. Damit wird das Klangbild der letzten Orgel aus der Werkstatt Silbermanns authentisch vermittelt. Wer das Instrument hören will, sollte sich mittwochs und samstags zwischen 11.30 und 12 Uhr in der Kirche zur Orgelmusik am Mittag einfinden.

Oben: Die Kanzel vom Dresdner Bildhauer Balthasar Permoser
Unten: Die letzte der drei großen Dresdner Silbermannorgeln steht in der Hofkirche.

AUTORENTIPP!

DAS HERZ DES KÖNIGS IN DER KAPSEL

Unter der Hofkirche befindet sich die Gruft, in der die katholischen Mitglieder des kurfürstlichen, später königlichen Hauses Wettin beigesetzt sind, darunter die Kirchenstifter Friedrich August II. und seine Gemahlin Maria Josepha. Unter der Sakramentskapelle ruht das Herz Augusts des Starken in einer Urne. Es gelangte auf dessen Wunsch in einer silbernen, innen vergoldeten Kapsel von Polen nach Dresden, wo es zunächst in der alten katholischen Hofkirchenkapelle zwischen Schloss und Taschenbergpalais aufbewahrt wurde, bis es dann in einer Mauernische über den Sarkophagen des Stifterpaars seinen endgültigen Platz fand. Als polnischer König fand August seine letzte Ruhestätte in der Wawelkathedrale des Schlosses zu Krakau, sein Herz aber ruht in Dresden. Der Besuch der Grufträume ist nur im Rahmen offizieller Kirchenführungen möglich.

Gruft der Katholischen Hofkirche. Schloßstr. 24, Tel. 03 51/4 84 47 12, www.bistum-dresden-meissen.de

Detail der Permoser-Kanzel

Die Dresdner Kapellknaben singen regelmäßig bei den sonntäglichen Messen.

Kirchenmusik und Kapellknaben

Die Einweihung der Katholischen Hofkirche ist für Dresden auch der Beginn der großen Hofkirchenmusik. Nach dem Konfessionswechsel Augusts des Starken (1670–1733) 1699 hatte dieser eine Neuordnung der Hofkapelle gefordert. Er war zum katholischen Glauben übergetreten, um die polnische Königswürde erlangen zu können. Für den neuen Ritus fehlte es jedoch im protestantischen Sachsen an katholischen sangesfreudigen Jungen. Zur Anwerbung von Sängern unternahm der Jesuit Elias Broggio (1668–1737) eine Werbefahrt ins benachbarte Böhmen und kam mit neun Chorknaben zurück. Sie wohnten bei Jesuitenpatres am Taschenberg und wurden in einer Lateinschule unterrichtet. Seit 1821 ist das »Geistliche Haus« in der Schloßstraße Sitz des Kapellknaben Instituts. Die etwa 100 Sänger sind zwischen acht und 19 Jahren alt und gestalten die Gottesdienste an den Sonntagen (10.30 Uhr) und an Feiertagen.

Infos und Adressen

SEHENSWÜRDIGKEITEN

Kathedrale Sanctissimae Trinitatis – Katholische Hofkirche. Schloßstr. 24, Tel. 03 51/484 47 12, www.kathedrale-dresden.de

Kapellknaben Institut. Wittenberger Str. 88, Tel. 03 51/310 00 60, www.kapellknaben.de

Kathedralforum. Haus der Kathedrale, Schloßstr. 24, Tel. 03 51/484 47 42, www.kathedralforum.de

ESSEN UND TRINKEN

Restaurant Wohnstube. Das Restaurant im Erdgeschoss des Swissôtel überrascht mit seiner modernen und innovativen Schweizer Küche aus regionalen Produkten. Tgl. 11–23 Uhr, Schloßstr. 16, Tel. 03 51/50 12 00, www.swissotel.com/dresden

Camondas Schokoladen-Kontor & Schokoladenmuseum. Die Schweizer glauben es nicht, aber in Dresden wurde 1839 von Jordan und Timaeus die Milchschokolade erfunden. Mo–Do 10–20 Uhr, Fr/Sa 10–22 Uhr und So 10–18 Uhr, Schloßstr. 22, Tel. 03 51/49 76 98 43, www.camondas.de

Schlosscafé Emil Reimann. Eine kleine herzhafte oder süße Pause ist immer willkommen. Der Einladung von Emil Reimann mit dem gepflegten Schnauzbart kann kaum einer widerstehen. Tgl. 8–22 Uhr, Schloßstr. 16, Tel. 03 51/50 06 09 78, www.emil-reimann.de

ÜBERNACHTEN

Hilton Dresden Hotel. Das moderne Hotel aus den 1980er-Jahren zwischen Elbe und Frauenkirche hat zwölf Restaurants und Bars und einen Wellnessbereich. An der Frauenkirche 5, Tel. 03 51/864 20, www.hilton.de/dresden

EINKAUFEN

St.-Benno-Buchhandlung. Gepflegter Laden direkt gegenüber vom Schloss mit Büchern, Karten, CDs und Kunstgewerbe. April–Dez. Mo–Fr 9–20 Uhr und Sa 9–19 Uhr, Jan.–März Mo–Fr 9–19 Uhr und Sa 9–18 Uhr, Schloßstr. 24, Tel. 03 51/490 38 54, www.bennobuchhandlung.de

Schlichter Innenraum der Hofkirche mit Hochaltar

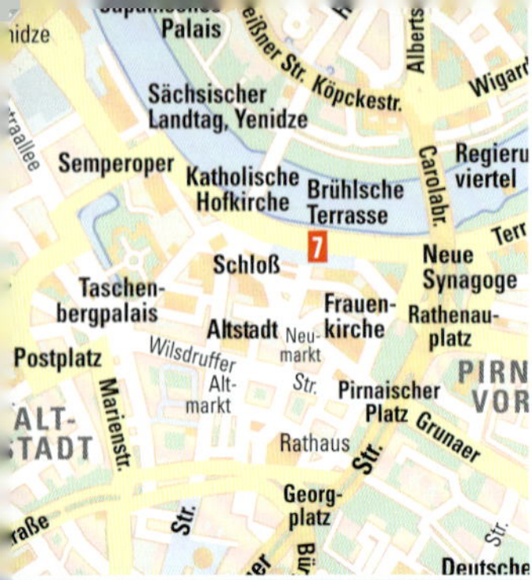

Unten: Zwei Kuppeln: Frauenkirche mit Kunstakademie

7 Brühlsche Terrasse
Eine Arche für die Kunst

Auf dem »Balkon Europas« sind herrliche Ausblicke garantiert. Die Brühlsche Terrasse erhebt sich direkt gegenüber der Hofkirche über die Stadt. Eine große Freitreppe führt in den Garten, einem Ensemble aus Natur und Architektur. Bis heute ist die 500 Meter lange Terrasse eine der schönsten Flaniermeilen der Elbestadt.

Benannt ist sie nach Freiherr Heinrich von Brühl (1700–1763), der die Anlage nach Plänen Johann Christoph Knöffels (1686–1752) Mitte des 18. Jahrhunderts auf einem Teil der früheren Stadtbefestigung bauen ließ. Von den »Brühlschen Herrlichkeiten« mit Galerie, Bibliothek, Belvedere, Palais und Garten ist jedoch kaum etwas erhalten. Die große Freitreppe wurde 1814 nachträglich angelegt und mit den Figuren der vier Tageszeiten bestückt. Auf dem »Balkon Europas« hat man einen wunderbaren Ausblick über den Fluss – bei gutem Wetter bis zu den Radebeuler Weinbergen und zu den Elbhängen in Loschwitz. Neben der Freitreppe ersetzte zwischen 1901 und 1907 ein Ständehaus das ursprüngliche Palais Brühl. Heute ist es Sitz des Oberlandesgerichts und der sächsischen Denkmalpflege. Nicht weit entfernt lädt das »Vis-à-vis« im Sekundogenitur auf einen Kaffee mit Blick über die Elbe ein. Der Name des Gebäudes geht zurück auf die Nutzung durch den Zweitgeborenen des Herrscherhauses Wettin. Als Einziges heute auf dem Wall stehende Gebäude vermittelt es in Größe und Gestaltung das Gefühl der einstigen Brühlschen Bebauung. Zwischen 1884 und 1900 wurde die Brühlsche Anlage umgestaltet, die Knöffelschen Bauten abgerissen und das Zeughaus zum Albertinum ausgebaut. Mit der

Kunstakademie auf der Stadtseite der Brühlschen Terrasse kam ein monumentaler Bau hinzu. Architekt Konstantin Lipsius (1832–1894) setzte dem Gebäude eine gläserne, von der Fama gekrönte Kuppel auf, die wegen ihrer Form bei den Dresdnern nur »Zitronenpresse« heißt. Das moderne Bodendenkmal vor der Akademie erinnert mit Venus, Mars, Jupiter, Merkur und Saturn, Luna und Sol an die Dresdner Bastionen, die diese Götternamen seit 1721 trugen. Das umgebaute Zeughaus aus dem 16. Jahrhundert schließt das östliche Ende der Brühlschen Terrasse ab. Oberhalb erstreckt sich der Brühlsche Garten, ein Garten im Garten mit Brunnen und Denkmälern. In der Nähe des Denkmals für den Porzellanschöpfer Johann Friedrich Böttger (1682–1719) ist eine Kuriosität zu entdecken: der angebliche Fingerabdruck Augusts des Starken im Geländer. Der König soll dort durch seine bärenstarken Kräfte eine Delle hinterlassen haben.

Kunstmuseum Albertinum

Der Umbau des Zeughauses zum Museum wurde 1884 vom Sächsischen Landtag beschlossen und 1889 vollendet. Zu Ehren des damaligen Königs Albert von Sachsen (1828–1902) erhielt es den Namen Albertinum. Das Gebäude beherbergte zu DDR-Zeiten gleich mehrere Sammlungen, darunter das Grüne Gewölbe. Ab Juni 2004 kehrten diese nach und nach in das Residenzschloss zurück. Seit Sommer 2010 und nach einer umfassenden Sanierung des vom Hochwasser geschädigten Gebäudes präsentiert sich das Museum für moderne Kunst in einem völlig neuen Gesicht – mit Werken von der Romantik bis zur Gegenwart. Das Konzept des Berliner Büros Staab Architekten sah ein Dach über dem Innenhof für Depots und Restaurierungswerkstätten vor – eine »Arche für die Kunst«.

AUTORENTIPP!

LIPSIUSBAU

Seit einigen Jahren hat Dresden einen imposanten Ausstellungsort wiedergewonnen. Den nach seinem Schöpfer Constantin Lipsius benannten Bau nutzen die Staatlichen Kunstsammlungen als Kunsthalle für unkonventionelle und experimentelle Sonderausstellungen. Damit wollen sie die Auseinandersetzung mit den Kunstströmungen unserer Zeit fördern. Davor war der Lipsiusbau jahrzehntelang Ausstellungsgebäude des Sächsischen Kunstvereins. Schon 1905 stellten dort die Maler der neu gegründeten Künstlergruppe »Brücke« aus. Nach seiner teilweisen Zerstörung 1945 blieb das Gebäude lange Zeit ungenutzt. Die Spuren des Krieges wurden bei der Renovierung nicht übertüncht und stehen in einem eindrucksvollen Kontrast zur ursprünglichen Bausubstanz. In den so entstandenen architektonischen Brüchen berühren sich Gegenwart und Vergangenheit.

Kunsthalle im Lipsiusbau. Di–So 10–18 Uhr, Brühlsche Terrasse, Tel. 0351/49142000, www.skd.museum.de

Der Oberlichtsaal im Kunstverein eignet sich hervorragend für Sonderausstellungen.

Oben: Das Albertinum wurde nach dem Hochwasser 2002 modernisiert.
Mitte: Reliefplatte Musenreigen am Albertinum
Unten: Ein Blick vom »Balkon Dresdens« über die Elbe lohnt.

Galerie Neue Meister

Das Albertinum beherbergt die Galerie Neue Meister und die Skulpturensammlung. Institutionell wurde die Galerie Neue Meister erst 1959 gegründet. Sie geht aus der Gemäldegalerie Alte Meister hervor, für die nach 1843 verstärkt zeitgenössische Kunst angekauft wurde. Ihre Entstehungsgeschichte ist eng mit dem Namen des sächsischen Staatsministers Bernhard von Lindenau (1779–1854) verbunden, der Mittel für den Ankauf zeitgenössischer Gemälde bereitstellte.
Zu sehen sind mehrere Meisterwerke Caspar David Friedrichs (1774–1840) und Kunst des 20. Jahrhunderts bis hinzu Arbeiten von Zeitgenossen wie Gerhard Richter. Damit können in ungewohnter Nähe zueinander verschiedene Kunstepochen erlebt, entdeckt und miteinander verglichen werden. Nach Friedrich folgen beim Gang durch die Ausstellung in chronologischer Reihenfolge weitere Romantiker wie Carl Gustav Carus, Johan Christian Dahl und Ludwig Richter sowie französische und deutsche Impressionisten wie Claude Monet, Edgar Degas, Max Liebermann und Max Slevogt. Aber auch Werke der Expressionisten Otto Dix und die »Brücke«-Künstler Ernst Ludwig Kirchner und Karl Schmidt-Rottluff werden gezeigt. Neben den beiden Sälen mit Arbeiten von Gerhard Richter, die der Künstler selbst gestaltete, sind den Gegenwartsmalern Sigmar Polke und Georg Baselitz eigene Räume gewidmet.

Skulpturensammlung

Auch die chronologische Präsentation der Skulpturen führt in die Gegenwart. Angefangen mit Plastiken des französischen Bildhauers Auguste Rodin (1840–1917) aus dem frühen 19. Jahrhundert ist in der Ausstellung nachvollziehbar, wie sein Konzept der Moderne verschiedene Stilrichtungen des 20. Jahrhunderts fortsetzte. Auf die Kunst in der

Blick zur Brühlschen Terrasse mit Frauenkirche

Brühlsche Terrasse

AUTORENTIPP!

FESTUNGSANLAGEN AN DER ELBE

Unter der Brühlschen Terrasse haben Dresdner Bürger Anfang der 1990er-Jahre damit begonnen, die jahrhundertelang verschütteten ehemaligen Festungsanlagen freizulegen. Sie gehören zu den ältesten Gewölben der Stadt überhaupt. Regelmäßig finden Führungen durch die Kasematten mit Aufenthaltsräumen für die Wachmannschaften, Brunnen und Verbindungsschächte statt. Lustiges und Ernstes aus der Geschichte der Renaissance-Festung ist dabei zu erfahren. Am Aufgang zum Georg-Treu-Platz ist der Eingang zum Museum Festung Dresden. Das Ausstellungshaus nimmt einen Teil der nördlichen Stadtmauer ein. Den Besucher erwarten eine Gießerei und Kuriositäten wie das Festungstelefon oder ein altes Wasserklosett. Mit dem 400 Jahre alten Ziegeltor befindet sich dort auch das letzte historische Stadttor Dresdens.

Museum Festung Dresden.
April–Okt. tgl. 10–18 Uhr,
Nov.–März tgl. 10–17 Uhr,
Georg-Treu-Platz 1,
Tel. 03 51/43 83 70-320,
www.festung-dresden.de

DDR wird mit Werken von Wieland Förster, Werner Stötzer und Helmut Heinze in besonderer Weise eingegangen. Der Klingersaal, als sinnlicher Epochenraum konzipiert, enthält Werke der Jahrhundertwende von Arnold Böcklin und Max Klinger bis hinzu Franz von Stuck und Sascha Schneider. Der Mosaiksaal widmet sich dem großen Thema Moral mit Skulpturen des Klassizismus und einem Schwerpunkt auf Ernst Rietschel. Die Dresdner Skulpturensammlung insgesamt umfasst Werke aus mehr als fünf Jahrtausenden – von den antiken Kulturen über alle Epochen der europäischen Plastik bis zur Gegenwart. Herzstück ist die Antikensammlung mit Skulpturen wie dem Dresdner Knaben sowie Vasen, Bronzen und Terrakotten. Ausgewählte Stücke werden derzeit in Schaudepots gezeigt. Künftig soll die Sammlung einen dauerhaften Platz in der Osthalle der Sempergalerie (Zwinger) finden. Gottfried Semper hatte diesen alten, neuen Ort bereits Mitte des 19. Jahrhunderts explizit für antike Skulpturen entworfen. Der Ursprung des Museums geht zwar auf die 1560 gegründete Kunstkammer zurück, aber in der Tat war es August der Starke (1670–1733), der die Gründung der »Sammlung der antiken und modernen Skulpturen« vollzog und Dresden zu einer Metropole barocker Architektur und Skulptur machte.

Kurländer Palais

Nur wenige Schritte vom Albertinum entfernt befindet sich das sanierte Kurländer Palais von Johann Christoph Knöffel. Im ehemaligen Festsaal, in den Gartensälen, im Hof oder in den Gewölben kann wieder gespeist und gefeiert werden. Die Barock-Ruine wurde seit 2006 aufgebaut und ist nun offen für Empfänge, Tagungen und Festivitäten. Im exklusiven Ambiente des Restaurants verwöhnt Gerd Kastenmeier mit kreativer Gourmet Küche. Auch Fischfreunde kommen auf ihre Kosten.

Infos und Adressen

SEHENSWÜRDIGKEITEN

Albertinum. Eingang Brühlsche Terrasse und Georg-Treu-Platz, Di–So 10–18 Uhr, Georg-Treu-Platz 2, Tel. 0351/49142000, www.skd.museum

ESSEN UND TRINKEN

Kastenmeiers. Gehobenes Gourmet-Restaurant im Kurländer Palais mit toller Kulisse und guter Atmosphäre. Tgl. 12–23 Uhr, Tzschirnerplatz 3, Tel. 0351/48484801, www.kastenmeiers.de

Café Vis-à-vis. Das Café im Wiener Kaffeehausstil auf der Brühlschen Terrasse brilliert mit hauseigener Patisserie. Mo–So 11–19 Uhr, Sommerterrasse je nach Wetter bis 24 Uhr, Brühlsche Terrasse 3, Tel. 0351/8642837, www.hilton.de/dresden

Radeberger Spezialausschank. Die geschichtsträchtigen Räume wurden als Brückenmeistereihaus direkt an der Elbe errichtet. Heute kann man über einen gläsernen Dachausstieg die Terrasse erreichen, von der sich ein überwältigender Blick auf die Elbe bietet. Tgl. 11–1 Uhr, Terrassenufer 1, Tel. 0351/4848660, www.radeberger-spezialausschank.de

Gehobene Atmosphäre im Restaurant Kastenmeiers

Sächsische Vinothek. »Das Leben ist viel zu kurz, um schlechten Wein zu trinken« ist das einladende Motto der beiden sächsischen Inhaber. Mo–Sa 11–19 und So/Feiertag 12–18 Uhr, Salzgasse 2, An der Frauenkirche 13, Tel. 0351/4845200, www.saechsische-vinothek.de

ÜBERNACHTEN

Innside Dresden. Das Hotel bietet in 180 extravaganten Guestrooms beispielhaften Schlafkomfort mit Kingsize-Betten und transparent gestalteten, innovativen Badlandschaften. Salzgasse 4, Tel. 0351/795150, www.innside.com

Kunstakademie und Kunstverein mit Glaskuppel gegenüber dem Neustädter Ufer

Unten: Barockes Wahrzeichen der Stadt: die Frauenkirche

8 Frauenkirche am Neumarkt

Rückkehr eines Wahrzeichens

Nach Jahrzehnten ist sie zurückgekehrt. Die barocke Frauenkirche ist Dresdens neues altes Wahrzeichen. Mehr als zehn Millionen Menschen haben den wiederaufgebauten Kuppelbau seit seiner Weihe 2005 besucht. Längst ist die Kirche zum Symbol für Frieden und Versöhnung geworden.

Zunächst gab es eine Vorgängerkirche, im 11. Jahrhundert errichtet und in der Früh- und Spätgotik umgestaltet. Anfang des 18. Jahrhunderts musste diese zeitweilig wegen Baufälligkeit geschlossen werde, und der Rat der Stadt Dresden entschied 1722 über einen Neubau. Der damit beauftragte Architekt George Bähr (1666–1738) ließ sich von den Kuppeln italienischer Kirchen inspirieren und nicht zuletzt deshalb wurde Dresden immer wieder als »Elbflorenz« bezeichnet. Bähr wollte eine Kirche, die »von Grund aus bis oben hinauf gleichsam nur ein einziger Stein« ist. Weder der Architekt noch Friedrich August I. (1670–1733) erlebten die Fertigstellung 1743. Der sächsische Herrscher hatte den Bau der protestantischen Kirche trotz seines Übertritts zum Katholizismus unterstützt. Wegen des geschwungenen Kuppelanlaufs wurde die Frauenkirche als »Steinerne Glocke« berühmt. Mit einer Höhe von 24 Metern, einem Durchmesser von 26 Metern und einem Gewicht von 12 000 Tonnen besitzt sie die größte steinerne Kuppel nördlich der Alpen. Der Rundbau von George Bähr ruht auf einer vergleichsweise kleinen Grundfläche, nach oben hin wird er durch vier Ecktürme abgeschlossen und durch die Kuppel bekrönt. Im Innenraum sind – typisch für einen protestantischen Sakralbau – Kanzel, Taufstein, Altar und Orgel zentral angeordnet.

Barocke Pracht

Das lichtdurchflutete Kirchenschiff empfängt den Besucher in barocker Pracht. Orgel und Altar gehen optisch nahezu ineinander über. Die Ausmalung, ergänzt durch marmorierte Säulen und zahlreiche vergoldete Details, erfolgte in hellen Pastellfarben und wirkt damit lebensfroh und weltlich. Das Kernstück, der Altar von Johann Christian Feige (1689–1751), wurde aus den Trümmern geborgen und bewusst mit seinen Beschädigungen im Neubau integriert. Die ebenfalls zentral angeordnete Kanzel schiebt sich wie ein Schiffsbug in den Raum. Sie wird von fünf Emporen umschlossen, die das Raumempfinden wesentlich bestimmen. Rekonstruiert wurde auch der historische Orgelprospekt. Das frühere Instrument von Gottfried Silbermann (1683–1753), auf dem 1736 Johann Sebastian Bach (1685–1750) spielte, ersetzt eine neue Orgel der Straßburger Firma Kern. Die Ausmalung der Kuppel schließlich atmet ebenfalls barocke Lebensfreude. In zarten Farben zu sehen sind neben den vier biblischen Evangelisten die Tugenden Glaube, Liebe, Hoffnung und Barmherzigkeit. Für die Rekonstruktion der Deckengemälde übernahmen der Maler Christoph Wetzel und der Restaurator Peter Taubert die wohl ungewöhnlichste Aufgabe ihres Lebens: Um herauszufinden, wie die originale Kuppelmalerei von Giovanni Battista Grone (1682–1748) im Jahr 1734 ausgesehen hatte, führte sie der Weg vom Jagdschloss Moritzburg über Wien nach Venedig in die Heimatstadt des Malers. Bereits während des Wiederaufbaus wurde die Unterkirche, in der sich auch das Grabmal von George Bär befindet, für Gottesdienste genutzt. Und in der Gegenwart zieht das kreuzförmige Tonnengewölbe Tausende Besucher an, vor allem als Raum der Stille.

AUTORENTIPP!

BIS AUF DIE SÄCHSISCHE SCHWEIZ SCHAUEN

Dresden von oben. Die Kuppel der Frauenkirche bietet einen weiten Ausblick auf die Stadt und ihre typischen Bauten. Der Aufstieg beginnt am Eingang G, ist kostenpflichtig und von der Besichtigung der Kirche getrennt. Über einen Aufzug gelangen die Besucher zunächst auf 24 Meter Höhe. Der Weg führt weiter über eine schmale Treppe zu einem stufenlos ansteigenden Wendelgang. Der Weg ist mit einer Steigung von 14 Prozent nicht zu unterschätzen, früher wurde er als Eselgang genutzt. Schön sind die Einblicke durch Glaswände auf die Emporen im Inneren der Kirche und auf die Kuppel. Über zwei weitere Treppen geht es auf die 67 Meter hoch gelegene Aussichtsplattform, von wo man bei klarem Wetter bis in die Sächsische Schweiz sehen kann. In den Sommermonaten bietet die Stiftung Frauenkirche früh um sechs Uhr Morgenandachten an.

Kuppel der Frauenkirche. Nov.–Feb. Mo–Sa 10–16 Uhr und So 12.30–16 Uhr, März–Okt. Mo–Sa 10–18 Uhr und So 12.30–18 Uhr.

Einzigartiger Blick von der Aussichtsplattform der Frauenkirche

Oben: Die halbkreisförmige Anordnung der Bänke geht auf George Bähr zurück.
Unten: Altarraum der Frauenkirche

Zerstörung und Wiederaufbau

Die riesige Kuppel der Frauenkirche brannte beim Angriff auf Dresden 1945 völlig aus, widerstand aber zunächst den Bomben der Alliierten. Doch nach zwei Tagen, am Vormittag des 15. Februar, gaben die ausgeglühten Pfeiler nach und die Kirche sank in sich zusammen. Zurück blieb ein Trümmerhaufen mit zwei bizarr aufragenden Mauerresten. Ein Augenzeuge berichtet von den letzten Momenten. Zunächst sei da »ein leises Knistern« zu hören gewesen, dann stürzte die Kuppel mit einem »ungeheuren Krachen« ein, »nachtschwarze Staubwolken« umhüllten die Umgebung. Wer historische Fotografien der Frauenkirche mit fast schwarzen Sandsteinen kennt, wird sich beim Gang über den Neumarkt vielleicht wie in einer Kulisse vorkommen. Die helle, wiederaufgebaute Fassade wirkt fast künstlich. Dennoch besteht die Frauenkirche zu etwa 45 Prozent aus historischen Steinen. Aus den Trümmern geborgen durchbrechen sie die Wände der neuen Kirche. Die Wunden bleiben sichtbar. Der eigentliche Wiederaufbau der Kirche begann 1994. Zuvor waren in der archäologischen Enttrümmerung alle Steine gesichtet und katalogisiert worden. Den 22 000 Quadratmeter großen Trümmerberg trug man in nur 17 Monaten ab. Bei den Arbeiten fanden die Bauarbeiter überraschend das stark beschädigte Turmkreuz, das heute im Hauptraum der Kirche zu sehen ist. Oben auf dem Dach krönt ein neues, vom

Sohn eines britischen Bomberpiloten geschaffenes goldenes Kreuz die Kuppel.

Mahnmal

Die neue Frauenkirche wurde am 30. Oktober 2005 geweiht, rund 250 000 Menschen feierten den Wiederaufbau mehrere Tage lang. Mehr als 180 Millionen Euro sind in den Neubau geflossen, etwa 100 Millionen Euro stammen aus Spenden. Weltweit haben sich Menschen für das Projekt engagiert und folgten nicht zuletzt dem »Ruf aus Dresden«, in dem es im Februar 1990 hieß: »Wir wenden uns besonders an die Staaten, die den Zweiten Weltkrieg geführt haben. Es ist uns dabei schmerzlich bewusst, dass Deutschland diesen Krieg entfesselt hat. Dennoch: Wir wenden uns auch an die Siegermächte und die vielen Menschen guten Willens in den USA, in Großbritannien und in aller Welt: Ermöglicht dieses europäische Haus des Friedens!«. Viele Dresdner hatten auch unter der SED-Diktatur den Traum vom Wiederaufbau nie aufgegeben, in den 1980er-Jahren wurde die Ruine zum Symbol der DDR-Friedensbewegung. Mehr als 60 Jahre nach der Zerstörung hat die Stadt ihr Wahrzeichen nun zurück, dennoch bleibt den Dresdnern die Kirche als mahnende Wunde im Gedächtnis. Jedes Jahr am 13. Februar, dem Gedenktag zur Erinnerung an die Kriegsopfer und die Zerstörung der Elbestadt, kommen Menschen in stillem Gedenken zur Frauenkirche. Zum Zeitpunkt des ersten Fliegeralarms, um 21.45 Uhr, läuten alle Glocken der Stadt.

Neumarkt

Vor der Frauenkirche erstreckt sich ein weiträumiger zentraler Platz, von dem viele Straßen und Gässchen abgehen. Bis zu seiner Zerstörung galt der Neumarkt als ein geschlossenes Ensemble des

AUTORENTIPP!

ORGELMUSIK BEI KERZENSCHEIN

Orgel- und Romantikfans aufgepasst: Die Literarischen Orgelnächte in der Frauenkirche (im Sommer meist um 22 Uhr) sind Meditation und Wissensvermittlung zugleich. Rezitiert wird aus Werken berühmter Dichter, dazu im Dialog erklingt improvisierte Orgel- und Instrumentalmusik. Die Veranstaltungen werden in Kooperation mit dem Staatsschauspiel Dresden angeboten. Ähnlich und zugleich ein Höhepunkt in der Adventszeit sind die Orgelnachtmusiken. Dann klingen die vier Adventssonntage bei Orgelmusik im Kerzenschein aus (jeweils 21 Uhr). Wenn die Besucher aus der Kühle eines Dezemberabends die erleuchtete Frauenkirche betreten, werden sie unmittelbar von wärmender Geborgenheit umhüllt. Den Klang der Kern-Orgel mit Werken von Bach bis Mendelssohn Bartholdy im vollständig mit Kerzen erleuchteten Hauptraum der Kirche muss man erlebt haben!

Orgelnachtmusiken. Mehr Infos unter: www.frauenkirche-dresden.de

Oben: Das Schützhaus erinnert an den früheren Hofkapellmeister Heinrich Schütz.
Mitte: Fahrradrikscha vor der Frauenkirche bei Nacht
Unten: Die Terrasse des »Hotel de Saxe« am Neumarkt lädt zum Verweilen ein.

bürgerlichen Barock. Wegen seiner Lage auf einer seichten Erhebung gehört er zu den ältesten Siedlungsorten der Stadt, Spuren sind bereits aus der Zeit um 700 v.Chr. nachgewiesen. 12. Jahrhundert entstand eine städtische Siedlung, erwähnt in einer aufs Jahr 1206 datierten Urkunde als »Dresdene«. Noch bis ins 16. Jahrhundert gehörte der Platz nicht zum ummauerten Stadtkern, mit dem Ausbau zur kurfürstlichen Residenz um 1530 wurde er jedoch eingemeindet. Im Barock erhielt er ein völlig neues Gesicht und wurde danach mehrfach verändert. Von allen Gebäuden, die vor dem Zweiten Weltkrieg am Neumarkt standen, blieben lediglich das Johanneum und die Ruine der Frauenkirche erhalten. Bis vor Kurzem war er Parkplatz, zur Elbe hin entstanden Ende der 1980er-Jahre das Hotel »Hilton« und Plattenbauten mit Wohnungen. Seit 2008 treibt man schließlich seine Rekonstruktion nach historischem Vorbild voran. Zum Teil entstehen in acht ausgewiesenen Quartieren auch moderne Gebäude, allerdings eher zweckmäßige als spektakuläre. Mit dem Hotel »Steigenberger de Saxe« ist ein weiteres Etablissement der Extraklasse nach Dresden gekommen und auch mehrere luxuriöse Geschäfte haben eröffnet.

Heinrich-Schütz-Haus

Das Heinrich-Schütz-Haus auf der südlichen Seite des Platzes erinnert an den früheren sächsischen Hofkapellmeister, der von 1629 bis 1657 in einem Vorgängerbau wohnte. Das ursprünglich an der Stelle befindliche Haus entstand etwa 1530 während eines Umbaus der Befestigungsanlagen und damit noch vor der Anlage des Neumarkts 1548. Von dem Renaissance-Gebäude ist der »Kinderfries«, ein Kindertanz-Relief aus Sandstein, erhalten, der heute seinen Platz am Runderker zurückbekommen hat. In den Jahren 1730/1731 und im 19. Jahrhundert war das Haus

Im Coselpalais serviert man auf Meißner Porzellan.

umgestaltet worden, schließlich fiel es den Luftangriffen auf Dresden zum Opfer. Mit dem Wiederaufbau entsprechen die Außenfassaden dem Zustand vor dem Krieg, das Innere wurde dagegen modern gestaltet und beherbergt eine Seniorenresidenz sowie das spanische Konsulat.

Coselpalais

An der anderen Seite des Platzes, direkt gegenüber dem Turmaufstieg der Frauenkirche, befindet sich das Coselpalais, ein spätbarockes Gebäudeensemble mit wechselvoller Geschichte. Johann Christoff Knöffel (1686–1752) baute es 1745/46 an der Stelle des Pulverturms. 1762 erwarben Friedrich August von Cosel (1712–1770), der Sohn August des Starken (1670–1733), und dessen Mätresse Gräfin von Cosel (1680–1765) die Häuser und ließen sich in zweijähriger Bauzeit ein Palais errichten, in dessen erstem Obergeschoss sich ein Festsaal befand. In der ersten Hälfte des 19. Jahrhunderts gelangte es in bürgerlichen Besitz, von 1845 bis 1853 war hier das »Russische Hotel« untergebracht. Bis 1901 diente das Palais der Polizei, danach unter anderem dem sächsischen Bauamt als Dienstsitz. Im Februar 1945 wurde es zerstört, die beiden Flügelbauten konnten jedoch gerettet und von 1973 bis 1975 wiederaufgebaut werden.

AUTORENTIPP!

CHRISTVESPER UNTER FREIEM HIMMEL

Deutschlands größter regelmäßiger Freiluftgottesdienst dürfte die jährliche Christvesper vor der Frauenkirche am 23. Dezember sein. Tausende Menschen versammeln sich dann auf dem Neumarkt, um gemeinsam zu singen und zu beten. Damit beginnt für viele Dresdner Jahr für Jahr das Weihnachtsfest. Und auch wer in der Stadt zu Gast ist, sollte sich dieses besondere Erlebnis nicht entgehen lassen. Für die musikalische Untermalung sorgen bekannte Dresdner Musikinstitutionen wie der Dresdner Motettenchor oder das Blechbläserensemble sowie einzelne Solisten. Die erste weihnachtliche Vesper fand übrigens 1993 vor dem kurz zuvor aus den Trümmern freigelegten Altar der Frauenkirche statt. Die Veranstaltung wird von zahlreichen ehrenamtlichen Helfern getragen, manche sind von Anfang an dabei.

Der Chor der Frauenkirche ist nicht nur an Ostern zu hören.

Infos und Adressen

SEHENSWÜRDIGKEITEN

Besucherzentrum Frauenkirche. Infos rund um den Barockbau zu Führungen, Gottesdiensten und Konzerten. Hier werden auch die Frauenkirchenuhren mit dem berühmten Sandstein verkauft. Mo–Sa 9.30–18 Uhr, Weiße Gasse 8, Tel. 0351/65 606100, www.frauenkirche-dresden.de/besucherzentrum.htm

Verkehrsmuseum Dresden. Von A wie Auto bis Z wie Zug, von tonnenschweren Originalen bis zu filigranen Modellen: eine Zeitreise durch die mobile Welt in Dresdens ältestem Ausstellungsgebäude, dem Johanneum am Neumarkt. Di–So 10–18 Uhr, Augustusstr. 1, Tel. 0351/86440, www.verkehrsmuseum-dresden.de

Stadtmuseum Dresden. In der ständigen Ausstellung wird die geschichtliche und gegenwärtige Rolle der Residenz- und Landeshauptstadt als politisches, wirtschaftliches und kulturelles Zentrum gezeigt. Thematische Sonderausstellungen ergänzen das Bild. Di–So 10–18 Uhr, Fr 10 –19 Uhr, Wilsdruffer Str. 2, Tel. 0351/4887301, www.stmd.de

Im Straßencafé den Blick auf die Frauenkirche genießen

ESSEN UND TRINKEN

Grand Café und Restaurant Coselpalais. Das beliebte Altstadt-Café bietet in barocken Salons französische Küche und sächsische Kuchenspezialitäten. Im Porzellanzimmer serviert man auf echt Meißner Porzellan. Vom Innenhof hat man einen tollen Blick auf das Sandsteinpuzzle der Frauenkirche. Tgl. 10–24 Uhr, Frauenkirche 12 a, Tel. 0351/4962444, www.coselpalais-dresden.de

Classico Italiano. Das Restaurant bietet italienisches Ambiente und Küche vom Feinsten. Mo–Sa 10–2 Uhr, An der Frauenkirche 20, Tel. 0351/4977038, www.classico-italiano.de

Dresden 1900 Museumsgastronomie. Die älteste noch erhaltene Straßenbahn, die »Helene«, führt zurück ins Jahr 1900. Man kann Dresden und seine Verkehrsgeschichte(n) auf dem historisch nachgebildeten Postplatz und mit vielen liebenswerten Details erleben. Die Speisekarte ist auf sächsisch, zum Glück mit deutschen Untertiteln. Mo–Sa 8–1 Uhr und So 9–24 Uhr, An der Frauenkirche 20, Tel. 0351/48205858, www.dresden1900.de

Freiberger Schankhaus. Empfehlung für Durstige: die Bierspezialitäten aus dem Hause »Freiberger«. Empfehlung für Hungrige: besondere Köstlichkeiten aus der sächsischen Region. All das auf zwei Etagen und im Sommer zusätzlich unter freiem Himmel. Tgl. ab 11 Uhr, Neumarkt 8
Tel. 0351/5004347
www.freiberger-schankhaus.de

Augustiner an der Frauenkirche. Der Freistaat Bayern kulinarisch zu Gast im Freistaat Sachsen: Süffiges Augustiner-Bier gibt es zu bayerischen, sächsischen und österreichischen Spezialitäten. Das ist bayerische Herzlichkeit, verbunden mit sächsischer Gemütlichkeit. Tgl. 11–24 Uhr, An der Frauenkirche 16/17, Tel. 0351/49776650, www.augustiner-dresden.com

Das wohl eleganteste Treppenhaus findet sich im Stadtmuseum.

ÜBERNACHTEN

Aparthotel Altes Dresden. Das Hotel hat von allen Apartments einen schönen Ausblick auf die Dresdner Frauenkirche, es ist behindertengerecht eingerichtet und für Allergiker geeignet. Neumarkt 7, Tel. 0351/4381111, www.aparthotels-frauenkirche.de

QF HOTEL DRESDEN. Schon vor 200 Jahren war das Hotel »Stadt Berlin« eine der ersten Adressen in Dresden. Dostojewski und Chopin übernachteten hier. Beim Neuaufbau wurde das Markenzeichen, die »Runde Ecke«, wiederhergestellt und nun begrüßt das neue alte Haus Gäste aus aller Welt. Neumarkt 1, Tel. 0351/5633090, www.qf-hotel.de

Steigenberger Hotel de Saxe. Vis-à-vis der Frauenkirche bietet das Hotel auch Raum für Tagungen und eine *Spa World* mit Saunen und Dampfbad. Im Sommer lockt die Außenterrasse. Neumarkt 9, Tel. 0351/43860, www.steigenberger.com/Dresden

EINKAUFEN

QF Quartier an der Frauenkirche. Das Quartier vereint Läden, Restaurants und Cafés unter modernem Dach. Töpferstr. 6, Tel. 0351/48433897 55, www.qf-dresden.de

Dresden Buch. Inhaber Thorsten Tonndorf ist *der* Experte für Dresden. Ob Buch, Stadtplan, Spiel, CD, DVD – es gibt nichts, was es bei ihm nicht gibt. Mo–Sa 10–19 Uhr, Neumarkt 1, Untergeschoss, Tel. 0351/4164171, www.ddbuch.de

A. Lange & Söhne. Jedes Lange-Uhrwerk wurde in der eigenen Manufaktur im 30 Kilometer entfernten Glashütte weitestgehend in Handarbeit gefertigt. Kein Werkzeug ist so feinfühlig und vielseitig wie die menschliche Hand. Mo–Sa 10–19 Uhr, Töpferstraße 8, Tel. 0351/48185050, www.alange-soehne.com

Glashütte Original. Seit mehr als 165 Jahren steht der Name »Glashütte« für Uhrmacherkunst. Die Zeitmesser verfügen über ein Höchstmaß an manufaktureigener Fertigungstiefe mit einem großen Anteil an Handarbeit. Mo–Sa 10–19 Uhr, Töpferstr. 4, Tel. 0351/82125970, www.glashuette-original.com

Der Frauenkirchen-Shop. Alle angebotenen Produkte und Informationen nehmen Bezug auf den Wiederaufbau der imposanten Kirche. Erhältlich sind die berühmten Armbanduhren sowie eine Vielzahl weiterer Andenken. Mo–Sa 10–18 Uhr und So 11–17 Uhr (Jan.–März jeweils bis 17 Uhr), Georg-Treu-Platz 3 (am Albertinum), Tel. 0351/6560683, www.frauenkirche-shop.de

Mitte: Die Neue Synagoge mit Gemeindezentrum wurde 2001 eröffnet.
Unten: Innenraum mit schimmerndem Vorhang und Davidsstern

9 Neue Synagoge

Zedernholz für die Thora

Ein fensterloser verdrehter Kubus – außen Beton, innen feinster Stoff in Gold. Das ist die Neue Synagoge in Dresden. 63 Jahre nach Zerstörung der alten Synagoge beginnt sich das jüdische Leben in der Stadt wieder zu entfalten. Ein langer Weg zurück.

Mit ihren 24 Metern Höhe fügt sich die Neue Synagoge harmonisch in die barocke Silhouette der Elbstadt ein. Durch die räumliche Trennung vom Gemeindehaus hat das jüdische Bauwerk sowohl seinen Bezug zur Elbe als auch zur Altstadt. Zwischen den beiden Gebäuden am Hasenberg ist der Grundriss der alten Dresdner Synagoge markiert, die zwischen 1838 und 1840 nach Plänen von Gottfried Semper (1803–1879) entstand. Zum Gedenken an die Pogromnacht 1938 wurde das Areal mit versiegelten Glasscherben ausgefüllt. Die Neue Synagoge ist ein fensterloser, in sich gedrehter Kubus: 34 Schichten aus Formsteinmauerwerk drehen sich schraubenförmig nach oben, bis sie die exakte Ausrichtung nach Osten erreicht haben – der Gebetsrichtung nach Jerusalem. Die gewählte Würfelform orientiert sich an den ersten Tempeln der Israeliten und knüpft so an ursprüngliche Rituale und traditionelle Symbole an. Die Innenräume der Synagoge sind einfach und zurückhaltend gestaltet, die solide handwerkliche Ausstattung fertigten die traditionsreichen Deutschen Werkstätten Hellerau. Ein goldfarbenes Metalltextil erinnert an das Stiftszelt, die erste Versammlungsstätte der Juden. Es umgibt die Gemeinde wie eine Hülle. Hinter dem schimmernden Vorhang mit den markanten Davidsternen stehen schlichte Bänke. Die Thorarollen

ruhen in einem Schrein aus Zedernholz. Zentraler Ort im Innenraum ist neben dem Thoraschrein das Lesepult, die Bima. Hier wird nur an bestimmten Tagen aus den Thorarollen (den fünf Büchern Mose) gelesen, die niemals mit den Händen berührt werden. Über dem Holzportal am Eingang ist in hebräischen Lettern die Inschrift angebracht, die auch an der alten Synagoge zu lesen war: »Mein Haus sei ein Haus der Andacht allen Völkern.« Nach dreijähriger Bauzeit wurde die Neue Synagoge am 9. November 2001 eröffnet. Das vom Saarbrücker Architekturbüro Wandel, Hoefer und Lorch entworfene Gotteshaus ist der erste Synagogenneubau in Ostdeutschland nach der friedlichen Revolution und wurde 2002 mit dem Preis der Besten Europäischen Architektur ausgezeichnet. Im Interim hatte die Jüdische Gemeinde zu DDR-Zeiten eine ehemalige Trauerhalle auf dem Neuen Jüdischen Friedhof in Dresden-Johannstadt für ihre Gottesdienste genutzt. Obwohl die alte Sempersynagoge zu den großen Werken des Dresdner Baumeisters gehört, hat er nie daran gedacht, sie vergleichbar der benachbarten Frauenkirche wiederaufzubauen, sie sollte vielmehr ein »Haus aus unserer Zeit« sein.

Oben: Der fensterlose verdrehte Kubus ist 24 Meter hoch.
Unten: Schlichter Innenraum

AUTORENTIPP!

DISCO IM BÄRENZWINGER
Disco, Livemusik und ein stimmungsvolles Gewölbe. Generationen von Studenten, Jugendlichen und jung Gebliebenen sind dort ein- und ausgegangen – seit mehr als 30 Jahren! Der »Bärenzwinger« ist einer der beliebtesten Clubs der Stadt und liegt einfach herrlich in einem Teil der Befestigungsanlagen direkt unter der Brühlschen Terrasse. Sein Name leitet sich allerdings nicht, wie man meinen könnte, von einem früheren Gehege für Braunbären ab, sondern kommt aus dem Festungsbau: »Batardeau« (steinernes Dammbauwerk) wurde zu »Bär« und »Zwinger« bezeichnet den Gang zwischen innerer und äußerer Grabenmauer. Während die innere Stadtmauer gut erhalten ist, sind von der äußeren Grabenmauer nur noch Rudimente sichtbar. Wer in der warmen Jahreszeit in Dresden ist, sollte auf das Sommertheater im »Bärenzwinger« achten.

Studentenclub Bärenzwinger. Brühlscher Garten 1, Tel. 0351/4951409, www.baerenzwinger.de, www.sommertheaterdresden.de

Und die wachsende Mitgliederzahl, inzwischen sind es 750, verlangte nach einem neuen Gebäude. Vor dem Zweiten Weltkrieg lebten rund 6000 Juden in Dresden. An ihr altes Gotteshaus erinnert im Neubau einer der beiden großen Davidsterne. Er wurde bei seiner Zerstörung vom Dresdner Feuerwehrmann Alfred Neugebauer von den Türmen abgenommen und vor dem Vernichtungswahn der Nationalsozialisten gerettet. Neben Zeichnungen und Fotografien ist der goldüberzogene Kupferstern das Einzige, was nach dem Novemberpogrom 1938 vom alten Bau blieb: Die Flammen hatten nur verkohlte Außenmauern und die Türme der von Semper äußerlich schmuckarmen, aber innen reich verzierten Synagoge übrig gelassen.

Über den baumbestandenen Innenhof gelangt man zum dreigeschossigen Gemeindehaus. Die Gemeinderäume haben zum Hof hin eine große Glasfront und »öffnen sich wie ein Guckkasten«. Der Funktionalbau mit Foyer ist Mehrzweckgebäude für die Jüdische Gemeinde und gleichzeitig ein Ort der Begegnung mit dem Judentum. Der Gemeindesaal bietet Platz für 300 Besucher und öffnet sich regelmäßig für Veranstaltungen und Konzerte. Bis Ende 2012 befand sich in dem Gemeindehaus zehn Jahre lang das Café »Schoschana« mit koscherer Küche.

Die Neue Synagoge liegt an der Nord-Süd-Strecke der Stadt.

Infos und Adressen

SEHENSWÜRDIGKEITEN

Neue Synagoge. Termine für öffentliche Führungen (ca. 1 Stunde) unter Tel. 0351/6568825 (Di 10–12 und 13–15 Uhr), www.hatikva.de, bei den Führungen ist Kopfbedeckung für die männlichen Besucher erforderlich, Hasenberg 1, Tel. 0351/656070, www.synagoge-dresden.de

ESSEN UND TRINKEN

RestaurantCafè Brühlscher Garten. Im ehemaligen Hofgärtnerhaus werden heute Gäste umsorgt, die eine kleine Auszeit vom Stadtbummel brauchen und sich danach schnell wieder in den geschäftigen Alltag stürzen möchten. Am Abend werden Cocktails serviert. Tgl. 8 Uhr–open end, Brühlscher Garten 4, Tel. 0351/4818901, www.bruehlscher-garten.de

ÜBERNACHTEN

Hotel Am Terrassenufer. Vom Nichtraucherhotel mit besten Aussichten auf die Elbe sind die bekanntesten Sehenswürdigkeiten der Altstadt gut zu Fuß erreichbar. An warmen Sommertagen kann man auf der lauschigen Außenterrasse den Tag ausklingen lassen. Terrassenufer 12, Tel. 03 51/4409500, www.hotel-terrassenufer.de

Gästezimmer der Evangelisch-reformierten Gemeinde zu Dresden. Das Gemeindegebäude in bester Lage wird vielfach genutzt: Neben den Gästezimmern und den Räumen für die Gemeinde sind ein Seniorenheim und ein Bistro untergebracht. Auf Nachfrage können die Gemeinderäume für Zusammenkünfte genutzt werden. Brühlscher Garten 4, Tel. 0351/438230, www.ev-ref-gem-dresden.de

Die Würfelform der Neuen Synagoge orientiert sich an den ersten Tempeln der Israeliten.

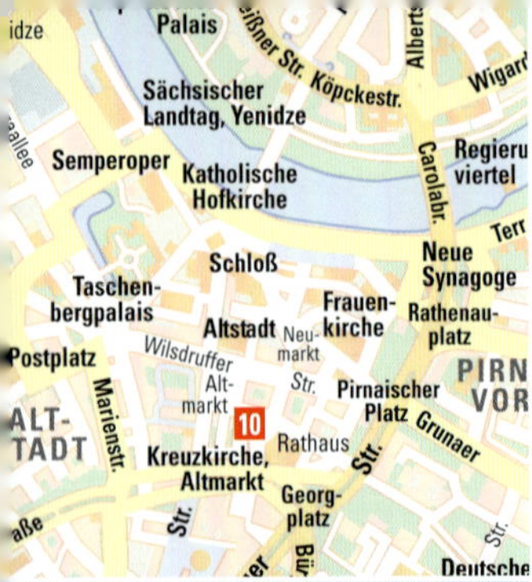

Unten: Der Turm der Kreuzkirche hat eine wechselvolle Geschichte.

10 Kreuzkirche am Altmarkt

Rauputz und a cappella

Mit seinen rund 3000 Sitzplätzen ist die Kreuzkirche der größte Sakralbau der Stadt. Seit fast 800 Jahren ist sie Heimstatt des berühmten Dresdner Kreuzchors und Zentrum der evangelischen Kirchenmusik in Sachsen.

Die Kreuzkirche am Altmarkt wurde 1215 unter dem Namen Nikolaikirche geweiht – erst 1388 als Kreuzkirche. 1539 hielt man hier den ersten lutherischen Gottesdienst in Dresden ab. Das Kirchenschiff bekam zu Beginn des 20. Jahrhunderts eine Jugendstilausstattung, die jedoch ebenso wie die Orgel im Zeiten Weltkrieg den Flammen zum Opfer fiel. Danach wurde die Kirche nur provisorisch instand gesetzt und der zerstörte Innenraum mit Rauputz verkleidet. Bauliche Provisorien und Mängel konnten nach und nach beseitigt werden. Durch ihre zentrale Lage direkt neben dem Rathaus übernahm die Kreuzkirche in

MAL EHRLICH

KEIN BESUCH BEI HERKULES

Auf den Turm des Rathauses muss man nicht unbedingt hoch, wenn man die anderen Türme von Kreuz-, Frauenkirche und Schloss schon erstiegen hat. Den vergoldeten Rathausmann von Richard Guhr (1873–1934) kann man auch von unten sehen. Die Herkules-Figur schüttet mit der einen Hand sein Füllhorn über Dresden aus und weist mit der anderen auf die Schönheit zu seinen Füßen. Mit der Figur misst der Turm 100,30 Meter und ist damit der höchste der Innenstadt.

der Vergangenheit zunehmend eine politisch-gesellschaftliche Funktion. So war sie vor und während der friedlichen Revolution Treffpunkt für Tausende Menschen zu Gebet und Andacht, aber auch eine Keimzelle der politischen Umgestaltung. Ende der 1980er-Jahre tagte hier die Ökumenische Versammlung für Frieden, Gerechtigkeit und Bewahrung der Schöpfung mit 150 Delegierten aus 19 Kirchen. Sie trug maßgeblich zur friedlichen Revolution und dem Ende der DDR-Diktatur bei.

Große Rundschau vom Kirchturm

Auch der Turm hat eine wechselvolle Geschichte. Eine spätgotische Turmfront wurde im Siebenjährigen Krieg zerstört, die danach im spätbarock-klassizistischen Stil wiederaufgebaute Kirche wurde 1792 eingeweiht. Der neue, 92 Meter hohe Kirchturm ist in seiner Form bis heute erhalten und von der Schütz-Kapelle über das Treppenhaus zu erreichen. Der Aufstieg führt an den fünf Bronzeglocken des zweitgrößten Geläuts Deutschlands (nach dem Kölner Dom) vorbei. Sie sind auf die Grundtöne E–G–A–H–D gestimmt. Die E-Glocke mit einer Masse von 11,5 Tonnen ist größer als die berühmte Gloriosa in Erfurt, die kleinste D-Glocke mit 1,9 Tonnen größer als die größte Glocke der benachbarten Frauenkirche. Kurz vor der Plattform kommt man durch die Stube, in der bis zum Kreuzkirchenbrand 1897 ein Türmer wohnte. Der Aufstieg wird mit einem wunderschönen Blick auf Dresden und seine Umgebung sowie auf die wiederaufgebaute Frauenkirche belohnt.

Dresdner Kreuzchor

International hoch geachtet ist die wichtigste Aufgabe des Kreuzchors die musikalische Gestaltung der Gottesdienste und Vespern. Jede Woche

AUTORENTIPP!

WEIHNACHTSMETTE MIT DEM DRESDNER KREUZCHOR

Schlangestehen am frühen Morgen vor der Kirche – das gibt es nur in Dresden. Der berühmte Kreuzchor lädt seit vielen Jahrzehnten am ersten Weihnachtsfeiertag zum Mettenspiel ein. Dann ist die Kreuzkirche mit ihren mehr als 3000 Sitzplätzen übervoll. Ganz nach erzgebirgischer Tradition, die der frühere Kreuzkantor Rudolf Mauersberger (1889–1971) aus seiner Heimat mitbrachte, wird von den Jungen die Weihnachtsgeschichte erzählt, gespielt und gesungen. Jedes Jahr gibt es die gleichen Texte und die gleichen Lieder. Wer einmal die Verkündigung von der Geburt Christi durch einen Kruzianer im Sopransolo gehört hat, wird sich die Christmette nicht mehr entgehen lassen. Manche der Besucher können die Texte schon mitsprechen. Die Veranstaltung ist wie alle Vespern des Kreuzchors frei zugänglich, es gibt keine Karten wie zu den Konzerten.

Weihnachtsmette in der Kreuzkirche. Mehr Infos unter: www.kreuzchor.de

Oben: Zentraler Platz in Dresden: der Altmarkt
Mitte: Im Innenraum der Kreuzkirche sind noch die Wunden des Krieges sichtbar.
Unten: Der Kulturpalast setzt moderne Akzente am Altmarkt.

– außer in den Schulferien – sind die Jungen zwischen neun und 18 Jahren in der Kreuzkirche am Altmarkt zu hören. Darüber hinaus geben die etwa 100 Sänger zahlreiche Konzerte im In- und Ausland. Die Pflege des A-cappella-Chor liegt ihnen besonders am Herzen. Angeregt durch das Wirken des über vier Jahrzehnte tätigen Kreuzkantors Rudolf Mauersberger (1930–1971) setzt der Kreuzchor einen großen Akzent auf die Pflege der Werke des Dresdner Hofkapellmeisters Heinrich Schütz (1585–1672).

Historisierende Elemente und moderne DDR-Architektur

Der Platz vor der Kirche ist einer der zentralen in Dresden, wenn auch nicht der attraktivste. Ringsum bebaut, finden in der Mitte mehrmals im Jahr verschiedene Märkte statt. Auch der bekannte Striezelmarkt hat dort seinen angestammten Ort. Dann stehen auf dem Altmarkt der riesige Tannenbaum und die 14 Meter hohe Stufenpyramide mit den weihnachtlichen Figuren. Der große rechteckige Marktplatz ist erstmalig 1370 als »circulus« erwähnt. Neben Märkten wurden dort Feste und Turniere abgehalten. Nach seiner Zerstörung 1945 griff man nach dem Krieg auf historisierende Formen zurück: durchlaufende Erker, eine gegliederte Sandsteinputzfassade, Satteldächer, Dachgauben und verschiedene Schmuckelemente. An der nördlichen Front entstand bis 1969 der Dresdner Kulturpalast, ein Beispiel für die moderne DDR-Architektur: Das Dach ragt mit der Grundfläche eines symmetrischen Trapezes aus dem Gebäude heraus. Ein Gedenkstein im Pflaster auf dem Altmarkt erinnert an das traurige Ereignis: »Nach den Luftangriffen vom 13. bis 14. Februar 1945 auf Dresden wurden an dieser Stelle die Leichen von 6865 Menschen verbrannt.«

Infos und Adressen

SEHENSWÜRDIGKEITEN

Kreuzkirche. Tgl. 10–18 Uhr, Gottesdienste So/Feiertag 9.30 Uhr, Vespern mit dem Kreuzchor und anderen Dresdner Ensembles Sa 17 oder 18 Uhr, Fr 12 Uhr Gebet für Frieden und Versöhnung nach der Litanei von Coventry, An der Kreuzkirche 6, Tel. 0351/4393920, www.kreuzkirche.dresden.de

ESSEN UND TRINKEN

Ladencafé Aha. Der Kaffee ist fair gehandelt, die verwendeten Lebensmittel stammen vorwiegend aus kontrolliert biologischem Anbau. Tgl. 10–24 Uhr, Kreuzstr. 7, Tel. 0351/4960671, www.ladencafe.de

Café Central. Über zwei Etagen erstreckt sich das Café direkt gegenüber der Kreuzkirche, sonntags gibt es Brunch. Mo–Do 9–1 Uhr, Fr 9–2 Uhr, Sa 10–2 Uhr und So 10–24 Uhr, Tel. 0351/4976124, www.central-dresden.de

Altmarktkeller. Auf der Speisekarte im stilvollen Kreuzgewölbe stehen typisch sächsische und böhmische Gerichte. Tgl. ab 11 Uhr, Altmarkt 4-5, Tel. 0351/4818130, www.altmarktkeller.de

ÜBERNACHTEN

NH-Hotel. Zehn Gehminuten vom Hauptbahnhof entfernt bietet das Hotel vis-à-vis der Kreuzkirche 240 Zimmer, darunter Junior-Suiten und eine Apartment-Suite, Veranstaltungsräume, einen Fitnessraum und eine Dachterrasse mit guter Aussicht. An der Kreuzkirche 2, Tel. 0351/501550, www.nh-hotels.de

Holiday Inn Express Dresden. Die 218 vollklimatisierten Nichtraucherzimmer sind stilvoll eingerichtet und bieten bis zu vier Personen Platz. Dr.-Külz-Ring 15 a, Tel. 0351/8967889, www.hiexpress.com

EINKAUFEN

Altmarktgalerie. Rund 200 Geschäfte, Restaurants und Cafés tummeln sich in der Altmarktgalerie, Mo–Sa 9.30–21 Uhr, Webergasse 1, Tel. 0351/482040 www.altmarkt-galerie-dresden.de

Blick vom Rathausturm auf die Kreuzkirche

Kurzweiliges Shoppen in der Altmarktgalerie

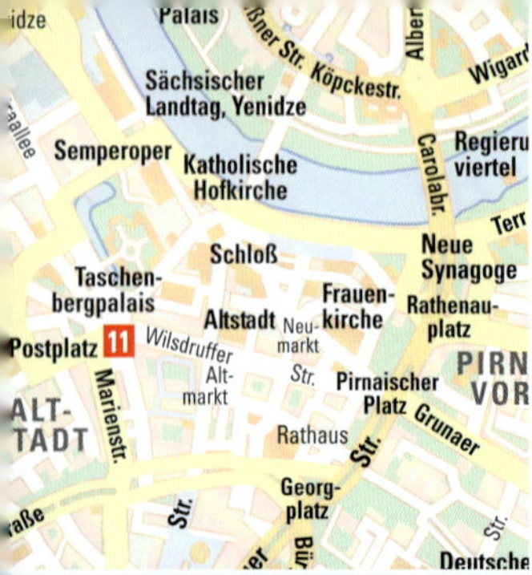

11 Rund um den Postplatz

»Fresswürfel« statt Sophienkirche

Unweit des Zwingers liegt einer der wichtigsten Verkehrsknotenpunkte Dresdens. Sieben der zwölf Straßenbahnlinien und einige Buslinien überqueren ihn. Von ihren Haltestellen kann man sich die Altstadt bequem erlaufen.

Mitten auf dem im 19. Jahrhundert angelegten Platz, von dem sternförmig mehrere Straßen abgehen, steht die »Käseglocke«, die ihren in Dresden sehr populären Namen der ungewöhnlichen Form verdankt. Das Wartehäuschen mit dem chinesisch anmutenden Dach wurde 1928 übergeben, diente später, auch noch zu DDR-Zeiten, dem Fahrkartenverkauf und ist heute Funktionsbau der Dresdner Verkehrsbetriebe. Früher befand sich im Zentrum des Postplatzes auch der Cholerabrunnen. Im Zuge einer Umgestaltung 1927 wurde er jedoch an seinen heutigen Standort auf der Sophienstraße zwischen Zwinger und Taschenbergpalais versetzt. Der Brunnen mit einem Durchmesser von sieben

Unten: Stelen markieren die in der DDR abgetragene Sophienkirche.

MAL EHRLICH

NOTSTAND AM ZWINGERTEICH

Wenn die täglich 40 Reisebusse am Zwingerteich halten, gibt es meist eine dringliche Frage: »Wo ist hier bitte die Toilette?« Die Antwort lautet seit Jahren: »Keine in Sicht.« Das Toilettenproblem nervt nicht nur Gäste und Reiseveranstalter sondern auch die Klopächter im Zwinger und das Restaurantteam der »Alten Meister«. Busreisenden kann man daher nur empfehlen, an der letzten Autobahnraststätte vor Dresden noch einmal »zu verschwinden«.

Gedenkstätte Busmannkapelle erinnert künftig an Kriegszerstörung und Gewaltherrschaft.

Metern erinnert an eine Choleraepidemie 1841/1842, von der Dresden verschont blieb. Erbaut wurde das neogotische Kunstwerk von 1843 bis 1846. In allen vier Himmelsrichtungen sind Tafeln mit Bibelsprüchen angebracht. Das achteckige Grundbecken besteht aus Granit und hat in der Mitte eine markante Spitzsäule, die durch eine große Kreuzblume abgeschlossen wird.

Sophienkirche

Nach Osten hin stand am Postplatz ab dem 14. Jahrhundert die Franziskanerklosterkirche, 1602 als Sophienkirche geweiht. Auf der 1720 eingebauten Silbermann-Orgel spielte Wilhelm Friedemann Bach (1710–1784) zwischen 1733 und 1747 als Dresdner Kantor. Die Sophienkirche war evangelische Hofkirche und als die Monarchie in Sachsen 1918 endete, übereignete die Stadt Dresden das Bauwerk der Evangelisch-Lutherischen Landeskirche, die es zur Domkirche erhob. Ab 1922 war sie Wirkungsstätte des ersten sächsi-

AUTORENTIPP!

MAL IN DIE NESSELN SETZEN

Vegetarische Küche im Dreiseithof – das ist »Die BrennNessel« nicht weit vom Postplatz. Auch für Veganer gibt es eine speziell zusammengestellte Karte, zur warmen Jahreszeit erwartet die Gäste ein herrlicher Innenhof mit Weinranken. Die Preise sind etwas höher, aber der Qualität des Essens durchaus angemessen. In der alten Wilsdruffer Vorstadt ist das Restaurant ein gelungenes Beispiel dafür, wie historische Bausubstanz modern saniert werden kann. Im 18. Jahrhundert war die Wilsdruffer Vorstadt die bevölkerungsreichste und wirtschaftlich bedeutendste Dresdens. Sie umfasste die Poppitzer und die Viehweider Gemeinde, von dem alten Viertel ist allerdings nicht mehr viel erhalten.

Die BrennNessel. Tgl. 11–24 Uhr, Schützengasse 18, Tel. 0351/4943 39, www.brennnessel-dresden.de

Oben: Das Schauspielhaus wurde im Neobarock und Jugendstil errichtet.
Mitte: Der Zuschauerraum wurde nach historischem Vorbild rekonstruiert.
Unten: Vor und nach den Vorstellungen ins »Felix«

schen Landesbischofs Ludwig Ihmels (1858–1933). Die Luftangriffe auf Dresden 1945 beschädigten die Kirche stark, jahrelang setzten sich Denkmalpfleger und Dresdner Bürger für ihren Wiederaufbau ein. Gegen ihren Protest wurde dann 1962 mit dem Abtragen der Ruine begonnen. Der Sakralbau passte nicht in das Bild des sozialistischen Arbeiter- und Bauernstaats. Beim Aushub für die Fundamente wurden große Teile der südlichen Grüfte zerstört und die teilweise unvollständig verwesten Körper zusammen mit Bauschutt abgefahren. Das Institut für Denkmalpflege erhielt lediglich die Erlaubnis, die rund 70 Grabkammern zu untersuchen und wertvolle, teils 300 Jahre alte Grabbeigaben zu sichern. An gleicher Stelle entstand Mitte der 1960er-Jahre die Großgaststätte »Am Zwinger«, die Dresdner wegen ihrer kargen Kost »Fresswürfel« nannten. Nach dem Abriss des »Fresswürfels« entstand auf Teilen des früheren Grundes der Sophienkirche das »Haus am Zwinger«. Es beherbergt heute Büros, Restaurants und Kneipen. Eine Gedenktafel auf Höhe des ehemaligen Hauptportals erinnert seit 1999 an die Kirche, rote Granitpflastersteine auf dem Boden zeichnen ihren Grundriss nach. Derzeit entsteht eine Gedenkstätte, doch kam es wegen fehlender Gelder in der Vergangenheit mehrfach zu Baustopps. Realisiert werden konnten bisher der Ausbau der Krypta und das Setzen der fünf Stelen, welche die südlichen Strebepfeiler der gotischen Kirche markieren. Errichtet wurde zudem ein Nachbau der früheren Seitenkapelle für den Ratsherren Lorenz Busmann (wahrscheinlich 1406 gestorben) mit zum Teil originalen Steinen der früheren Bausubstanz. In einem letzten Bauabschnitt soll darüber ein gläserner Kubus entstehen. Die Busmannkapelle wurde um 1400 an die Kirche angebaut. Denkmalschützer konnten vor der endgültigen Zerstörung einige wertvolle Stücke aus der Sophienkirche retten und einlagern, darunter Teile des beschädigten Renaissance-Altars von Giovanni Maria Nosseni (1544–1620) aus dem Jahr 1606, der als dessen bedeutendstes Werk gilt. Nach der Rekonstruktion in den 1990er-Jahren steht der Nosseni-Altar in der Loschwitzer Kirche.

Schauspielhaus

Auf der anderen Seite des Postplatzes, genau gegenüber vom Zwinger-Kronentor, befindet sich das 1911 bis 1913 erbaute Schauspielhaus. Beim Bau des Theaters im Neobarock und Jugendstil hagelte es Kritik der Dresdner Bürger, die den Zwinger als barocken Prachtbau verstellt sahen. Das Neue Königliche Theater wurde nach dem Abdanken des sächsischen Königs 1918 zum Sächsischen Landestheater und 1923 zum Staatstheater Dresden. Wie alle anderen Theatergebäude der Stadt fiel auch das Schauspielhaus den Luftangriffen 1945 zum Opfer. Doch die hydraulischen Bühnenpodien, für die damalige Zeit eine hochmoderne Technik, blieben fast ohne Schaden. Bereits im Herbst 1948 konnte das Theater wieder bespielt werden: Im »Großen Haus« des Staatstheaters gab es Oper, Ballett und Schauspiel, auch die Staatskapelle trat dort auf. Erst 1983 wurden die Sparten getrennt, es entstanden das Staatsschauspiel und die Staatsoper Dresden. Am 13. Februar 1985, 40 Jahre nach der Zerstörung, kehrte die Opernsparte in die Semperoper zurück, das Große Haus wurde wieder zum Schauspiel genutzt. Im histo-

AUTORENTIPP!

PERFEKTER KLANG

Wer einmal Heinrich Schütz vom Dresdner Kammerchor gehört hat, möchte immer wieder ihre Konzerte besuchen. Die Sänger gastieren häufig in der Annenkirche, was nach deren Sanierung ein doppelter Genuss ist: fürs Auge und fürs Ohr. Der international renommierte Chor unter Leitung von Hans-Christoph Rademann hat Dresden schon so manche Sternstunde geschenkt. Die Verschmelzung der Stimmen zu einem homogenen Klangkörper ist einzigartig. Bei seiner Gründung des Kammerchors 1985 war Hans-Christoph Rademann noch Student an der Dresdner Musikhochschule. Derzeit arbeitet er mit seinen Sängern an der ersten Heinrich-Schütz-Gesamteinspielung. Sie soll 2017 komplett vorliegen.

Annenkirche. Weitere Infos: www.dresdner-kammerchor.de

Oben: Blick über den Postplatz
Mitte: Kurfürstin Anna stiftete die nach ihr benannte Kirche.
Unten: In der Annenkirche überlebten 1000 Menschen die Bombenangriffe von 1945.

risch rekonstruierten Zuschauerraum stehen 800 Plätze zur Verfügung. In den 1950er-Jahren bildeten die Werke Bertold Brechts (1898–1956) den Schwerpunkt des Programms, in den 1970ern die von Peter Hacks (1928–2003), heute halten sich klassisches und zeitgenössisches Theater die Waage.

Annenkirche

Etwas abseits vom Postplatz liegt die Annenkirche. Wegen ihrer dezentralen Lage bleibt sie leider oft unbesucht. Dabei ist sie eines der wenigen Altstadtgebäude mit zum Teil reinen Jugendstilelementen (Brauthalle, Orgelempore, westliches Treppenhaus und Taufbecken aus Bronze). Die Annenkirche wurde seit ihrer Einweihung 1578 mehrfach zerstört und umgebaut. Nach Einführung der Reformation in Dresden war sie der erste evangelische Kirchenbau und nach ihrer Stifterin, der »lieben Landesmutter« Kurfürstin Anna (1532–1585), benannt. Die dänische Prinzessin hatte sich bei ihrem Ehemann Kurfürst August erfolgreich für den Bau eingesetzt, an sie erinnert ein Denkmal neben der Kirche. 1945 brannte während der Bombardements der Dachstuhl. Dennoch und wie durch ein Wunder überlebten in der Annenkirche 1000 Menschen die Angriffe auf Dresden. Am ersten Advent 1950 konnte der Sakralbau inmitten eines Trümmermeeres wieder eingeweiht werden. 1989 war die Kirche dann in einem so desolaten Zustand, dass die baupolizeiliche Schließung drohte. Schrittweise und in letzter Minute konnte sie zwischen 1992 und 1997 außen umfassend saniert werden, im letzten Bauabschnitt setzte man ihr die fehlende Turmhaube auf. Der Innenraum der Kirche wurde erst 2009/10 rekonstruiert. Viele Elemente der einst prächtigen Jugendstilausstattung waren bereits 1939 zurückgebaut worden und sind verloren. Andere erstrahlen nun wieder in neuem Glanz.

Infos und Adressen

SEHENSWÜRDIGKEITEN

Busmannkapelle – Gedenkstätte für die Sophienkirche. Postplatz, Kontakt über: Gesellschaft zur Förderung einer Gedenkstätte für die Sophienkirche Dresden, Rathener Str. 105, Tel. 03 51/202 22 58, www.busmannkapelle.de

Annenkirche. Annenstr./Freiberger Platz, Tel. 03 51/496 19 66, www.annenkirche-dresden.de

ESSEN UND TRINKEN

Max Altstadt. Das Restaurant ist der Treffpunkt in der Innenstadt. Für jede Tageszeit hat das Max die richtigen Angebote. Mo–Sa ab 8 Uhr und So ab 9 Uhr, um 10 Uhr Brunch, Wilsdruffer Str. 24, Tel. 03 51/48 43 38 70, www.max-dresden.de

Segafredo Zanetti. An der Bar wird italienischer Espresso serviert, zum Mitnehmen auch für die Straße. Mo–Sa 9.30–21 Uhr, Altmarktgalerie Obergeschoss, Webergasse 1, Tel. 03 51/33 95 92 98, www.segafredo.de

ÜBERNACHTEN

Hotel Elbflorenz. Vier-Sterne-Hotel mit über 200 komfortablen Zimmern und Suiten. Es verfügt über zwei Restaurants, eine großzügige Lobbybar und eine direkt angeschlossene Tiefgarage. Rosenstr. 36, Tel. 03 51/864 05 00, www.hotel-elbflorenz.de

VERANSTALTUNGEN

Staatsschauspiel Dresden. Vorverkauf Schauspielhaus: Mo–Fr 10–18.30 Uhr und Sa 10–14 Uhr, Kleines Haus (Glacisstr. 28): Mo–Fr 14–18.30 Uhr, die Abendkassen öffnen eine Stunde vor Vorstellungsbeginn, Kartenservice Tel. 08 00/49 13 50 0, Theaterstr. 2, Tel. 03 51/49 13 50, www.staatsschauspiel-dresden.de

INFORMATION

Servicepunkt »Käseglocke« der Dresdner Verkehrsbetriebe (DVB). Postplatz 1, Mo–Fr 9–19 Uhr, Sa 9–18 Uhr und So/Feiertag 10–18 Uhr

Zwinger und Taschenbergpalais säumen den Postplatz.

Mitte: Orientalische Stimmung an der Elbe: Congress Center mit Yenidze
Unten: Yenidze mit Kuppel und nachempfundenem Minarett

12 Sächsischer Landtag und Yenidze

Betten im denkmalgeschützten Speicher

Neben der barocken Altstadt schließt in Richtung Marienbrücke ein Stück modernes Dresden an. Transparent und elegant liegen Landtag und Messe am Fluss. Dazwischen der entkernte denkmalgeschützte Erlweinspeicher als gehobenes Hotel. Architektur und Landschaftsraum korrespondieren hier in einzigartiger Weise.

Glasfassaden und eine offen liegende Stahlskelettkonstruktion kennzeichnen den 1991 bis 1993 entstandenen Neubau des Landtags. Von Peter Kulka entworfen, erstreckt sich zur Elbe hin der Plenarsaal des Parlaments im transparenten Anbau. Er wurde dem bereits vorhandenen Verwaltungshaus angegliedert. Der Neubau im Stil der klassischen Moderne ist niedriger als der Altbau mit Turm. Die Staffelung in der Gebäudehöhe setzt die Art der Bebauung des Terrassenufers fort, bei der niedrige Häuser am Fluss und höhere dahinter stehen. Das alte kubische Gebäude wurde Ende der 1920er-Jahre für das Landesfinanzamt und die Zollverwaltung im Stil der Neuen Sachlichkeit gebaut. Es ist ein nüchterner Bau mit einfachen Fensterreihungen über die ganze Länge. Von 1946 bis 1990 saß die Stadt- und Bezirksleitung der SED in diesem Haus. Dem Landtag wurde der Komplex im September 1997 übergeben. Eine Besonderheit des Neubaus ist das Bürgerfoyer, in dem regelmäßig Ausstellungen stattfinden. Das Landtagsgebäude erhielt mehrere Auszeichnungen, darunter 1995 den Deutschen Architektenpreis. Der neue Sitzungssaal mit gekrümmter Glasfassade ruht unter einem quadratischen Stahldach, das von vier massiven Kreuzstützen getragen wird. Einige Details der Konstruktion sind der Neuen Nationalgalerie Mies van der Rohes in Berlin nachempfunden. Über dem Haupteingang ragt ein dünnes Dach hervor. Darüber befindet sich das Restaurant »Chiaveri« mit Ausblick über die Stadt. Der erste Sächsische Landtag nach dem politischen Umbruch hatte seinen Sitz zwischen Oktober 1990 und September 1993 in der Dreikönigskirche. Zunächst sollte das Parlament wieder in das an der Brühlschen Terrasse gelegene Ständehaus einziehen. Man entschied sich dann aber doch für den Neubau. Er wurde am 3. Oktober 1993, dem dritten Jahrestag der Deutschen Einheit, feierlich eingeweiht.

Congress Center

In unmittelbarer Nachbarschaft erstreckt sich das terrassenförmig angelegte Internationale Congress Center. Es zählt zu den modernsten Europas. Auf vier Ebenen verfügt es über Kapazitäten von bis zu 6000 Besuchern. Mit den transparenten und gläsernen Elementen bildet die moderne Architektur des Centers eine kontrastreiche Ergänzung zu den schweren, barocken Prachtbauten der Stadt. Schon von Weitem fällt das spektakulär herausragende Vordach auf, getragen von mehreren schlanken, schräg gestellten Stahlsäulen. Auf der Schräge ragen unterschiedlich hohe, gläserne Kuben, die betont asymmetrisch erscheinen und besonders bei nächtlicher Illumination beeindrucken. Von der Altstadtseite kommend, breitet sich quer zum Gebäude eine weite, großzügige Freitreppe aus. Das hoch liegende Eingangsfoyer bietet einen herrlichen Panoramablick auf die Elblandschaft. Im Inneren erstaunt das Congress Center durch seine abwechslungsreichen Räume und ihre Ausblicke zur Elbe. Es verfügt über einen großen Saal mit mehr als 1300 Plätzen sowie im Erd-

AUTORENTIPP!

BLAUER DUNST IM MÄRCHENSCHLOSS

Lange Zeit war die Elbestadt einer der führenden Orte der Zigarettenproduktion. Heute erinnert nur noch ein Gebäude in der Friedrichstadt daran: die Yenidze. Der Geschäftsmann Hugo Zietz ließ die Orientalische Tabak- und Zigarettenfabrik 1880 erbauen. Der Name könnte auf die griechische Kleinstadt Giannitsa zurückgehen, die zur damaligen Zeit unter osmanisch-türkischer Verwaltung stand und bis heute für ihren guten Tabak bekannt ist. In der Dresdner Yenidze werden schon lange keine Zigaretten mehr gedreht, doch das imposante Gebäude zieht die Blicke an. Der Bau der Tabakmoschee mit Kuppel und nachempfundenem Minarett versteckte geschickt seine Industrieanlage mit hohem Schornstein. Heute beherbergt die Yenidze Büros und ein Restaurant. Die bunte gläserne Kuppel mit einem Durchmesser von 18 Metern wird als Märchenbühne für Klein und Groß genutzt.

Yenidze. Weißeritzstr. 3,
Tel. 03 51/495 10 01,
www.1001maerchen.de

Oben: Sächsischer Landtag und Kuppel der Yenidze
Unten: Faszinierender Blick in die Kuppel der Yenidze

geschoss über fünf weitere Säle mit zusammen mehr als 4000 Plätzen. Eine Bühne, kleinere Konferenzsäle, Gruppenräume sowie Büros und ein Restaurant für 650 Personen ergänzen das Ensemble.

Gestern Gewürzlager – heute Hotel

Über einen unterirdischen Gang ist das Center direkt mit dem »Maritim Hotel« im Erlweinspeicher verbunden. Der Speicher wurde in den Jahren 1913 und 1914 für die Lagerung von Tabak, Wolle, Gewürzen und Stoffen von Hans Erlwein (1872–1914) erbaut. Das Speichergebäude wurde nach dem Baukastenprinzip im Eisenbetonskelettbau errichtet und bot eine Nutzfläche von knapp 20 000 Quadratmetern. Im Zweiten Weltkrieg beschädigt, lag der Speicher lange brach. Über einem Dachdurchbruch entstand 2006 das Herz des neuen »Maritim Hotels« – ein großzügiges, mit Tageslicht durchflutetes Atrium.

Infos und Adressen

SEHENSWÜRDIGKEITEN

Sächsischer Landtag. Bernhard-von-Lindenau-Platz 1, Tel. 03 51/493 50 www.landtag.sachsen.de

ESSEN UND TRINKEN

Restaurant Chiaveri. Der Erbauer der Hofkirche war Namenspatron des Restaurants im Sächsischen Landtag. Bei toskanischer und sächsischer Küche hat man einen weiten Rundblick von den Radebeuler Weinbergen über das Neustädter Elbufer bis zur Altstadtsilhouette. Tgl. ab 11 Uhr, Bernhard-von-Lindenau-Platz 1, Tel. 03 51/496 03 99, www.chiaveri.de

Kuppelrestaurant in der Yenidze. Unter der einzigartigen Glaskuppel der Yenidze, einer ehemaligen Zigarettenfabrik, erstreckt sich über zwei Etagen das Restaurant mit Blick auf Elbflorenz und das Elbtal. In der warmen Jahreszeit kann man im höchsten Biergarten Dresdens sitzen. Mo–Fr 12–23 Uhr und Sa/So/Feiertag 11–23 Uhr, Weißeritzstr. 3, Tel. 03 51/490 59 90, www.kuppelrestaurant.de

Essen unter der Glaskuppel im Yenidze-Restaurant

Basteischlösschen. Das Restaurant gehört zum Italienischen Dörfchen mit herrlichem Blick auf Elbe und Stadt. Mi–Fr ab 16 Uhr, Sa/So ab 12 Uhr, Theaterplatz 3, Tel. 03 51/49 81 60, www.italienisches-doerfchen.de

Gemütliche Einkehr: Basteischlösschen an der Elbe

ÜBERNACHTEN

Maritim Hotel & Internationales Congress Center Dresden. In dem unter Denkmalschutz stehenden Erlweinspeicher wartet ein ganz besonderes Ambiente auf die Gäste der 328 geräumigen Zimmer. Devrientstr. 10–12/Ostra-Ufer 2, Tel. 03 51/21 60, www. maritim.de, www.dresden-congresscenter.de

AKTIVITÄTEN

Dostojewskj-Denkmal. Das vom Moskauer Bildhauer Alexander Rukawischnikow geschaffene Denkmal erinnert an die Dresdner Zeit des Schriftstellers. Viele wandeln, ohne es zu wissen, auf seinen Lieblingsspuren. Neue Terrasse am Sächsischen Landtag, www.drki.de

RUND UM DIE ALTSTADT

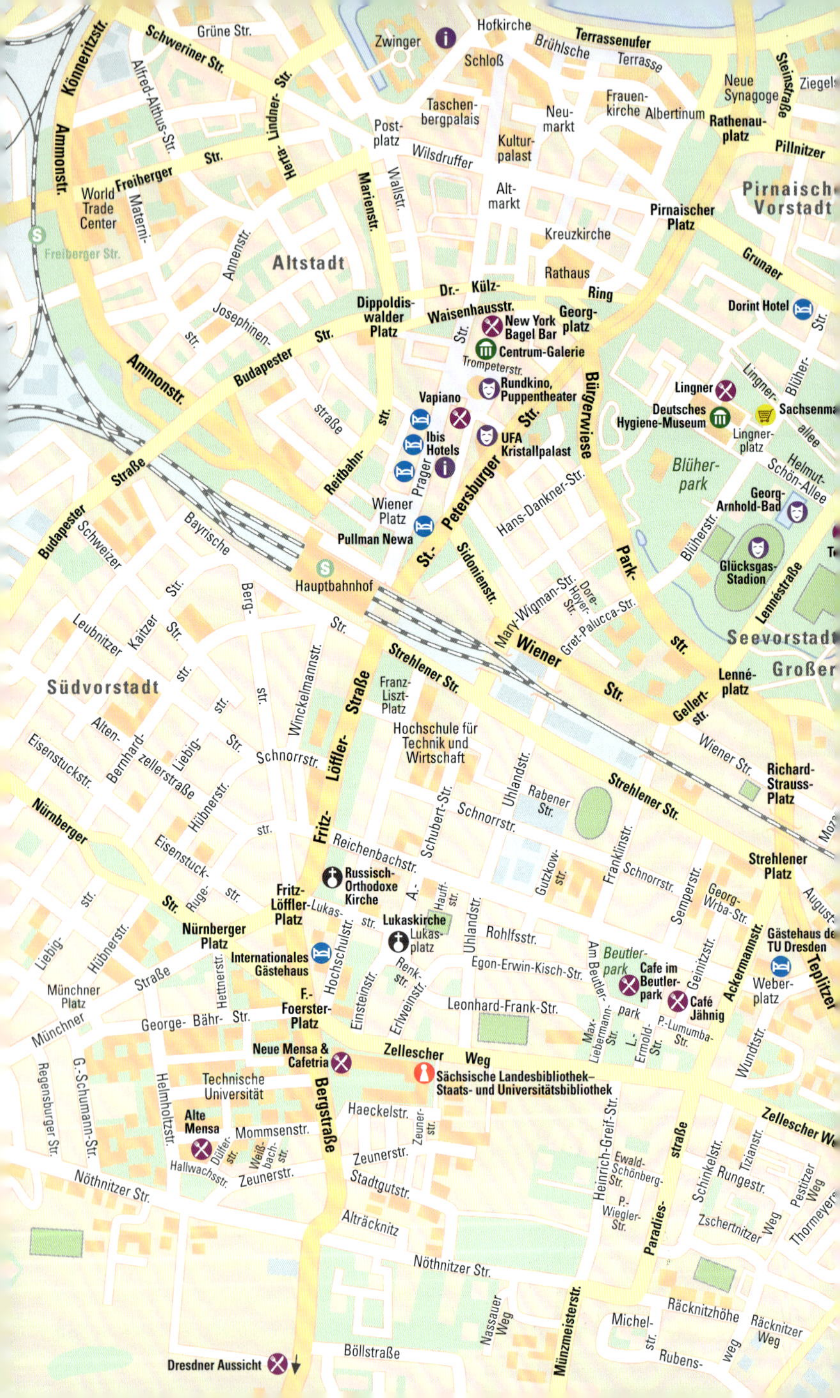
Hofkirche
Zwinger
Schloß
Brühlsche
Terrasse
Terrassenufer
Neue
Synagoge
Steinstraße
Ziegels
Frauen-
kirche
Albertinum
Rathenau-
platz
Pillnitzer
Taschen-
bergpalais
Post-
platz
Neu-
markt
Kultur-
palast
Wilsdruffer
Alt-
markt
Pirnaische
Vorstadt
Pirnaischer
Platz
Kreuzkirche
Rathaus
Grunaer
Grüne Str.
Schweriner Str.
Könneritzstr.
Alfred-Althus-Str.
Herta-
Lindner-
Str.
Ammonstr.
World
Trade
Center
Freiberger
Str.
Materni-
Freiberger Str.
Annenstr.
Altstadt
Marienstr.
Wallstr.
Dr.-
Külz-
Ring
Dippoldis-
walder
Platz
Waisenhausstr.
Georg-
platz
Dorint Hotel
New York
Bagel Bar
Centrum-Galerie
Trompeterstr.
Josephinen-
str.
Budapester
Str.
Ammonstr.
Rundkino,
Puppentheater
Bürgerwiese
Lingner
Deutsches
Hygiene-Museum
Lingner-
platz
Lingner-
allee
Blüher-
Sachsenma
Vapiano
Ibis
Hotels
UFA
Kristallpalast
straße
Reitbahn-
str.
Prager
Str.
Petersburger
St.-
Bluher-
park
Helmut-
Schön-Allee
Georg-
Arnhold-Bad
Straße
Budapester
Hans-Dankner-Str.
Wiener
Platz
Pullman Newa
Blüherstr.
Glücksgas-
Stadion
Lennéstraße
Schweizer
Bayrische
Hauptbahnhof
Sidonienstr.
Park-
str.
Mary-Wigman-Str.
Dore-
Hoyer-
Str.
Gret-Palucca-Str.
Seevorstadt
Str.
Leubnitzer
Kaitzer
Str.
Berg-
str.
Str.
Winckelmannstr.
Strehlener Str.
Wiener
Str.
Lenné-
platz
Großer
Südvorstadt
Str.
str.
Franz-
Liszt-
Platz
Gellert-
str.
Alten-
zellerstraße
Bernhard-
Liebig-
Str.
Schnorrstr.
Fritz-
Löffler-
Straße
Hochschule für
Technik und
Wirtschaft
Wiener Str.
Richard-
Strauss-
Platz
Eisenstuckstr.
Hübnerstr.
Schubert-Str.
Uhlandstr.
Rabener
Str.
Strehlener Str.
Nürnberger
Schnorrstr.
str.
Eisenstuck-
str.
Reichenbachstr.
Gutzkow-
str.
Franklinstr.
Schnorrstr.
Semperstr.
Strehlener
Platz
Russisch-
Orthodoxe
Kirche
A.-
Hauff-
str.
Georg-
Wrba-Str.
August-
str.
Ruge-
Fritz-
Löffler-
Platz
Lukas-
str.
Lukaskirche
Lukas-
platz
Uhlandstr.
Rohlfsstr.
Liebig-
Hübnerstr.
Str.
Nürnberger
Platz
Internationales
Gästehaus
Hochschulstr.
Renk-
str.
Egon-Erwin-Kisch-Str.
Am Beutler-
Beutler-
park
Cafe im
Beutler-
park
Geinitzstr.
Ackermannstr.
Gästehaus der
TU Dresden
Teplitzer
Weber-
platz
Münchner
Platz
Straße
Hettnerstr.
F.-
Foerster-
Platz
Einsteinstr.
Erlweinstr.
Leonhard-Frank-Str.
park
Café
Jähnig
Münchner
George-
Bähr-
Str.
Max-
Liebermann-
Str.
L.-
Ermold-
Str.
P.-Lumumba-
Str.
Wundtstr.
Neue Mensa &
Cafetria
Zellescher
Weg
Sächsische Landesbibliothek–
Staats- und Universitätsbibliothek
Regensburger Str.
G.-Schumann-Str.
Helmholtzstr.
Technische
Universität
Bergstraße
Haeckelstr.
Zeuner-
str.
Heinrich-Greif-Str.
straße
Zellescher We
Alte
Mensa
Mommsenstr.
Dülfer-
str.
Weiß-
bach-
str.
Hallwachsstr.
Zeunerstr.
Zeunerstr.
Ewald-
Schönberg-
Str.
Schinkelstr.
Tizianstr.
Rungestr.
Pestitzer
Weg
Nöthnitzer Str.
Stadtgutstr.
P.-
Wiegler-
Str.
Paradies-
Zschertnitzer
Weg
Thormeyer
Altkräcknitz
Nöthnitzer Str.
Räcknitzhöhe
Räcknitzer
Weg
Nassauer
Weg
Münzmeisterstr.
Michel-
str.
Rubens-
weg
Böllstraße
Dresdner Aussicht

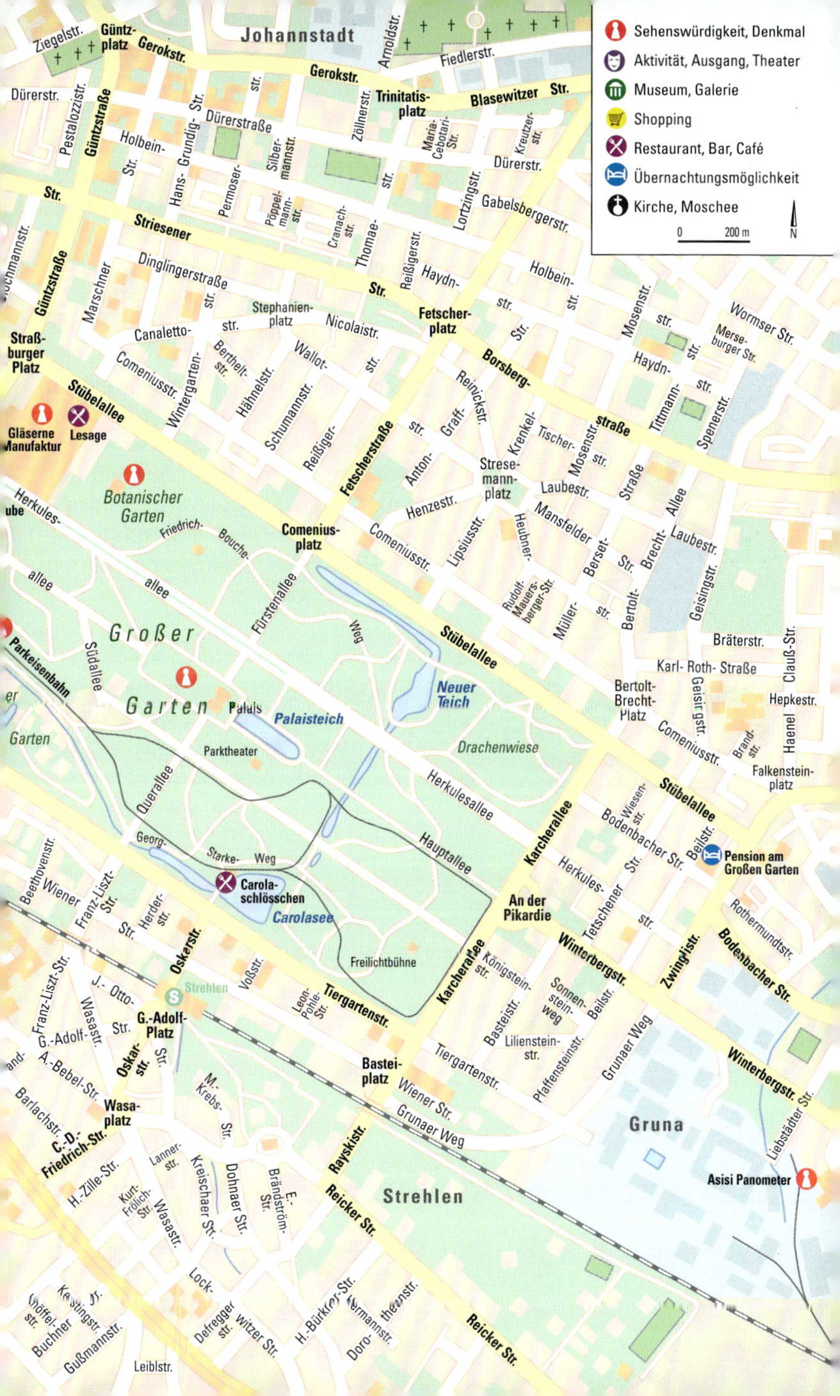

Sehenswürdigkeit, Denkmal
Aktivität, Ausgang, Theater
Museum, Galerie
Shopping
Restaurant, Bar, Café
Übernachtungsmöglichkeit
Kirche, Moschee
0
200 m
N
Johannstadt
Gruna
Strehlen
Großer Garten
Botanischer Garten
Gläserne Manufaktur
Lesage
Palais
Palaisteich
Neuer Teich
Drachenwiese
Parktheater
Carolaschlösschen
Carolasee
Freilichtbühne
Pension am Großen Garten
Asisi Panometer
Strehlen
Güntzplatz
Trinitatisplatz
Fetscherplatz
Stephanienplatz
Straßburger Platz
Comeniusplatz
Stresemannplatz
Bertolt-Brecht-Platz
Falkensteinplatz
An der Pikardie
G.-Adolf-Platz
Wasaplatz
Basteiplatz
Ziegelstr.
Gerokstr.
Arnoldstr.
Fiedlerstr.
Blasewitzer Str.
Dürerstr.
Dürerstraße
Pestalozzistr.
Güntzstraße
Holbein-Str.
Hans-Grundig-Str.
Silbermannstr.
Zöllnerstr.
Maria-Cebotari-Str.
Kreutzerstr.
Permoserstr.
Pöppelmannstr.
Cranachstr.
Thomaestr.
Lortzingstr.
Gabelsbergerstr.
Striesener Str.
Dinglingerstraße
Reißigerstr.
Haydnstr.
Holbeinstr.
Mosenstr.
Wormser Str.
Merseburger Str.
Marschnerstr.
Canalettostr.
Nicolaistr.
Wallotstr.
Berteltstr.
Comeniusstr.
Wintergartenstr.
Hähnelstr.
Schumannstr.
Fetscherstraße
Reinickstr.
Graffstr.
Antonstr.
Borsbergstraße
Krenkelstr.
Tischerstr.
Tittmannstr.
Spenerstr.
Stübelallee
Henzestr.
Laubestr.
Mansfelder Str.
Lipsiusstr.
Heubnerstr.
Rudolf-Mauersberger-Str.
Bersetstr.
Straße
Allee
Brecht-Allee
Geisingstr.
Müllerstr.
Bertolt-
Bräterstr.
Karl-Roth-Straße
Clauß-Str.
Geisingstr.
Hepkestr.
Haenel
Brandstr.
Herkulesallee
Friedrichallee
Boucheweg
Fürstenallee
Weg
Südallee
Parkeisenbahn
Querallee
Georg-Starke-Weg
Hauptallee
Karcherallee
Wiesenstr.
Bodenbacher Str.
Beilstr.
Herkulesstr.
Tetschener Str.
Rothermundtstr.
Winterbergstr.
Zwinglistr.
Königsteinstr.
Sonnensteinweg
Basteistr.
Liliensteinstr.
Pfaffensteinstr.
Grunaer Weg
Liebstädter Str.
Beethovenstr.
Wiener Str.
Franz-Liszt-Str.
Herderstr.
Oskarstr.
Voßstr.
Leon-Pohle-Str.
Tiergartenstr.
J.-Otto-Str.
Wasastr.
G.-Adolf-Str.
A.-Bebel-Str.
Barlachstr.
C.-D.-Friedrich-Str.
H.-Zille-Str.
Lannerstr.
Kurt-Frölich-Str.
Kreischaer Str.
Dohnaer Str.
E.-Brändström-Str.
M.-Krebs-Str.
Rayskistr.
Reicker Str.
Lockwitzer Str.
Defreggerstr.
H.-Bürkner-Str.
Hermannstr.
Dorotheenstr.
Kerstingstr.
Buchnerstr.
Gußmannstr.
Leiblstr.

Seite 92–93: Der Große Garten lockt zum Spazieren und Entdecken.
Mitte: Nachempfundene Fassade des früheren DDR-Warenhauses
Unten: Der Wiener Platz nahe dem Hauptbahnhof

13 Prager Straße

Ostmoderne mit Einkaufstempel

Ostdeutsche und zeitgenössische Architektur mischen sich auf der Prager Straße. In Dresdens größter Fußgängerzone nahe dem Hauptbahnhof finden sich vor allem Warenhäuser, Läden und Hotels. Das legendäre Rundkino und der avantgardistische Kristallpalast sollten nicht verpasst werden. Und auch eine historische Bedeutung hat die Straße: Auf dem Boulevard standen sich während der friedlichen Revolution im Oktober 1989 Polizei und Demonstranten gegenüber – gewaltfrei.

Gebaut wurde die Prager Straße zwischen 1851 und 1853 als Verbindung zwischen dem Böhmischen Bahnhof – dem heutigen Hauptbahnhof – und dem Altmarkt. Innerhalb kürzester Zeit siedelten sich erst reiche Bürger, später Bankiers, Anwälte, aber auch Bäckereien und andere Gewerbe an. Zu DDR-Zeiten war die Straße ein Vorzeigequartier des Sozialismus, zwischen 1965 und 1978 ausgebaut ist sie eine der ersten Fußgängerzonen Deutschlands. In der Gegenwart kommen die avantgardistischen Bauten von einst eher profan daher, doch einen eigenartigen Charme hat die »Ostmoderne« doch. Auf der westlichen Seite dominieren drei nach Felsen des Elbsandsteingebirges benannte Hotelgebäude. »Lilienstein«, »Königstein« und »Bastei« wurden zwischen 1967 und 1970 in Kammstellung zur Prager Straße errichtet. Die Hochhausdrillinge mit je zwölf Etagen sind durch Flachbauten verbunden. Zusammen mit dem »Newa« am südlichen Ende der Prager Straße gehörten sie in den 1970er-Jahren zu den modernsten Hotels der Stadt. Davor sprudelt noch heute einer der bekanntesten Brunnen der DDR, die »Pusteblume«. Gegenüber der Hotelkette »Ibis« liegt das mit 250 Metern zweitlängste Wohnhaus Deutschlands (das längste steht mit 330 Metern in Leipzig), bekannt als »Prager Zeile«. Zur 800-Jahrfeier Dresdens 2008 war es Kulisse für die multimediale Musikinszenierung Hochhaussinfonie. Auf dem Weg durch die Prager Straße kommt man an Warenhäusern wie Karstadt oder Peek & Cloppenburg vorbei. Die hypermoderne Centrum-Galerie mit der markanten Aluminiumfassade an einer Außenseite geht auf das DDR-Warenhaus Centrum zurück. Retromodern kommen die Metallwaben daher, sind sie doch eine Nachbildung der Originale aus den 1960er-Jahren. In dem Einkaufstempel befinden sich über 100 Läden, gastronomische Einrichtungen und Dienstleister. Das italienische Schnellrestaurant »Vapiano« ist eine schöne Abwechslung zwischen all den Wurst- und Dönerbuden auf der Prager Straße, im ehemaligen DDR-Postgebäude mit seinen roten Sesseln findet man nach der ganzen Warenflut ein wenig zu sich selbst.

Altes und neues Kino

Ganz in der Nähe ist die Kinowelt »UFA-Kristallpalast« ein Publikumsmagnet. Die expressive Architektur aus Glasbeton des Wiener Büros Coop Himmelb(l)au erhielt 1999 den Deutschen Architekturpreis. Das Gebäude im Stil des Dekonstruktivismus steht in starkem Kontrast zu den umliegenden Plattenbauten. Das große Kino wurde im Frühjahr 1998 eröffnet. Kurioserweise fängt die Zählung seiner Säle bei acht an, was daran liegt, dass der UFA-Palast eine Erweiterung des benachbarten Rundkinos ist. Dieses Kino ist nicht nur Kult, sondern auch ein imposantes Beispiel für die DDR-Architektur jenseits des Plattenbaus.

Oben: Umgestalteter Springbrunnen auf der Prager Straße
Mitte: Die Prager Straße: Einkaufen in der Kulisse der Ostmoderne
Unten: DDR-Architektur: Ibis-Hotels und Rundkino

Kino-Kristallpalast des Wiener Büros Himmelb(l)au

AUTORENTIPP!

PAUSE IN DER BAGEL BAR

Vor, zwischen oder nach dem Einkauf – die Bagel Bar ist immer gut für eine kürzere oder längere Verschnaufpause. Schnell und unkompliziert können die besonderen Brötchen mit Loch in verschiedenen Arten und nach eigenen Wünschen am Tresen bestellt werden. Sie sind immer frisch zubereitet! Dazu ein Kaffee, gepresster Orangensaft und Cookies. Diverse Zeitungen – ganz wie im Wiener Kaffeehaus – lassen einen jegliche Wartezeit überbrücken. Die gemütliche Bar liegt zentral gleich neben Karstadt, aber etwas versteckt in einer Seitengasse am Boulevard. Daher ist sie nicht so überlaufen und gleicht einer ruhigen Insel in der belebten Prager Straße.

New York Bagel Bar. Mo–Sa 9–20.30 Uhr, Prager Str. 10, Tel. 03 51/484 17 39

Tatsächlich könnte man meinen, ein Ufo sei auf dem Boulevard gelandet. Wegen seiner Form bezeichneten es DDR-Bürger als »Papierkorb des Robotron«, in Anspielung auf die fehlende Effektivität des nahegelegenen VEB Robotron. Im Rundkino ist auch die städtische Puppenbühne zu Hause. Fast vergessen wird auf dieser Einkaufs- und Flaniermeile oft die Bedeutung der Prager Straße für die friedliche Revolution 1989. Am 8. Oktober wurde dort während einer Demonstration die »Gruppe der 20« gegründet, die am folgenden Tag mit den örtlichen Behörden über politische Forderungen – Reise-, Presse- und Meinungsfreiheit sowie das Recht auf freie Wahlen – verhandeln sollte. Sie gilt als ein wesentlicher Grund für den unblutigen Ausgang der Demos im Herbst 1989. Zuvor war es um den Hauptbahnhof, wo tagelang Militärfahrzeuge standen, zu Unruhen gekommen. An diese aufwühlenden Ereignisse erinnern heute am südlichen Ende der Fußgängerzone eine Gedenkplatte und ein in den Boden eingelassener Schriftzug.

Infos und Adressen

ESSEN UND TRINKEN

Restaurant Vapiano. Essen wie bei guten Freunden. An den langen Eichenholztischen kommt man leicht mit anderen Gästen ins Gespräch. Mo–Mi 10–24 Uhr, Do–Sa 10–1 Uhr und So 10–24 Uhr, St. Petersburger Str. 26, Tel. 03 51/482 48 64, www.vapiano.de

ÜBERNACHTEN

Hotel Pullman Newa. Das moderne Hotel ist auch gut für Geschäftsleute geeignet und mit WLAN ausgestattet. Prager Str. 2 c, Tel. 03 51/481 41 09, www.pullmanhotels.com

Ibis Hotels Dresden. Genau in der Mitte zwischen Hauptbahnhof und der historischen Altstadt bieten gleich drei Häuser unschlagbar zentral Zimmer, Restaurants und Bars. Prager Str. 5/9/13, Tel. 03 51/48 56 20 00, www.ibis-dresden.de

Shoppen und Kaffee trinken in der Fußgängerzone

Die Prager Straße ist bequem mit der Bahn erreichbar.

EINKAUFEN

Centrum-Galerie. Geschäfte ohne Ende, Parkdeck mit günstigen Preisen und im Sommer Wohlfühlterrasse mit Weitblick. Mo–Sa 9.30–20 Uhr, Trompeterstraße 5, Tel. 03 51/20 58 65 00, www.centrumgalerie.de

VERANSTALTUNGEN

Rundkino Dresden. Die perfekte 3D-Illusion auf Sachsens größter Leinwand mit brillantem Bild und druckvollem Sound. Prager Str. 6, Tel. 03 51/484 39 22, www.rundkino.com, www.cineplex.de

Puppentheater im Rundkino Dresden. Die Stücke sind meist für Kinder ab vier Jahren, aber auch Ältere werden ihre Freude haben. Vorverkaufskasse: Di–Fr 14–18 Uhr, Tel. 03 51/496 53 70, Prager Str. 6, www.tjg-dresden.de

UFA Kristallpalast Dresden. Das Gebäude eines Wiener Architektenbüros steht im interessanten Gegensatz zu den umliegenden DDR-Plattenbauten. Acht Kinosäle erstrecken sich vom Untergeschoss bis in das dritte Obergeschoss. St. Petersburger Str. 24 a, Tel. 03 51/482 58 25, www.ufa-dresden.de

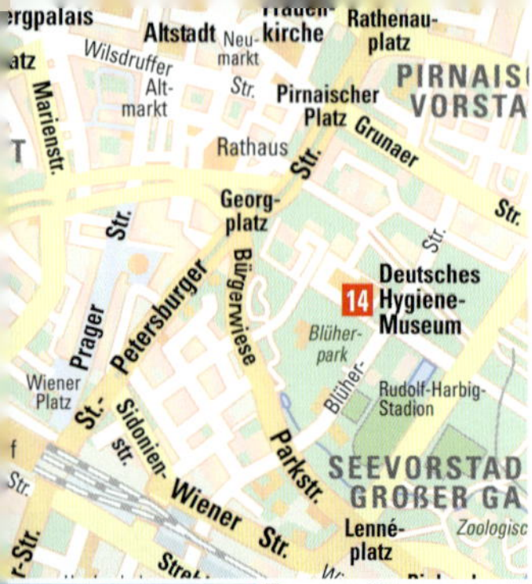

Mitte: Zwischen Neoklassizismus und Bauhaus: das Deutsche Hygiene-Museum Dresden
Unten: Die Dauerausstellung »Abenteuer Mensch«

14 Deutsches Hygiene-Museum

Körperwelten für Jung und Alt

Ein »Museum vom Menschen« – tatsächlich ist in den Räumen des Deutschen Hygiene-Museums fast alles, was das menschliche Lebewesen von innen und außen ausmacht, erfasst. Bekanntestes Ausstellungsstück: der Gläserne Mensch. Familien sollten aber unbedingt auch die separate Kinderausstellung besuchen.

Die Gründung des Deutschen Hygiene-Museums 1912 geht zurück auf die Initiative des Dresdner Industriellen und Odol-Fabrikanten Karl August Lingner (1861–1916). Der »Odol-König« Lingner gehörte 1911 zu den Protagonisten der I. Internationalen Hygiene-Ausstellung. Für die Gesundheitsvolksaufklärung war diese bahnbrechend, bereits damals wurde ein nationales Museum geplant. Wegen des Ersten Weltkrieges und seinen Folgen konnte das Gebäude jedoch erst ab 1928 nach Plänen von Wilhelm Kreis (1873–1955) realisiert werden. Der Bau zwischen Neoklassizismus und Bauhaus wurde schließlich zur II. Internationalen Hygiene-Ausstellung 1930 in Dresden fertiggestellt. Eine kühle Schönheit könnte man ihn nennen, mit strenger, funktionaler Architektur. Die Schauseite ist von der Fensterfront mit mächtigen Pfeilern durchbrochen. Innen zeigt das Museum eine Verwandtschaft zum Dessauer Bauhaus. Die Exponate widmeten sich der Geschichte des Körpers und da vor allem der Gesundheitsaufklärung. Größte Attraktion der Ausstellung ist der »Gläserne Mensch«. Immer auf dem neuesten Stand der Wissenschaft, trug das Museum während der Weimarer Republik mit seinen allgemeinverständlichen Präsentationsformen maßgeblich zu einer

Demokratisierung des Gesundheitswesens bei. Während der NS-Zeit wurde es jedoch in den Dienst der nationalsozialistischen Rassenideologie gestellt. Im Zweiten Weltkrieg zerstört, diente das Museum in der DDR wieder zur gesundheitlichen Aufklärung. Für Kinder gab es das Maskottchen Kundi. 2001 wurde das neu konzipierte Museum als »kultureller Leuchtturm« ins Blaubuch, einer Liste national bedeutsamer Kultureinrichtungen in Ostdeutschland, aufgenommen. Mit »Abenteuer Mensch« und dem Kindermuseum »Unsere fünf Sinne« hat es zwei Dauerausstellungen, hinzu kommen wechselnde Sonderausstellungen. Gerade diese sorgten in den vergangenen Jahren mit ungewöhnlichen Themen auch überregional für Aufmerksamkeit.

»Abenteuer Mensch«

Die ständige Ausstellung kreist um ein Thema, das so naheliegend wie anspruchsvoll ist: der Mensch. Gleich im ersten Raum ist der Gläserne Mensch zu sehen, der zum Symbol des Museums wurde. Die Figur ist die Nachbildung eines perfekten

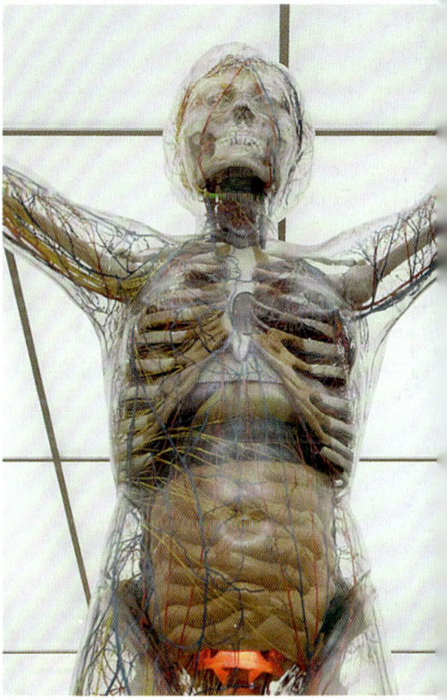

Oben: Modell einer Fliege
Unten: Der Gläserne Mensch

AUTORENTIPP!

RIESENSTIMMUNG BEI DYNAMO

Es ist einer der spektakulärsten Neubauten in der Dresdner City: das Dynamo-Stadion. Zwischen dem Deutschen Hygiene-Museum und dem Großen Garten wirkt es wie ein gigantisches Ufo. Das Spektakel, das hier im Zwei-Wochen-Rhythmus geboten wird, mag zwar außerirdisch wirken, ist aber ganz real. Heimspiele von Dynamo Dresden garantieren Emotionen, eine Riesenstimmung und eine Lautstärke im hohen Dezibelbereich (Sitzplätze ab 16 Euro an der Tageskasse oder im Internet, die Spiele sind aber häufig ausverkauft). Wer's leiser mag, kann die »Glücksgas-Stadion« genannte Arena an der Lennéstraße bei einer Führung besichtigen. Der 40-Millionen-Bau für 32 000 Zuschauer bietet Imposantes, nicht nur den Blick von der Medientribüne auf den Rasen. Wer will, kann sich auf den Trainerstuhl setzen oder im Presseraum mal so richtig Tacheles reden.

Dynamo-Stadion. Führungen: Mo ab 17 Uhr, erster So im Monat ab 15 Uhr. Treffpunkt: Haupteingang Lennéstr. (neben Fanshop), Anmeldung erforderlich unter: Tel. 03 51/25 08 81 00, Lennéstr. 12, www.gluecksgas-stadion.de

menschlichen Wesens nach antikem Vorbild. Zum einen symbolisiert sie durch ihre völlige Transparenz den Forscherdrang, zum andern drückt sie durch die Geste des »Lichtgebets« transzendente Welterfahrung aus. Erstmals wurde 1930 ein Mann aus dem transparenten Kunststoff Cellon der Dresdner Öffentlichkeit präsentiert. Augenzeugen zufolge soll in dem Ausstellungsraum eine sakrale Atmosphäre geherrscht haben. Er war abgedunkelt und nacheinander leuchteten die inneren Organe, angefangen mit dem Herzen, auf. Dazu gab eine melodische Stimme von einer Grammophonplatte prägnante Erklärungen ab. Weitere Themen der Dauerausstellung sind Ernährung, Sexualität, Denken, Bewegung, die Schönheit des Körpers sowie der Komplex von Leben und Tod. Die Ausstellung ist konzipiert als eine Erlebnisreise zum Körper und zum eigenen Ich, seinen Gedanken und Gefühlen. Durch die Zusammenstellung und Kontrastierung der Exponate erreicht sie das, was solche Präsentationen im besten Fall erzeugen können: Sie setzt die Bildwelten im Kopf der Besucher in Bewegung.

»Unsere fünf Sinne«

Seit Oktober 2005 lädt ein eigens für Kinder von vier bis zwölf Jahren gestalteter Bereich mit zahlreichen Mitmachangeboten zum interaktiven Besuch ein. Thema des Kindermuseums sind die fünf Sinne Hören, Sehen, Fühlen, Riechen und Schmecken. Kern der Wissensvermittlung ist das Anfassen, Ausprobieren, Mitmachen und Mitdenken. Die pädagogischen Prinzipien folgen den Erkenntnissen aus der Hirn- und Lernforschung: Erst die Erfahrung weckt die Neugierde und damit das Interesse, die Phänomene des Alltags bewusst zu hinterfragen und zu ergründen. Interesse ist die Grundlage für einen nachhaltigen Lernprozess.

Infos und Adressen

SEHENSWÜRDIGKEITEN

Deutsches Hygiene-Museum. Di–So 10–18 Uhr, Lingnerplatz 1, Tel. 03 51/484 64 00, www.dhmd.de

ESSEN UND TRINKEN

Café Restaurant Lingner. Das Museumsrestaurant wurde von dem Architekturbüro Kulka & Partner gestaltet. Serviert wird das Beste aus der Region in neuen Kreationen, im Sommer auch draußen. Di–So ab 10.30 Uhr, Lingnerplatz 1, Tel. 03 51/484 66 00, www.restaurant-lingner.de

Torhäuser Großer Garten. Auf dem Weg von der Helmut-Schön-Allee in den Großen Garten legt man gern eine kleine Rast in den Torhäusern ein. Ob links oder rechts – das entscheidet jeder für sich selbst. Restaurants tgl. ab 11 Uhr, Biergärten wetterbedingt März–Nov. Mo–Fr ab 16 Uhr und Sa/So/Feiertag ab 11 Uhr, Wachstube: Lennéstraße 9, Tel. 03 51/446 69 75, Torwirtschaft: Lennéstr. 11, Tel. 03 51/459 52 00, www.torwirtschaft-dresden.de

ÜBERNACHTEN

Dorint Hotel. Das Deutsche Hygiene-Museum zur einen, die Altstadt zur anderen Seite: So lässt sich Dresden entdecken. Grunaer Str. 14, Tel. 03 51/491 50, www.hotel-dresden.dorint.com Das Hotelrestaurant mit seiner leichten Küche ist nicht nur etwas für Hotelgäste. Tgl. 12–24 Uhr, Tel. 03 51/491 57 39

EINKAUFEN

Sachsenmarkt. Größter Wochenmarkt der Stadt – ein Ort der Traditionen und der Kommunikation. Fr 8–16 Uhr, Lingnerallee am Deutschen Hygiene-Museum, Tel. 03 51/488 87 51, www.dresden.de/de/07/maerkte-in-dresden.php

AKTIVITÄTEN

Georg-Arnhold-Bad. Tgl. 9–22 Uhr, Helmut-Schön-Allee 2, Tel. 03 51/49 42 203, ‘ www.dresden.de

Das Restaurant »Lingner« erhielt den Namen des Museumsgründers.

Mitte: Palais im Großen Garten mit Stilelementen der italienischen Renaissance
Unten: Seit mehr als 60 Jahren kurvt die Parkeisenbahn durch das Freizeitparadies.

15 Großer Garten
Die Grüne Insel

Mitten in Dresden erstreckt sich der Große Garten, mit seinen 147 Hektar Fläche die grüne Lunge der Stadt. Attraktiv machen ihn Palais, Carolasee, Parkeisenbahn und im Sommer eine Freilichtbühne. Der beliebte Treffpunkt für Jung und Alt ist mehr als ein Park und mehr als ein Garten – und ein wunderbares Zeugnis barocker und englischer Landschaftsgestaltung.

Die Gartenkultur hat in Dresden eine jahrhundertealte Tradition. Nur wenige Städte sind so verschwenderisch in Grün gebettet, von Wiesen und Gärten durchzogen. Schon zum Ende des 16. Jahrhunderts wurden die Obst- und Lustgärten gelobt, Gartenanlagen hatten damals große Bedeutung als Ort höfischer Feste. Zum Stadtpark wurde der Große Garten erst Mitte des 19. Jahrhunderts erklärt. Sein heutiges Aussehen erhielt er unter der Leitung von Friedrich Bouché (1850–1933), der ihn unter Beibehaltung vieler barocker Grundstrukturen in einen Landschaftsgarten verwandelte. In der Gegenwart nutzen Skater und Läufer, Radfahrer und Spaziergänger den Park, es gibt mehrere gastronomische Einrichtungen. Seit mehr als 60 Jahren kurvt eine Parkeisenbahn 5,6 Kilometer durch den Großen Garten. Das Besondere an diesem Miniaturzug ist, dass ihr Betrieb größtenteils von Kindern und Jugendlichen aufrechterhalten wird. Lediglich die Lokführer und Bahnhofsleiter sind Erwachsene. Fünf Stationen liegen am Weg, darunter der Dresdner Zoo, der Carolasee mit Bootsverleih und das Carolaschlösschen sowie das Palais in der Mitte des Gartens. Schmuckstücke der Gartenbahn sind die Dampflokomotiven »Moritz« und »Lisa«. Beide Loks stehen seit 85 Jahren unter Dampf.

Vom Barock zur Moderne

Die Geschichte des Großen Gartens beginnt mit dem Ankauf von Feldern zwischen 1676 bis 1678 östlich der Stadt. Auftraggeber war Kurfürst Johann Georg III. (1647–1691). Unter seinem Nachfolger Johann Georg IV. (1668–1694) und schließlich unter August dem Starken (1670–1733) entstand in den Folgejahren ein repräsentatives Gartenkunstwerk mit Alleen, Kavaliershäusern, Rennbahnen und einem Lusthaus. Das Palais, von 1678 bis 1683 von Johann Georg Starke (1630–1695) am Schnittpunkt der Hauptachsen erbaut, ist ein Juwel frühbarocker Baukunst. Umgeben wird es vom Palaisteich und dem Schmuckplatz mit Teppich- und Parterrebeeten. Der Architekt stattete das Palais mit Stilelementen der italienischen Renaissance und französischer Schlösser aus. Das Gebäude war für sommerliche Vergnügungen des Hofes bestimmt, es fanden auch Hochzeitsfeierlichkeiten statt. Später wurden im Palais Antiken und sakrale Bilder aufgestellt, im gesamten Großen Garten und rund um das Palais sind noch 22 der einst 150 Skulpturen und Schmuckvasen zu sehen. Den glanzvollen Festen unter August dem Starken folgten wenig später Zerstörung und Plünderung. Im Siebenjährigen Krieg verwüsteten 1760 preußische Truppen den Garten, zahlreiche Plastiken gingen verloren. 1814 erfuhr das Gelände eine Umgestaltung im englischen Landschaftsstil. Für den Zoo wurden 1860 12,8 Hektar bereitgestellt, Ende des 19. Jahrhunderts kam ein Botanischer Garten hinzu. Im Zweiten Weltkrieg brannte das Palais völlig aus und erst in den 1980er-Jahren brachte man seine Sanierung nach und nach voran. 1995 fanden erste Veranstaltungen im Erdgeschoss statt, wo heute barocke Skulpturen ausgestellt sind. Seit 2002 finden auch wieder Konzerte im oberen Festsaal satt. Unweit vom Palais spielt das Puppentheater Sonnenhäusel, es gibt ein Parktheater und die Freilichtbühne Junge Garde, kleine Schwester der

AUTORENTIPP!

KLASSIK UNTERM FREIEN HIMMEL

Jedes Jahr im Sommer lädt die Sächsische Staatskapelle Dresden zu einem Konzert der besonderen Art ein. Man trifft sich mitten in der Stadt zum »Klassik Picknickt«, einem Hörereignis unter freiem Himmel. Die Wiese vor der Gläsernen Manufaktur wird dann von mehreren 1000 Menschen mit Picknickdecken und Campingstühlen bevölkert. Das Mitbringen von Getränken und Speisen ist ausdrücklich erwünscht. Es gibt aber auch kulinarische Angebote vor Ort. Live zu erleben sind das Weltklasseorchester und Solisten von Rang. Ein musikalischer Abend auf der Wiese mit der Familie, Freunden oder Kollegen, der entspannter kaum sein kann. Das Programm wird jeweils nach einem Thema gestaltet, 2012 stand das Konzert im Zeichen des Chinesischen Kulturjahrs. Es gibt einige Ehrenplätze auf der Orchesterbühne, doch das wahre Erlebnis findet im Gewusel zu ihren Füßen statt.

Klassik Picknickt. Weitere Infos unter: www.staatskapelle-dresden.de, www.glaesernemanufaktur.de

AUTORENTIPP!

RUDERN AUF DEM CAROLASEE
Anfang der 1880er-Jahre wurde nach Plänen des jungen Architekten Friedrich Bouché eine ehemalige Kiesgrube im Großen Garten zu einem See geflutet, der zu Ehren der sächsischen Königin Carola fortan Carolasee hieß. 1886 vergrößerte man den See in Richtung Querallee – es entstand eine Halbinsel, auf der bis 1895 die kleine Schankwirtschaft »Krähenhütte« stand. Nach ihrem Abriss folgte ein großes Gasthaus mit Gartenwirtschaft im Neorenaissance-Stil, das Carolaschlösschen, heute Grand Café und Restaurant. Es ist zu Fuß oder mit der romantischen Parkbahn mühelos zu erreichen. Sommers wie winters ist der Carolasee eine willkommene Abwechslung. Es können Ruderboote für insgesamt fünf Personen ausgeliehen werden, im Winter friert der See schnell zu und wird zu einem Eldorado für Schlittschuhläufer.

Carolasee im Großen Garten.
Der Bootsverleih ist erreichbar von der Querallee. Frühjahr bis Herbst Mo–Fr 11–18 Uhr, Sa/So 10–19 Uhr, Tel. 01 52/37 00 67 53, www.grosser-garten-dresden, www.carolaschloesschen.de

Berliner Waldbühne. Sie befindet sich im südöstlichen Teil des Gartens. Die 5000 Sitzplätze gruppieren sich wie in einem Amphitheater, gespielt werden vor allem Rock- und Popkonzerte. 1999 entstand am Rand des Großen Gartens der lichtdurchflutete Designer-Komplex Gläserne Manufaktur für die Endmontage des Phaeton von Volkswagen.

Flanieren durch den Garten

Durch den Großen Garten kann man sich einfach treiben lassen – ganz ohne Karte. Die beiden Hauptachsen, wie mit dem Lineal gezogen, und das Palais in der Mitte geben eine gute Orientierung. Es lohnt sich, von den Hauptwegen abzukommen und auf herrlichen Liegewiesen die Natur zu genießen. Sehenswert ist auch der 1926 für die Internationale Gartenbauausstellung entworfene Mosaikbrunnen im südwestlichen Teil des Gartens. Stadtbaurat Hans Poelzig (1869–1936) schuf ihn im Stil der Art déco. Die Form einer Fontäne ist von Tausenden bunten Mosaiksteinchen überzogen. In der Parkanlage gibt es auch noch fünf von insgesamt acht Kavaliershäusern, die 1693/94 nach einem Entwurf Johann Friedrich Karchers (1650–1726) als eingeschossige Pavillonbauten mit Mansarddach errichtet wurden. Wie beim Palais handelt es sich um temporär genutzte Festarchitektur. In der ersten Hälfte des 19. Jahrhunderts wurden die Häuser zu Mietwohnungen umgebaut. Berühmtester Bewohner war Oskar Kokoschka (1886–1980) während seines Dresden-Aufenthalts. Er lebte von 1917 bis 1923 im Anbau von Haus A, das auf der Südseite der Stadt am nächsten liegt. Am Nordwestrand des Gartens liegt der 1820 gegründete Botanische Garten. Ende des 19. Jahrhunderts zählte er rund 5700 Pflanzenarten, inzwischen sind es doppelt so viele. Eine Besonderheit ist die Aufteilung in mehr- und einjährige Pflanzen, wobei die einjährigen im Sommer ein wahres Blütenmeer bilden.

Infos und Adressen

SEHENSWÜRDIGKEITEN

Großer Garten. Hauptallee 5, Tel. 03 51/445 66 00, www.schloesserland-sachsen.de, www.grosser-garten-dresden.de

Die Gläserne Manufaktur von VW

Parkeisenbahn. April–Sept. Di–So 10–18 Uhr, Juli/Aug. zusätzlich Mo 13–18 Uhr, Start vom Hauptbahnhof: Gläserne Manufaktur, Lennéstr. 5, weitere Rundkurs-Bahnhöfe: Zoo, Carolasee, Karcherallee, Palaisteich, Tel. 03 51/445 67 95, www.parkeisenbahn-dresden.de

Botanischer Garten. April–Sept. tgl. 10–18 Uhr, Okt.–März Schließzeiten ab 15.30–17 Uhr, Stübelallee 2, Tel. 03 51/459 31 85, www.tu-dresden.de

Gläserne Manufaktur. Führungen (ca. 75 Min.) jede volle Stunde, Mo 11–18 Uhr, Di/Fr/Sa 9–18 Uhr, Mi/Do 9–21 Uhr und So 11–17 Uhr, Anmeldung empfehlenswert, Lennéstr. 1, Tel. 03 51/420 44 11, www.glaesernemanufaktur.de

ESSEN UND TRINKEN

Carolaschlösschen. Zwei Restaurants unter einem Dach: Grand Café mit Außenplätzen auf der Seeterrasse Mo–Fr ab 11 und Sa/So ab 10 Uhr, Galerie: Mo–Fr ab 18 und Sa/So ab 12 Uhr, Querallee 7, Tel. 03 51/250 60 00, www.carolaschloesschen.de

Lesage – Das Restaurant in der Gläsernen Manufaktur. In diesem Teil der Autofabrik wird mit Olivenöl gearbeitet. Mo 12–15 Uhr, Di–Sa 12–15 Uhr und 18–22 Uhr, So 11–15 Uhr Brunch, Bar/Bistro/ Terrasse So/Mo 10–18 Uhr und Di–Sa 9–22 Uhr, Lennéstr. 1, Tel. 03 51/420 42 50, www.lesage.de

ÜBERNACHTEN

Pension am Großen Garten. Historische Villa mit modernem Komfort, ruhig und doch verkehrsgünstig. Beilstr. 30, Tel. 03 51/25 47 40, www.pension-am-grossen-garten.de

AKTIVITÄTEN

Asisi Panometer Dresden. Das 360°-Panorama »DRESDEN – Mythos der barocken Residenzstadt« kann man nicht erklären, man muss es gesehen haben. Di–Fr 10–17 Uhr und Sa/So 10–18 Uhr, Gasanstaltstr. 8 b, Tel. 03 51/860 39 40, www.asisi.de

Faszinierendes Stadtpanorama von 1756 im Assisi Panometer

Unten: Die orthodoxe Kirche im Stil russischer Sakralbauten

16 Russisch-Orthodoxe Kirche

Zwiebeltürme vor DDR-Platte

Zwischen Neubauten der 1980er-Jahre erhebt sich in der Dresdner Südvorstadt die Russisch-Orthodoxe Kirche des Heiligen Simeon vom wunderbaren Berge. Im 19. Jahrhundert erbaut wirken die blauen Zwiebeltürme vor der Plattenbaukulisse heutzutage schon fast surreal.

Die Kirche ist im Stil russischer Sakralbauten des 16./17. Jahrhunderts gestaltet, wurde aber zwischen 1872 und 1874 vom Architekten Harald Julius von Bosse (1812–1894) und Karl Weißbach (1841–1905) an der Reichsstraße errichtet. Julius von Bosse, ein russischer Staatsrat deutscher Herkunft, war auch der Erbauer der deutschen Kirche in Sankt Petersburg. Neben dem 40 Meter hohen Glockenturm prägen fünf Zwiebeltürme, welche Christus und die vier Evangelisten symbolisieren, den 33 Meter langen und 13 Meter breiten Ziegelbau. Das auffällige Gebäude wurde Ende des 19. Jahrhunderts für die russische Gesandtschaft im Königreich Sachsen errichtet. Die Innenausstattung blieb wegen finanzieller Probleme unvollendet, die wertvollen archaisierenden Ikonen der Bilderwand schuf James Marshall.

Berühmte Russen in der russischen Gemeinde

Im Laufe der Jahre wurden bekannte Persönlichkeiten Mitglieder der Dresdner Gemeinde – derzeit sind es etwa 1000. So ließ der Schriftsteller Fjodor Dostojewski (1821–1881), der zwischen 1869 und 1871 in Dresden lebte, in der Kirche seine Tochter taufen. Auch der Komponist Sergej

Rachmaninow (1873–1943) und der russische Revolutionär Michail Bakunin (1814–1876) schlossen sich der Gemeinde zeitweise an. 1875 nahm Zar Alexander II. (1818–1881), der an der Finanzierung der Kirche beteiligt war, an einem Gottesdienst teil. Zwischen 1914 und 1921 war die Kirche wegen sogenannter Sicherheitsbedenken, die sich gegen die Gottesdienste in russischer Sprache richteten, geschlossen. Die Russisch-Orthodoxe Kirche gehört noch heute zum Moskauer Patriarchat. Allerdings hatten die nationalsozialistischen Machthaber 1939 die Kirche gegen den Willen der Gemeinde an die Russisch-Orthodoxe Auslandskirche übertragen. Dies führte nach der deutschen Wiedervereinigung zu einem jahrelangen Rechtsstreit, der erst im Mai 2007 durch die Vereinigung beider Kirchen beigelegt werden konnte.

Hervorragende Akustik in der Lukaskirche

Nicht weit vom Zwiebelturmgebäude entfernt steht die evangelisch-lutherische Lukaskirche, entstanden in den Jahren 1899 bis 1903 nach Plänen des Leipziger Architekten Georg Weidenbach. Auffallend ist die fehlende, kriegszerstörte Turmhaube. Ein Förderverein setzt sich seit Jahren für seine Rekonstruktion ein. Die Lukaskirche eignet sich wegen ihrer besonderen Akustik hervorragend für Konzerte und Tonaufnahmen vor allem klassischer Musik. Ihre Nutzung als Ort für Orchesterproben und Schallplattenproduktionen setzte Ende der 1950er-Jahre ein. Zwischen 1964 und 1972 wurde sie zum Tonstudio für den VEB Deutsche Schallplatten Berlin umgebaut. Unter anderem dirigierten hier Herbert von Karajan (1908–1989) und Karl Böhm (1894–1981), es sangen Solisten wie Theo Adam und Peter Schreier sowie Herman van Veen.

Infos und Adressen

SEHENSWÜRDIGKEITEN

Russisch-Orthodoxe Kirche. Fritz-Löffler-Str. 19, Tel. 03 51/471 94 14, www.orthodox-dresden.de

Lukaskirche. Lukasplatz 1, Tel. 03 51/47 69 80, www.lukaskirchturm-in-dresden.de

ESSEN UND TRINKEN

Café im Beutlerpark. Relaxen unter altem Baumbestand: Lieblingsort von Studenten, Wissenschaftlern und Touristen jenseits ausgetretener Pfade. April–Okt. Mo–Fr 11–20 Uhr und Nov.–März Mo–Fr 11–19 Uhr, ganzjährig Sa/So/Feiertag 14–20 Uhr, Reichenbachstr./Beutlerpark, Tel. 03 51/472 56 62, www.cafe-beutlerpark.de

Dresdner Aussicht. Im Süden und hoch über der Stadt verbindet sich Gastronomie mit Panoramablick ins Elbtal – noch ein Geheimtipp! Tgl. 11–23 Uhr, Kohlenstr. 18, Tel. 03 51/452 01 01, www.dresdner-aussicht.de

ÜBERNACHTEN

Internationales Gästehaus. Wenn die Kapazität reicht, können auch Nicht-Studenten Gästezimmer buchen. Hochschulstr. 50, Tel. 03 51/469 27 80, www.studentenwerk-dresden.de/wohnen/gaestehaus.html

17 Sächsische Landes-bibliothek – Staats- und Universitätsbibliothek

Lesen unter Tage

Kühl sieht er aus. Strenge Ordnung und meditative Ruhe – das verkörpert der Neubau der Sächsischen Landesbibliothek – Staats- und Universitätsbibliothek, kurz SLUB genannt. Der Quader mit Tausenden von Büchern und Schriften beherbergt eine der größten Sammlungen in ganz Deutschland.

Ein Neubau der Moderne ist die neue Unibibliothek: auf den ersten Blick eher schlicht und doch sehr besonders. Er konnte zwischen 1999 und 2003 nach Plänen der Architekten Ortner & Ortner (Wien/Berlin) realisiert werden und ist einer der beeindruckendsten der vergangenen Jahre in Dresden. Die beiden gegenüberliegenden Kuben vermitteln jene Ausgeglichenheit, die einer Lern- und Forschungseinrichtung eigen sein sollte, sie sind aber nur die Spitze des Eisbergs: Unter der Rasenfläche erstreckt sich ein dreigeschossiger Sockel. Die wesentlichen Funktionen sind zwischen zwei Riegeln auf die Untergeschosse verteilt. Nur die beiden Natursteinquader mit Cafeteria, Magazin und Verwaltung ragen als klare Kuben aus dem grünen Rasen heraus.

Mitte: Quaderbau der neuen Unibibliothek in kühler Strenge
Unten: Herzstück des Gebäudes: Riesen-Lesesaal unter Tage

Strenge und Konzentration

Das Foyer taucht den Besucher über eine Treppe in die unterirdische Welt der Säulenreihen, Galerien und Stegen bis hin in den zentral gelegenen Lesesaal. Dieser dreigeschossige, von oben belichtete Riesensaal ist das Herzstück des Gebäudes. Alles andere gruppiert sich um ihn herum. Seine Gestaltung vermittelt klassische Strenge und Harmonie. Die Bücherrücken in den umlaufenden Regalen setzen einen Kontrapunkt, sie tauchen als Gestaltungsmittel im Parkett des Bodens wieder auf. Die Fassaden der zwei oberirdischen Gebäude sind mit Thüringer Travertin, einem porösen Kalkstein, verkleidet. Unregelmäßig vertikale Nuten in den Natursteinplatten erinnern an Buchrücken in den Regalen traditioneller Bibliotheken oder Strichcodes als mediale Form der Informationsspeicherung. Der strenge Bau ist eine Hommage an Rationalität und Konzentration, mit denen Bibliotheken gemeinhin verbunden werden. Zum Teil sehr schmale Fensterschlitze verhindern eine mögliche Ablenkung durch die Außenwelt.

Die Geschichte der Bibliothek

Die Landesbibliothek ist aus der kurfürstlichen Büchersammlung des 16. Jahrhunderts hervorgegangen und seit 1788 öffentlich zugänglich. Zunächst im Schloss und dann im Japanischen Palais untergebracht, musste sie nach dem Zweiten Weltkrieg in die ehemalige Kaserne im Norden Dresdens ausweichen. Die Universitätsbibliothek entstand erst im 19. Jahrhundert. Ihr erster Standort war das Kurfürstlich-Sächsische Finanzhaus. Ab 1961 wurde sie der Technischen Universität Dresden zugeordnet. Nach jahrelangen räumlichen Provisorien wurden beide Bibliotheken, die der Universität und die des Landes, 1996 vereint. Fast neun Millionen Bestandseinheiten zählt die SLUB heute. Allein zum Bestand der Fotothek gehören mehr als eine Million Bilddokumente. Dazu kommen die Mediathek, das Buchmuseum und eine umfangreiche Musikbibliothek mit zahlreichen Autographen. Eines der wertvollsten Exemplare ist das älteste und am qualitätsvollsten erhaltene Buch der Maya, der etwa 800 Jahre alte Codex Dresdensis (oder Dresdner Kodex).

Infos und Adressen

SEHENSWÜRDIGKEITEN

Sächsische Landesbibliothek – Staats- und Universitätsbibliothek (SLUB). Mommsenstr. 9, Besucheradresse: Zellescher Weg 18, Tel. 0351/4677390, www.slub-dresden.de

ESSEN UND TRINKEN

Neue Mensa & Cafeteria. Mo–Do 7–18 Uhr und Fr 7–15 Uhr, Essen: Mo–Fr 10.30–15 Uhr, Bergstr. 51, Tel. 0351/4716098, www.studentenwerk-dresden.de

Alte Mensa. Mo–Fr 10.45–15 Uhr, Cafeteria: Mo–Fr 8–18 Uhr, Mommsenstr. 13, Tel. 0351/25388 4221, www.studentenwerk-dresden.de

Café Jähnig. Eisspezialitäten aus eigener Produktion. Di–Fr 12–22 Uhr, Sa 13–22 Uhr und So 13–20 Uhr, von Okt.–März verkürzte Öffnungszeiten, Geinitzstr. 16, Tel. 0351/4718894, www.cafe-jaehnig.de

ÜBERNACHTEN

Gästehaus der TU Dresden Am Weberplatz. Schlicht und modern gestaltet, zugänglich nicht nur für Gäste der Hochschule. Weberplatz 3, Tel. 0351/4679300, www.tu-dresden.de

NEUSTADT DRESDNER NORDEN

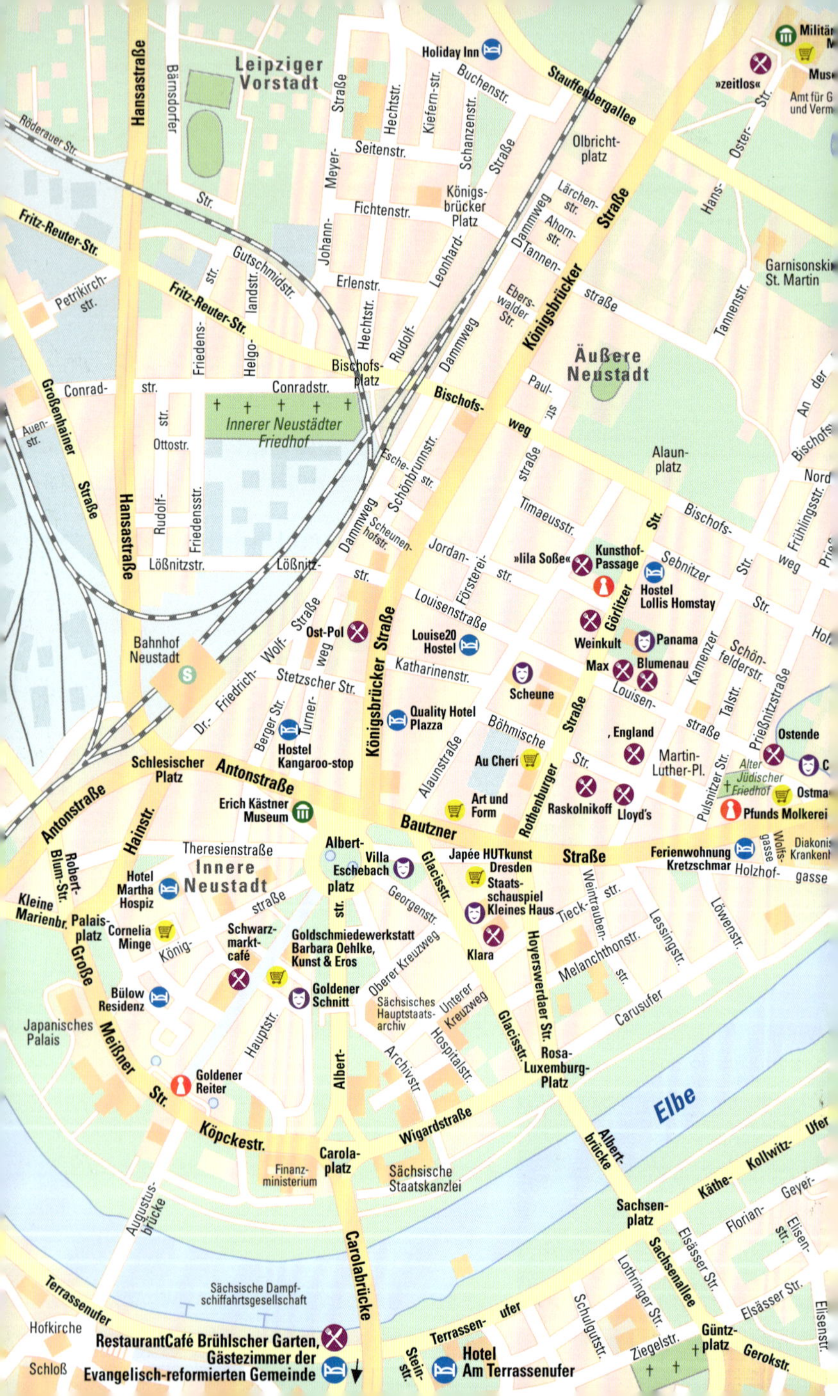
Leipziger Vorstadt
Holiday Inn
Buchenstr.
Stauffenbergallee
»zeitlos«
Militär
Amt für G und Verm
Hansastraße
Bärnsdorfer Str.
Röderauer Str.
Meyer-Straße
Hechtstr.
Kiefern-str.
Schanzenstr.
Seitenstr.
Olbricht-platz
Fichtenstr.
Königs-brücker Platz
Lärchen-str.
Ahorn-str.
Dammweg
Tannen-straße
Hans-Oster-Str.
Garnisonski St. Martin
Fritz-Reuter-Str.
Petrikirch-str.
Gutschmidstr.
Helgo-landstr.
Johann-
Erlenstr.
Leonhard-
Rudolf-
Ebers-walder Str.
Königsbrücker Straße
Tannenstr.
Äußere Neustadt
Friedens-str.
Bischofs-platz
Bischofsweg
Conrad-str.
Conradstr.
Paul-str.
An der
Auen-str.
Großenhainer Straße
Ottostr.
Innerer Neustädter Friedhof
Alaun-platz
Esche-str.
Schönbrunnstr.
Scheunen-hofstr.
Timaeusstr.
Nord
Frühlingsstr.
Rudolf-str.
Friedensstr.
Lößnitzstr.
Jordan-str.
Förstereistr.
»lila Soße«
Kunsthof-Passage
Sebnitzer Str.
Hostel Lollis Homstay
Görlitzer Str.
Louisenstraße
Ost-Pol
Bahnhof Neustadt
Wolf-Straße
Dr.-Friedrich-
Louise20 Hostel
Weinkult
Panama
Max
Blumenau
Kamenzer
Schön-felderstr.
Prießnitzstraße
Katharinenstr.
Scheune
Stetzscher Str.
Turner-weg
Berger Str.
Quality Hotel Plazza
Böhmische Str.
England
Martin-Luther-Pl.
Talstr.
Ostende
Hostel Kangaroo-stop
Alaunstraße
Au Cherí
Rothenburger Straße
Alter Jüdischer Friedhof
Pulsnitzer Str.
Ostma
Schlesischer Platz
Antonstraße
Erich Kästner Museum
Art und Form
Raskolnikoff
Lloyd's
Pfunds Molkerei
Bautzner Straße
Diakonis Krankenh
Hainstr.
Theresienstraße
Albert-platz
Villa Eschebach
Glacisstr.
Japée HUTkunst Dresden
Ferienwohnung Kretzschmar
Wolfsgasse
Holzhof-gasse
Robert-Blum-Str.
Innere Neustadt
Hotel Martha Hospiz
Staats-schauspiel Kleines Haus
Tieck-str.
Weintraubenstr.
Lessingstr.
Löwenstr.
Kleine Marienbr.
Palais-platz
Cornelia Minge
König-straße
Schwarz-markt-café
Goldschmiedewerkstatt Barbara Oehlke, Kunst & Eros
Georgenstr.
Klara
Melanchthonstr.
Große Meißner Str.
Bülow Residenz
Goldener Schnitt
Oberer Kreuzweg
Sächsisches Hauptstaats-archiv
Unterer Kreuzweg
Hoyerswerdaer Str.
Carusufer
Japanisches Palais
Hauptstr.
Albert-str.
Archivstr.
Hospitalstr.
Rosa-Luxemburg-Platz
Goldener Reiter
Elbe
Köpckestr.
Wigardstraße
Albertbrücke
Carola-platz
Finanz-ministerium
Sächsische Staatskanzlei
Käthe-Kollwitz-Ufer
Augustusbrücke
Sachsen-platz
Geyer-str.
Florian-
Elisen-str.
Carolabrücke
Sachsenallee
Elsässer Str.
Terrassenufer
Sächsische Dampf-schiffahrtsgesellschaft
Lothringer Str.
Schulgutstr.
Elisenstr.
Hofkirche
RestaurantCafé Brühlscher Garten, Gästezimmer der Evangelisch-reformierten Gemeinde
Terrassen-ufer
Steinstr.
Hotel Am Terrassenufer
Ziegelstr.
Güntz-platz
Gerokstr.
Schloß

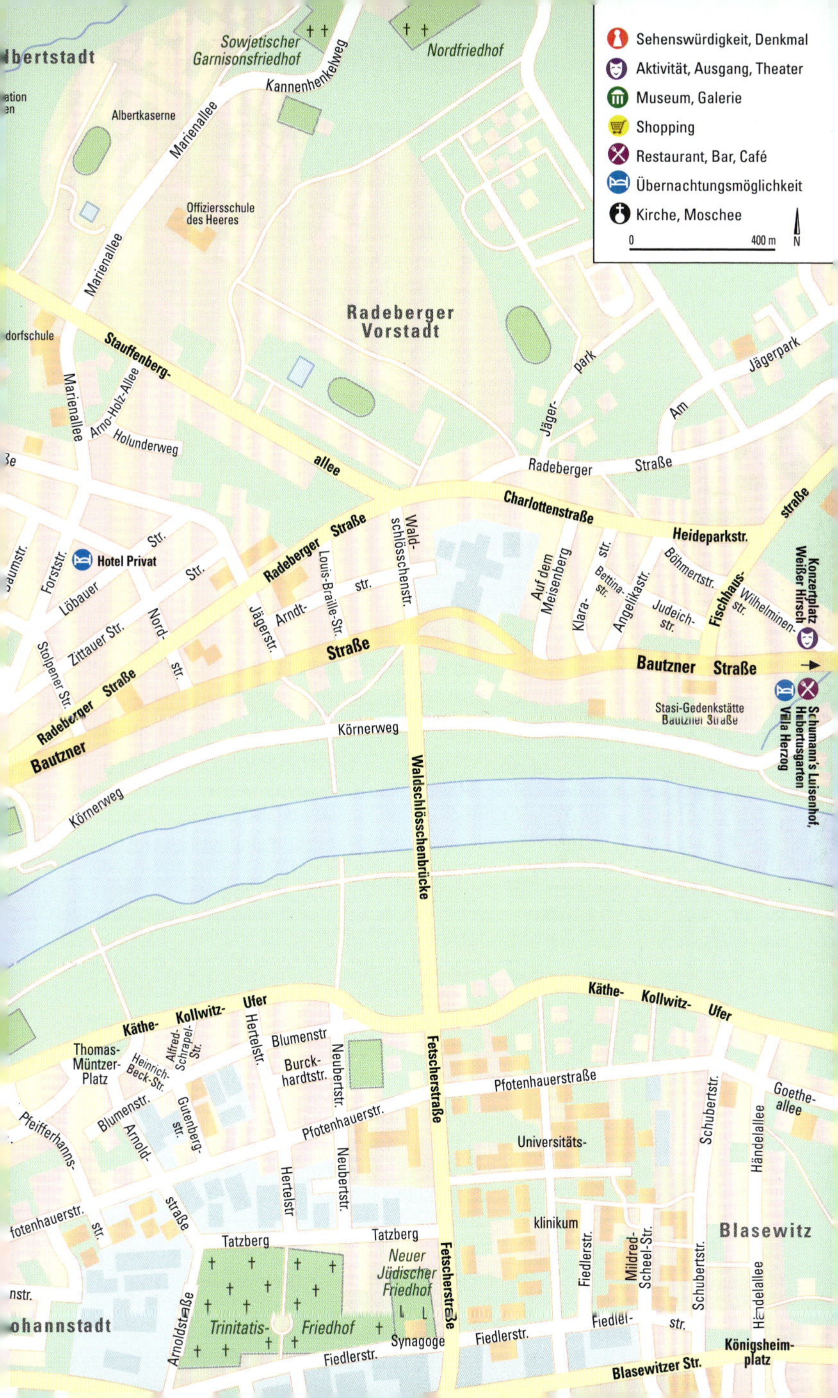

Sehenswürdigkeit, Denkmal
Aktivität, Ausgang, Theater
Museum, Galerie
Shopping
Restaurant, Bar, Café
Übernachtungsmöglichkeit
Kirche, Moschee
0
400 m
N
Sowjetischer Garnisonsfriedhof
Nordfriedhof
Kannenhenkelweg
Albertkaserne
Marienallee
Offiziersschule des Heeres
Radeberger Vorstadt
Stauffenberg-allee
Jäger-park
Am Jägerpark
Radeberger Straße
Charlottenstraße
Heideparkstr.
Hotel Privat
Bautzner Straße
Radeberger Straße
Waldschlösschenstr.
Louis-Braille-Str.
Arndtstr.
Jägerstr.
Nordstr.
Löbauer Str.
Zittauer Str.
Stolpener Str.
Forststr.
Arno-Holz-Allee
Holunderweg
Auf dem Meisenberg
Klarastr.
Bettinastr.
Angelikastr.
Böhmertstr.
Judeichstr.
Fischhausstraße
Wilhelminenstr.
Konzertplatz Weißer Hirsch
Stasi-Gedenkstätte Bautzner Straße
Schumann's Luisenhof, Hubertusgarten
Villa Herzog
Körnerweg
Waldschlösschenbrücke
Käthe-Kollwitz-Ufer
Thomas-Müntzer-Platz
Heinrich-Beck-Str.
Alfred-Schrapel-Str.
Hertelstr.
Blumenstr.
Burckhardtstr.
Neubertstr.
Fetscherstraße
Pfotenhauerstraße
Goetheallee
Universitätsklinikum
Schubertstr.
Händelallee
Pfeifferhannsstr.
Arnoldstraße
Gutenbergstr.
Tatzberg
Neuer Jüdischer Friedhof
Trinitatis-Friedhof
Synagoge
Fiedlerstr.
Mildred-Scheel-Str.
Blasewitz
Blasewitzer Str.
Königsheimplatz
Johannstadt
Albertstadt

18 Regierungsviertel

Ein Büro für »König Kurt«

Dresden war königliche Residenz – und ist Landeshauptstadt. Beides vereint das heutige Regierungsviertel.

Herzstück des Regierungsviertels ist die Staatskanzlei am Neustädter Elbufer. Das ab 1900 errichtete neobarocke Gebäude ist seit 1990 Sitz der sächsischen Ministerpräsidenten. Dass es nach seiner Fertigstellung 1904 mehrere königliche Ministerien beherbergte, zeigt vor allem die Krone auf der Spitze des wuchtigen Mittelbaus. Das 600 Kilogramm schwere Goldstück wurde nach der friedlichen Revolution dem Gebäude wieder aufgesetzt. Eine nach 1945 angebrachte Friedenstaube musste weichen – angeblich aus Gründen des Denkmalschutzes. Kritiker spötteln, dass die Krone gut zum wiedererwachten Selbstbewusstsein der Sachsen und dem ersten Ministerpräsidenten nach der Wende Kurt Biedenkopf passe, der den Spitznamen »König Kurt« trägt. Ein Blick ins Innere lohnt, ist aber nur im Rahmen einer Führung möglich. Elemente des Jugendstils, steinerne Löwen und ein Brunnen prägen das imposante Gebäude. Wer die geführte Tour mitmacht, kann auch den Saal der Landespressekonferenz besuchen, in dem sich der Regierungschef und seine Minister wöchentlich den Fragen der Journalisten stellen. Gegenüber der Staatskanzlei liegt das Finanzministerium, eine Art ältere Schwester des Gebäudes. Den Neorenaissance-Bau schmückt in Richtung Elbe ein Giebelbild, das die Figur der Saxonia zeigt – umgeben von den Künsten und den Einnahmen des Staates. Neubauten gibt es im Regierungsviertel auch, das sächsische Innenministerium hat seinen Sitz in einem modernen Bürohaus. Einmal im Jahr wird zum »Gläsernen Regierungsviertel« eingeladen, dann können die Besucher einen Blick in die ver-

Seite 112–113: Ihm hat Dresden viel zu verdanken: August der Starke
Mitte: »König Kurts« Staatskanzlei
Unten: Sachsens Haushaltsplanung entsteht im Neorenaissance-Bau.

schiedenen Gebäude werfen. Das Viertel beherbergt auch das Sächsische Hauptstaatsarchiv mit wertvollen Dokumenten zur deutschen Geschichte aus elf Jahrhunderten. Als eines der größten Staatsarchive Deutschlands verwahrt es rund 40 laufende Regalkilometer Urkunden, Amtsbücher, Akten, Zeichnungen, Karten, Risse und Datenträger. Ganz in der Nähe bietet der 400-jährige Jägerhof Volkskunst und Puppenschätze. Das älteste Baudenkmal der Neustadt ist Sitz des Museums für Sächsische Volkskunst und einer umfangreichen Puppentheatersammlung. Auf mehreren Etagen werden Schnitzereien aus dem Erzgebirge, bedruckte und bestickte Webereien aus der Lausitz, prachtvolle Trachten der Sorben und virtuose Spitzen aus dem Vogtland, bemalte Möbel, reich verzierte Keramik und eine ungewöhnlich vielfältige Sammlung historischen Spielzeugs gezeigt. Beliebt sind die Oster- und Weihnachtsausstellungen. Zum Bestand der Puppentheaterabteilung zählen 200 Jahre alte Marionetten und Jahrmarkthandpuppen sowie Theaterfiguren des Bauhauses bis hin zum Figurentheater der Gegenwart. Zu den wertvollsten Exponaten gehören Figuren- und Kulissenbestände mehrerer mechanischer Welttheater des 19. Jahrhunderts.

Puppentheatersammlung im 400 Jahre alten Jägerhof

Infos und Adressen

SEHENSWÜRDIGKEITEN

Sächsische Staatskanzlei. Führungen: Mo–Fr 11–14 Uhr, nur mit Anmeldung, Archivstr. 1, Tel. 03 51/564 10 80, Gläsernes Regierungsviertel, Tel. 03 51/564 13 03.

Museum für Sächsische Volkskunst mit Puppentheatersammlung. Di–So 10–18 Uhr, Jägerhof, Köpckestr. 1, Tel. 03 51/49 14 20 00, www.skd.museum

Sächsisches Hauptstaatsarchiv. Mo/Do/Fr 8.30–16 Uhr und Di/Mi 8.30–18 Uhr, Archivstr. 14, Tel. 03 51/89 21 97 10, www.archiv.sachsen.de

ESSEN UND TRINKEN

Café Scholze. Wo sich sächsische Beamte eine kurze Auszeit gönnen. Mo–Fr 6–18 Uhr, Wilhelm-Bruck-Str. 2 (Am Carolaplatz), Tel. 03 51/801 92 9, www.dresdner-christstollen-online.de

ÜBERNACHTEN

Park Inn by Radisson Dresden. Zwischen Elbe und Szeneviertel Neustadt in einer ruhigen Seitenstraße unmittelbar am Regierungsviertel gelegen. Melanchthonstr. 2, Tel. 03 51/806 10, www.pi-dresden.de

Unten: Blattgold für den Kurfürsten: der Goldene Reiter

19 Hauptstraße und Goldener Reiter

Blattgold und bürgerlicher Barock

Er ist ein Symbol für Dresden: der Goldene Reiter. Seit 1736 schmückt das Reiterstandbild Augusts des Starken den Neustädter Markt. Es zeigt den Kurfürsten und polnischen König als römischen Caesar im Schuppenpanzer, sein Blick geht in Richtung seines Königreichs Polen.

Mit dem in Kupfer getriebenen Standbild wurde August der Starke (1670–1733) als Schirmherr der Neuen Königsstadt (heute nur noch kurz: Neustadt) geehrt. Der Neuaufbau war nach dem 1685 abgebrannten Stadtteil Altendresden nötig geworden. Der sich aufrichtende Hengst mit Reiter sollte ursprünglich auf der Augustusbrücke platziert werden, erwies sich aber als zu schwer für diesen Standort. Friedrich August I. hatte das Reiterstandbild selbst in Auftrag gegeben, es wurde jedoch erst drei Jahre nach seinem Tod eingeweiht. Die Bombennacht im Februar 1945 überstand das Denkmal zerlegt und eingelagert in einem Felsenkeller in Pillnitz. Es kehrte 1956 anlässlich der 750-Jahrfeier Dresdens auf den Neustädter Markt zurück, zuvor war es bei einer Restaurierung mit Blattgold überzogen worden Der Goldene Reiter diente – wie auch die gesamte Fußgängerzone der Hauptstraße – in der DDR als Vorzeigeobjekt. Im Gegensatz zur ebenfalls autofreien Prager Straße in der Innenstadt war die Neustädter Version jedoch wesentlich attraktiver. Zwar wurde die Hauptstraße Ende der 1970er-Jahre ebenfalls mit Plattenbauten bestückt, jedoch bei gleichzeitiger Sanierung der barocken Häuser auf der Westseite. Zwischen Platanen und Beeten, Skulpturen und

Brunnen bietet der Boulevard, der zu DDR-Zeiten »Straße der Befreiung« hieß, bis heute ein besonderes Flair. Als Verlängerung der Augustusbrücke ist die Hauptstraße das Herz der Inneren Neustadt. Am Goldenen Reiter schmücken zwei 25 Meter hohe bronzene Fahnenmasten – nachempfunden dem Markusplatz in Venedig – den Eingang zur Hauptstraße. Sie stammen aus dem Jahr 1893, geschaffen als Erinnerung an den Dresden-Besuch von Kaiser Wilhelm I. (1797–1888) im Jahr 1882. Die Hauptstraße wurde im Auftrag von August dem Starken zwischen 1687 und 1732 angelegt. Der Großteil der alten Bebauung wurde jedoch bei den Bombardierungen 1945 auf Dresden zerstört. Der Wiederaufbau hatte eine geringere Priorität als die Altstadt und konnte erst in den Jahren 1974 bis 1980 realisiert werden, wobei man das historische Straßenkonzept aufgab und den Verkehr umleitete. Die Übergabe der Allee als autofreie Zone erfolgte am 5. Oktober 1979. Beim Wiederaufbau wurden auch acht barocke Sandsteinfiguren aus dem Zwinger sowie eine Schmuckuhr in der Mittelachse der Hauptstraße aufgestellt.

Barocke Bürgerhäuser

Ein Höhepunkt auf dem Boulevard sind die im Zuge der Sanierung restaurierten Bürgerhäuser aus dem Barock und Rokoko. Bei Haus Nr. 13 handelt es sich um das zwischen 1697 und 1699 errichtete dreigeschossige Kügelgen-Haus, später aufgestockt und mit einem Türmchen versehen. Seit 1981 beherbergt es das Museum der Dresdner Romantik. Die in großen Goldbuchstaben unter dem Dachsims stehende Inschrift »An Gottes Segen ist alles gelegen« löste vor allem bei den wenigen Christen in der DDR Genugtuung aus. Im zweiten Obergeschoss wohnte der Maler Gerhard von Kügelgen (1772–1820) mit seiner Familie ab 1808. Sein Sohn Wilhelm (1802–1867) beschrieb das Dresdner Bür-

Oben: Historisches Flair auf der Königstraße
Unten: Die Hauptstraße ist eine beliebte Fußgängerzone.

AUTORENTIPP!

SWING UND CHIC DER 1920ER

Ein Stück Nostalgie und viel Chic vermittelt die Maßschneiderei »Goldener Schnitt« in den Kunsthandwerkerpassagen. Inhaberin Laura Wedell fertigt Mode der 1920er- bis 1950er-Jahre, der sie sich mit Individualität und Liebe zum Detail verschrieben hat. Auch ihr Atelier ist stilecht mit alten Möbeln und Accessoires ausgestattet. Schwingende Godetröcke, figurbetonte Bleistiftröcke, leichte Blusen im Blumendessin, klassisch strenge Wollkostüme und Marlene- oder Bundfaltenhosen gehören zu ihrem Programm und dem Zeitalter, welches hier weitergelebt wird. Jedes Stück ist maßgeschneidert und damit garantiert ein Unikat. Wer nur ein paar Tage in Dresden ist, für den entwirft und näht die Maßschneidemeisterin auch Kleidungsstücke innerhalb kurzer Zeit.

Goldener Schnitt. Nostalgische Maßschneiderei. Di–Fr 11–18 Uhr, Sa 11–16 Uhr und nach Vereinbarung, Hauptstr. 15, Tel. 01 73/892 90 21, www.goldener-schnitt-dresden.de

gerhaus in den »Jugenderinnerungen eines alten Mannes«. Bei Bauarbeiten fand man in der früheren Kügelgen-Wohnung unter später eingezogenen Stuckdecken reich bemalte Holzdecken vom Ende des 17. Jahrhunderts. Sie sind beim Rundgang durch das Museum zu sehen. Aus einem der Fenster beobachtete Johann Wolfgang von Goethe (1749–1832) im Jahr 1813 den Einmarsch der russisch-preußischen Truppen unter Zar Alexander I. von Russland (1777–1825) und König Friedrich Wilhelm III. von Preußen (1770–1840) nach dem Sieg über Napoleon. Der Besuch Goethes bei Kügelgen wird im Museum besonders gewürdigt. Außerdem bietet die Dauerausstellung neben zeittypischen Möbeln in thematisch gestalteten Räumen Informationen zur Familie Kügelgen und deren prominenten Gästen sowie wichtigen Vertretern der Romantik, die da sind: Friedrich Schlegel und Ludwig Tieck, die Maler Philipp Otto Runge, Caspar David Friedrich und Carl Gustav Carus sowie die Komponisten Carl Maria von Weber, Clara und Robert Schumann. Sehenswert ist auch das wiedereingerichtete Atelier Kügelgens. Die original restaurierten Bürgerhäuser aus dem 18. Jahrhundert bilden die schöne Kulisse der Kunsthandwerkerpassagen, deren Eröffnung im Oktober 2002 gefeiert werden konnte. Verteilt über sechs Passagen beherbergt das barocke Gebäudeensemble inmitten der Hauptstraße zahlreiche Läden, die vom Schmuck über Kleider, von Keramik über Antiquitäten bis hin zu Wohnaccessoires und einer Schaubäckerei alles bieten. Viele der kleinen Geschäfte verfügen über frei zugängliche Schauwerkstätten, in denen das Kunsthandwerk von der Herstellung bis hin zum Verkauf mitzuverfolgen ist. Vergoldete Schriften an den Gebäuden, Ornamente und Kartuschen wurden originalgetreu rekonstruiert und bilden nun eine sehenswerte Kombination von Architektur und Handwerk. Gleich neben den Passagen findet man ebenfalls in einem Barock-Gebäude

Hauptstraße und Goldener Reiter

Denkmalgerecht saniert: die mehr als 100 Jahre alte Markthalle

die städtische Kammerbühne »Societaetstheater«. Das älteste Bürgertheater Dresdens öffnete 1999 wieder seine Pforten. Societaet und Theater wurden 1776 gegründet, 1779 zog die Initiative in das Gebäude an der Hauptstraße. Entstanden in der Zeit nach dem Siebenjährigen Krieg während des Umbruchs der Dresdner Theaterlandschaft, setzte die Laienbühne fortan einen Kontrapunkt zum Hoftheater. 1832 wurde das Theater nach fortgeschrittener Isolation im städtischen Kunstleben aufgelöst. Sein historisches Gebäude fristete lange ein Schattendasein, bis es verfiel und nur durch das Engagement kulturinteressierter Dresdner gerettet werden konnte. Im Theater erwartet heute das Restaurant »L'art de vie« seine Gäste, ein wunderschöner Ort, um bei einem Tee oder Wein Energie zu tanken. Im Sommer sitzt man im barocken Innenhof. Auf der anderen Seite (Ostseite) der Hauptstraße ist ein einziges Gründerzeitgebäude erhalten. Es beherbergt unter anderem das »Schwarzmarktcafé« sowie die Markthalle, die 1999 aufwendig rekonstruiert und ein Jahr später als Einkaufszentrum eröffnet wurde. Hier stand 1899 eine Kaserne, in der ab 1877 Elendsquartiere für 2000 Menschen eingerichtet waren. Es passt zu Dresden, dass es seine Markthalle vor rund 100 Jahren nicht nur praktisch, sondern auch besonders schön gestaltete. Lichtdurchflutet, mit

AUTORENTIPP!

KERAMIK ZUM SOMMERENDE

Einmal im Jahr, traditionsgemäß am ersten Septemberwochenende, treffen sich rund um den Goldenen Reiter Dutzende Handwerker und Künstler zum Töpfermarkt. Angeboten werden ganz verschiedene Formen und Dekore, eine Fülle an Alltags-, Garten- und Schmuckgegenständen. Die Teilnehmer kommen vorwiegend aus der Region, aber auch von außerhalb wie zum Beispiel aus Berlin, Eberswalde und den Niederlanden. Kunstvoll, edel oder verspielt – es dürfte für jeden Geschmack etwas dabei sein, auch preislich. Nahezu alle Techniken der zeitgenössischen Keramik sind vertreten. Veranstalter sind das Amt für Kultur und Denkmalschutz und der Verein Dresdner Töpfermarkt, dessen Mitglieder selbst Keramiker sind. Das Markttreiben ist umrahmt von Livemusik, Puppenspiel und anderer Unterhaltung. Auch für die Kulinarik ist gesorgt.

Töpfermarkt um Goldenen Reiter.
Tgl. 10–18 Uhr, Verein Töpfermarkt Dresden, Pillnitzer Landstr. 253, Tel. 01 74/994 33 78, www.toepfermarkt-dresden.de

AUTORENTIPP!

EIN PLATZ FÜR JEDERMANN

Im »Schwarzmarktcafé« treffen sich Makler, Juristen und Journalisten zu einem Plausch am Mittag. Gelegentlich kommen auch Politpromis auf einen Kaffee vorbei wie Altkanzler Helmut Kohl bei seinem Dresden-Besuch. Und auch nach einem Einkaufsbummel ist das Café neben der Markthalle ein beliebter Ort: Die Mischung aus Wiener Kaffeehaus und modernem Lifestyle-Ambiente zieht viele Dresdner und Gäste an. Die hohen Räume des Gründerzeithauses mit den großen Fenstern geben den Blick frei auf die Hauptstraße und lassen Gesprächen und Gedanken den nötigen Platz zum Fließen. Zu empfehlen sind der Café au Lait und die Kuchen und Torten. Und noch ein Plus: Die Frühstückskarte gilt bis zum Nachmittag.

Schwarzmarktcafé. Tgl. 8–2 Uhr, Hauptstr.36, Tel. 03 51/801 08 33

schmiedeeisernen Geländern, kunstvoll verzierten Eisentreppen und stimmungsvollen Gründerzeitlaternen bietet sie auf mehreren Etagen eine Mischung aus traditioneller Architektur und modernem Geschäftstreiben.

Dreikönigskirche

Die evangelische Pfarrkirche direkt gegenüber, urkundlich erstmals 1421 erwähnt, ist eines der dominierenden Bauwerke der Dresdner Neustadt. Nach einem großen Stadtbrand 1685 baute man sie wieder auf, aber schon 1732 ließ August der Starke sie wieder abreißen, weil sie der barocken Anlage der Hauptstraße im Wege stand. Danach wurde sie am heutigen Standort bis 1739 nach Plänen von Zwinger-Baumeister Matthäus Daniel Pöppelmann und Frauenkirchenarchitekt George Bähr neu errichtet, erhielt aber erst mehr als 100 Jahre später ihren 87,5 Meter hohen Sandsteinturm. Er ist seit 1999 zugänglich und bietet einen einmaligen Blick auf die gesamte Altstadt. Die Kirche brannte am 13. Februar 1945 völlig aus. In den Nachkriegsjahren wurde mit großem Engagement die Ruine enttrümmert. Gottesdienste konnten in der erhalten gebliebenen Turmkapelle gefeiert werden. Trotzdem gab es für die Dreikönigskirche – wie für viele andere Gotteshäuser auch – zu DDR-Zeiten Abrisspläne. Erst 1977, im Zuge der Umgestaltung der Hauptstraße, erteilte die SED-Regierung die Genehmigung zu ihrem Wiederaufbau. Mit Unterstützung von Kirchengeldern aus dem Westen wurde schließlich am 31. Oktober 1984 der Grundstein an dem fast vier Jahrzehnte lang ruinösen Sakralbau gelegt. Das »Haus der Kirche« wurde am 9. September 1990 geweiht. Für Gottesdienste steht nach dem Wiederaufbau nur noch ein Drittel der früheren Fläche zur Verfügung. Andere Räume werden für Tagungen, Ausstellungen und Konzerte genutzt.

Mittelpunkt der Kirche aber ist nach wie vor der inzwischen schwer beschädigte Barock-Altar. 1741 vom Hofbildhauer Johann Benjamin Thomae (1682-1751) geschaffen, zeigt er das biblische Gleichnis von den klugen und den törichten Jungfrauen. Jesus ist als Bräutigam im Strahlenkranz vor dem Hochzeitssaal, dem Himmelreich, dargestellt. Gegenüber des Altars erinnert das Renaissance-Steinrelief Dresdner Totentanz an die Endlichkeit des Seins. Das mittelalterliche Sandsteinrelief gilt als einzigartig in Mitteleuropa. Wie dem Rattenfänger von Hameln folgen dem Schalmei spielenden Tod in langen Reihen die Vertreter der verschiedenen Stände. Das Relief entstand 1534 und befand sich ursprünglich am Georgentor, dem früheren nördlichen Eingang zur Stadt. Beim Umbau des Tores übergab es August der Starke 1721 der Dreikönigsgemeinde. Von 1990 bis 1993 beherbergte das »Haus der Kirche« den ersten Sächsischen Landtag. Die konstituierende Sitzung fand am 27. Oktober 1990 im Festsaal statt, eine Bronzetafel am Eingang erinnert daran. Der Festsaal sollte auch wegen dem Wandgemälde Versöhnung von Werner Juza besucht werden, das biblische Inhalte mit aktueller Gesellschaftskritik verbindet.

Oben: Im herrlichen Garten des Japanischen Palais treffen sich im Sommer Künstler.
Unten: Kriegszerstörter Altar der Dreikönigskirche

Infos und Adressen

SEHENSWÜRDIGKEITEN

Kügelgenhaus – Museum der Dresdner Romantik. Mi–So 10–18 Uhr, Fr ab 12 Uhr freier Eintritt (außer feiertags), Hauptstr. 13, Tel. 0351/8044760, www.stadtmuseum-dresden.de

Dreikönigskirche – Haus der Kirche. Hauptstr. 23, Tel. 0351/8124100, www.hdk-dkk.de

ESSEN UND TRINKEN

Eiscafé Venezia. Das Café gleich neben dem Goldenen Reiter hat eine große Eisauswahl und bietet hauseigenes Gebäck an. Von den Außenplätzen hat man einen herrlichen Blick auf die Altstadtsilhouette. Tgl. 9–24 Uhr, Hauptstr. 2 a, Tel. 0351/8045458

Watzke. Im Gastraum steht die Johannesglocke, ein reich geschmückter Erstguss für die Dresdner Frauenkirche von 2002, der den klanglichen Anforderungen nicht ganz entsprach. Dazu gibt es selbstgebrautes Bier zu deftigen Speisen. Tgl. 11–24 Uhr. Hauptstr. 1, Tel. 0351/8106820, www.watzke.de

L'art de vie – Restaurant im Societaetstheater. Bei regelmäßigen Lesereihen und Livemusik speist man in angenehmer Atmosphäre jenseits der Tageshektik. Tgl. 10–24 Uhr. Tango-Bar mit Livemusik jeden ersten Di im Monat ab 21 Uhr, An der Dreikönigskirche 1 a, Tel. 0351/8027300, www.l-art-de-vie.de

Die Pastamanufaktur. Ausgewählte Zutaten, handwerkliche Sorgfalt und eine Prise mediterranes Lebensgefühl sind die perfekte Mischung für vielfältige Pastavariationen. Tgl.10–22 Uhr, An der Dreikönigskirche 3, Tel. 0351/3237799, www.diepastamanufaktur.de

Gründerzeit-Flair in der Markthalle

ÜBERNACHTEN

Gästewohnungen im Barockviertel. Geschmackvolles Freizeitwohnen in exzellenter Lage der Inneren Neustadt. Buchbar über Andreas Bley, Seminarstr. 26 (ist nicht die Anschrift der Gästewohnungen), Tel. 03 51/320 94 60, www.dresden-central.de

Bülow-Residenz. Aus dem einstigen Herrenhaus wurde luxuriöser Komfort in historischem Ambiente. Rähnitzgasse 19, Tel. 03 51/800 32 91, www.buelow-residenz.de

Hotel Martha Hospiz. Das Haus mit 100-jähriger christlicher Tradition ist barrierefrei und bietet 50 geschmackvoll eingerichtete Zimmer, von denen einige ebenso wie das Frühstücksrestaurant dem Biedermeier-Stil nachempfunden sind. Nieritzstr. 11, Tel. 03 51/817 60, www.hotel-martha-hospiz.de

EINKAUFEN

Markthalle. Die über 100 Jahre alte Markthalle wurde denkmalgerecht restauriert. Damit erwachte im Jahr 2000 ein neues Stück altes Dresden, das heute modernes Einkaufen in einer lichtdurchfluteten Halle mit schmiedeeisernen Geländern, kunstvollen Eisentreppen und Lampen aus der Gründerzeit ermöglich. Metzer Str. 1, Tel. 03 51/810 54 45, www.markthalle-dresden.de

Goldschmiedewerkstatt Barbara Oehlke. »Schmuckstücke sind kleine Skulpturen, die sich an den Körper anschmiegen.« In der Schauwerkstatt bekommt man den richtigen Eindruck zu dieser Aussage von Barbara Oehlke. Di–Fr 10–19 Uhr und Sa 10–16 Uhr, Hauptstr. 15, Tel. 03 51/802 47 74, www.barbaraoehlke.de

Kunst & Eros. Die Galerie zu einem besonderen Thema: In ständig wechselnden Ausstellungen widmet sich Galeristin und Künstlerin Janett Noack der zeitgenössischen erotischen Kunst in den Bereichen

Zünftig geht es in den Prager Bierstuben auf der Königsstraße zu.

Malerei, Grafik, Plastik, Fotografie und Videokunst verschiedenster Künstler. Zudem zeigt sie eigene Atelierarbeiten aus Porzellan. Di–Fr 16.30–19.30 Uhr und Sa 11–16 Uhr, Hauptstr. 15, Tel. 03 51/279 39 73, www.kunstunderos.de

Cornelia Minge. Von den internationalen Laufstegen nach Dresden. Die angesagten Looks der großen Designer und eine individuelle Stilberatung machen alles perfekt. Mo–Fr 10–19 Uhr und Sa 10–18 Uhr, Königstr. 3, Tel. 03 51/802 77 37, www.corneliaminge.de

VERANSTALTUNGEN

Societaetstheater. Di/Mi 16–20 Uhr, Do–Sa 14–20 Uhr, Mo/So/Feiertag ist die Abendkasse jeweils zwei Stunden vor Vorstellungsbeginn geöffnet. An der Dreikönigskirche 1, Tel. 03 51/803 68 10, www.societaetstheater.de

AKTIVITÄTEN

Turmbesteigung. Der Turm der Dreikönigskirche wurde zwischen 1853 und 1857 an das Kirchenschiff angebaut und ist etwa 87,5 Meter hoch. Von der Plattform hat man einen schönen Ausblick auf die historische Altstadt, die Weinberge Radebeuls sowie das Elbsandsteingebirge und das Osterzgebirge. März–Okt. Di 11.30–16 Uhr, Mi–Sa 11–17 Uhr und So/Feiertag 11.30–17 Uhr, Nov.–Feb. Mi 12–16 Uhr, Do/Fr 10–16 Uhr und So/Feiertag 11.30–16.30 Uhr, Hauptstr. 23 (Eingang D), Tel. 03 51/812 41 00, www.hdk-dkk.de

20 Barockviertel Königstraße

Mit Canaletto an der Dresdner »Kö«

Edle Bauten, schöne Innenhöfe – die barocke Prachtstraße verführt noch immer. Nahezu schnurgerade erstreckt sich die Königstraße vom Japanischen Palais zum Albertplatz. Für die Läden im Viertel sollte der Geldbeutel allerdings etwas voller sein als sonst.

Das Konzept des berühmten Barock-Baumeisters Matthäus Daniel Pöppelmann (1662–1736) sah eine etwa 340 Meter lange und 30 Meter breite lindenbepflanzte Straße mit zurückhaltenden, aber individuell gestalteten Häuserensembles vor – quasi als optischen Auftakt zum Japanischen Palais. Den Auftrag dafür erhielt er – wie immer in dieser Zeit – von August dem Starken (1670–1733). Dieser ließ nach dem verheerenden Stadtbrand von 1685, dem fast ganz Altendresden (die heutige Neustadt) zum Opfer fiel, an gleicher Stelle die Neue Königsstadt errichten. Deren Zentrum, die Königstraße, entstand zwischen 1722 und 1732. Die barocke Planstadt war geprägt von schmucken Innenhöfen, die zum Teil bis zur Rähnitzgasse und zum Wallgäßchen reichten, und einem reizvollen Wechsel aus Enge und Weite. Das Viertel – im Krieg kaum beschädigt – ist das einzige geschlossene Wohnensemble des bürgerlich-sächsischen Barock Dresdens, das in seiner ursprünglichen Form erhalten geblieben ist. Das im Jahr 1994 rekonstruierte Haus in der Königstraße 5a ist nach Akademieprofessor Philipp Daniel Lippert (1702–1785) benannt, dem Verwalter der Antikensammlung der Kunstakademie. Er bewohnte das Haus ab 1775. Auch die Häuser Nummer 10 und 12 sind wahre Perlen

Mitte: Die Läden in der Königstraße haben Exklusives.
Unten: Blick auf den Albertplatz

des Barock. Die Häuser an der Dreikönigskirche Nummer 3 und 5 und in der Rähnitzgasse Nummer 8 und 10 stammen noch aus der Anfangszeit der Neuen Königsstadt. Edel wie die Straßen sind auch die Läden, Kanzleien und Wohnungen. Einige Cafés und Restaurants sind reizvoll und nicht einmal so teuer. Schön sitzt man beim Spanier oder Italiener am Platz hinter der Dreikönigskirche oder am Wallgässchen in der Prisco-Passage. Auf den Nebenstraßen der »Kö« gibt es mehrere kleine feine Galerien und auch der Jazzclub »Tonne« hat hier im Keller des Kulturrathauses (1825) sein Domizil.

Augusts Porzellanschloss

Die Krönung der noblen Königstraße ist das Japanische Palais am Elbufer. Das Haus mit bewegter Geschichte wird zu Unrecht von der berühmteren Altstadtseite überstrahlt. August der Starke plante dort die Verwirklichung seines Lebenstraums: ein Schloss aus Porzellan. Dächer und Innenausstattung, einfach alles sollte aus Porzellan sein. Nachdem er das gerade eben erst erbaute Palais 1717 erworben hatte, beschäftigte er bereits führende Dresdner Architekten, darunter Matthäus Daniel Pöppelmann und Johann Christoph Knöffel (1686-1752), mit seinem Umbau. Die Vierflügelanlage im damals hochmodernen chinoisen Stil mit ihren fernöstlich geschwungenen Dächern zählt zu den Meisterwerken des Dresdner Barock. Allerdings konnte August der Starke seine Vision vom Porzellanschloss nicht realisieren: Zunächst zog 1721 die königliche Kunstkammer in das Palais ein, später tatsächlich die Porzellansammlung und ab 1785 die antiken Skulpturen, die Münzsammlung und die kurfürstliche Bibliothek. Auch das heute im Moritzburger Schloss präsentierte berühmte Federzimmer gehörte zum Interieur ebenso wie die Raffael-Gobelins, die heute in der Galerie Alte Meister gezeigt werden.

Oben: Unvollendetes königliches Porzellanschloss
Unten: Vorliebe fürs Exotische: Völkerkundemuseum

Skulpturenschmuck am
Japanischen Palais

Drei Museen vereint unter einem Dach

Im Zweiten Weltkrieg war auch das Japanische Palais schwer von den Bomben getroffen worden, dennoch waren bereits seit den 1950er-Jahren wieder zwei Museen darin untergebracht: das Landesmuseum für Vorgeschichte und das Museum für Völkerkunde Dresden. 2001 kam das Museum für Mineralogie und Geologie von den Senckenberg Naturhistorischen Sammlungen dazu. Die Wurzeln des Völkerkundemuseums liegen weiter zurück als der Bau des Palais selbst. Mit der Gründung einer Kunstkammer im Jahre 1560 legte der sächsische Kurfürst August I. (1526–1586) auch den Grundstein für diese heutige Sammlung. In den von ihm und seinen Nachfolgern gesammelten Objekten spiegelt sich ihre Vorliebe für Exotisches und Kurioses wider. Ein Glanzstück des Museums ist das Damaskuszimmer. Es gehört zu den ganz wenigen osmanischen Räumlichkeiten, die in Museen außerhalb des Orients zu finden und in vergleichbarer Weise gestaltet sind. Einblicke in die farb- und ornamentreiche Wohnkultur Westasiens geben in der Dauerausstellung auch verschiedene Textilien.

Hotel »Bellevue«

In unmittelbarer Nachbarschaft zum Japanischen Palais steht das Hotel »Bellevue«, das seinen Namen dem einmaligen Blick auf die Altstadt verdankt – dem weltberühmten Canaletto-Blick. Der Maler Bernardo Bellotto (1722–1780), genannt Canaletto, bannte 1748 unterhalb des Hotels am Elbufer das Panorama aus Brühlscher Terrasse, Frauenkirche, Kunstakademie mit Hofkirche und Semperoper auf seine Leinwand. Das so entstandene Dresden vom rechten Elbufer unterhalb der Augustusbrücke ist jetzt in der Galerie Alte Meister zu sehen. Am

AUTORENTIPP!

UMSONST UND DRAUSSEN

Malen auf der Wiese und dann auch noch direkt an der Elbe: Das und vieles mehr bietet für einen Monat der »Palais Sommer«, welcher jährlich im malerischen Garten des Japanischen Palais stattfindet. Beim Plein Air, dem Dresdner Bildermarkt, arbeiten Profikünstler und Autodidakten gleichermaßen. Die dabei entstandenen Werke werden im Park in einer Abschlussausstellung der Öffentlichkeit vorgestellt und mit dem Canaletto-Preis prämiert. Auf dem Kulturfestival ist auch klassische Musik – vor allem Klaviermusik – zu genießen, ergänzt durch verschiedene Rahmenprogramme zum Thema Hörspiel, Ballett und Poesie. Und die Besonderheit: Das Festival ist kostenlos und finanziert sich ohne Zuschüsse aus öffentlichen Haushalten ausschließlich aus privater Hand: Einfach mal hingehen und in einem der Liegestühle dem harren, was da kommt!

Palais Sommer. Mehr Infos unter: www.palaissommer.de

AUTORENTIPP!

NICHT BRAD BITT – CANALETTO

Jedes Jahr im Juli und August ziehen 150 000 Filmfreaks zur Elbe. Dann verwandelt sich das Neustädter Ufer ins größte Freilichtkino Deutschlands. Dafür stehen neben der »größten mobilen Leinwand der Welt« Tausende von Stühlen bereit oder einfach die Stufen unterhalb der Staatskanzlei. Die Leinwand kann, um tagsüber optisch nicht zu stören, eingefahren werden und dient – um 90 Grad gedreht – als Dach über der Konzertbühne. Auf dem Programm stehen seit 1991 das aktuelle Kinoprogramm ebenso wie Kultfilme und Premieren. Und nicht nur das ganz große Kino wird gezeigt, es gibt auch Livekonzerte und ein Familienprogramm, dazu einfache Getränke und Snacks. Das Beste aber ist die Atmosphäre und: nein, nicht der Blick auf Brad Pitt oder Bilbo Beutlin – sondern auf die atemberaubende Silhouette der Altstadt, die Canaletto in eine Vedute goss.

Kino am Elbufer. Mehr Infos unter: www.filmnaechte-am-elbufer.de

Standort wurde in jüngster Zeit ein Bilderrahmen aufgestellt, durch den man sich selbst ein Bild von Canalettos Aussicht machen kann. Das »Westin Bellevue Hotel Dresden« hat eine unglaubliche Geschichte: Es wurde noch zu DDR-Zeiten in den 1980er-Jahren von schwedischen und deutschen Firmen gebaut. Die Pläne für den Prestigebau lieferte jedoch der japanische Architekt Takeshi Inoue, der seiner eigenen Tradition gemäß auch den Garten mit Kirschbäumen bepflanzte. Gedacht war dieses Interhotel für Gäste aus dem westlichen Ausland und unterstand der Abteilung Touristik des Ministeriums für Staatssicherheit. In den Neubau wurde in letzter Minute das historische Gebäude integriert, das als Einziges an der vormals barocken Großen Meißner Straße die Bombardements des Zweiten Weltkriegs überstanden hatte. Bei den Bauarbeiten fand man unter barockem Stuck, der mit dem Umbau 1732 nach Plänen von George Bähr (1666–1738) und Matthäus Daniel Pöppelmann angebracht worden war, Malereien auf Holztafeln des 17. Jahrhunderts. Damals wurde hier Malzbier gebraut, der Pferdestall befand sich in der heutigen Hotellobby. Der Sächsische Hof erwarb das Brauhaus, um eine Kanzlei darin unterzubringen, ab 1736 war es Sitz von Ministerien und beherbergte bis 1904 das Justizministerium. Nach dem Zweiten Weltkrieg bezog eines der ganz wenigen Familienunternehmen in der DDR das Haus: die nicht staatlich geführte Eisenwarenhandlung »Heckers Sohn«. Bei dem Jahrhunderthochwasser der Elbe 2002 wurde auch das Luxushotel »Westin Bellevue Hotel Dresden« massiv in Mitleidenschaft gezogen: Die zum Garten gelegenen Konferenzräume, Terrassen und das Nobelrestaurant »Canaletto« standen im Wasser. Während der sechsmonatigen Renovierungsarbeiten blieb das Hotel geschlossen, um bei der Wiedereröffnung dann mit mehreren neuen Luxussuiten und einer Präsidentensuite aufzuwarten.

Infos und Adressen

SEHENSWÜRDIGKEITEN

Japanisches Palais. Museum für Völkerkunde, Damaskuszimmer. Di–So 10–18 Uhr, Palaisplatz 11, Tel. 03 51/814 48 40, www.skd.museum

ESSEN UND TRINKEN

Wenzel Prager Bierstuben. Tschechisch-böhmische Gastlichkeit und rustikale Holztische. Tgl. 11–24 Uhr, Königstr. 1, Tel. 03 51/804 20 10, www.wenzel-bierstuben.de

Chirel Chocolade & Caffee. Das besondere Ambiente für schokoladige Verführungen und erlesenen Kaffeegenuss. Mo–Fr 10–19 Uhr und Sa 10–16 Uhr, Königstr. 4, Tel. 03 51/426 66 97, www.chirel.de

Elbsegler Dresden. Der Biergarten ist Kult im Sommer – direkt am Elbufer mit Blick auf die Skyline Dresdens. Tgl. April–Sept. (je nach Wetterlage), Große Meißner Str. 15, Tel. 03 51/805 17 84, www.westinbellevuedresden.com/de/elbsegler

Die Bülow-Residenz will anspruchsvoller Gastgeber sein.

Rustikale Einkehr im »Wenzel«

ÜBERNACHTEN

Bülow Palais. Exklusives Fünf-Sterne-Hotel mit einer persönlichen Handschrift für Genießer und Liebhaber in direkter Nachbarschaft zur Dreikönigskirche. Königstr. 14, Tel. 03 51/800 30, www.buelow-palais.de

Westin Bellevue Dresden. Das Hotel bezaubert durch seine Eleganz, den Canaletto-Blick und die romantischen Bellevue-Gärten an der Elbe. Große Meißner Str. 15, Tel. 03 51/80 50, www.westinbellevuedresden.com

Motel One Dresden-Palaisplatz. Viel Design für wenig Geld. Palaisplatz 1, Tel. 03 51/655 73 80, www.motel-one.com

VERANSTALTUNGEN

Jazzclub Tonne. Die »Tonne« gibt es seit Anfang der 1980er-Jahre. Königstr. 15, Tel. 03 51/802 60 17, www.jazzclubtonne.de

21 Albertplatz

Der Junge auf der Mauer

Der fast kreisrunde Albertplatz in der Inneren Neustadt galt als einer der schönsten Rundplätze Deutschlands. Von den reich mit Bäumen ausgestatteten Grünflächen blieb nur weniges erhalten. Mit zunehmendem Verkehr wurde aus dem stillen Flanierplatz ein belebter Ort.

Unten: Das schmucke Brunnenhaus von Hans Erlwein

Der Platz, auf den neun Straßen sternförmig zulaufen, wurde zwischen 1817 bis 1829 nach einem Entwurf von Johann Carl Friedrich Bouché (1850–1933) angelegt, später aber zum Teil wenig schön umbaut. In seiner Mitte sprudeln im Sommer aber immer noch die Zwillingsbrunnen »Stürmische Wogen« (westlich) und »Stille Wasser« (östlich). Entworfen von Robert Diez (1844–1922) wurden sie 1894 in Betrieb genommen. Die Figuren sind aus Bronze, die Becken aus Granit. Außerdem gibt es am Nordrand des Platzes eine artesische Quelle. Sie bezieht ihr Wasser aus etwa 240 Metern Tiefe durch ein Bohrloch, das sich westlich des Hochhauses in einem kleinen Häuschen mit pyramidenförmigem Dach befindet. Das schmucke Brunnenhaus, genannt »Tempietto«, geht auf einen Entwurf von Hans Erlwein (1872–1914) zurück, der Brunnen wurde zwischen 1832 und 1836 von Freiberger Bergleuten getauft. Sein Wasser hat konstant eine Temperatur von 16 Grad im Winter wie im Sommer. Rund um den Albertplatz sind einige imposante Denkmäler und Bauten zu finden. Gleich gegenüber vom Artesischen Brunnen erhebt sich das 40 Meter hohe »DVB-Hochhaus«. Jahrzehntelang war es Sitz der Dresdner Verkehrsbetriebe (DVB). 1929 für die Sächsische Staatsbank gebaut, ist es mit seinen elf Etagen eines der ersten Hochhäuser

in Stahlbetonskelettbauweise in Deutschland und gehört zu den wenigen erhaltenen Gebäuden der Vorkriegsmoderne in der Elbestadt.

Kästner-Haus

Direkt gegenüber auf der anderen Straßenseite steht die Villa Augustin. Auf der Mauer sitzt ein kleiner Junge. Der ungarische Künstler Matyas Varga schuf 1999 die Bronzefigur – eine Hommage an Erich Kästner (1899–1974). In seinem Buch Als ich ein Kleiner Junge war beschreibt Kästner, wie er auf der Mauer der Villa seines Onkels Augustin sitzt und dem Treiben auf dem Albertplatz zuschaut. Der später in München lebende Schriftsteller wurde unweit des Platzes in einem Haus an der Königsbrücker Straße geboren und verbrachte in der Neustadt seine Kindheit. Die Villa ist heute Sitz des Erich Kästner Museums. Im früheren Wintergarten lädt das Micromuseum des irischen Architekten Ruairí O'Brien zu einer interaktiven Beschäftigung mit Kästner ein. Außerdem können neben den Werken des Schriftstellers

Oben: Vor dem Einkaufen Abkühlen
Unten: Erich Kästner lebte als Kind in der Dresdner Neustadt.

AUTORENTIPP!

KLEINE BÜHNE GANZ GROSS
Nur unweit des kriegszerstörten Albert-Theaters betreibt das Staatsschauspiel Dresden das Kleine Haus. Es werden vor allem Stücke zeitgenössischer und internationaler Autoren aufgeführt, auf einer »Bürgerbühne« können auch Laien ihre Theaterkünste ausprobieren. Das Gebäude auf der Glacisstraße hat eine wechselvolle Geschichte: Im 17. Jahrhundert diente es als Festung »am Glacis«, im 19. Jahrhundert war es Wohnhaus, 1930 Kneipe mit Ballsaal und danach Kirche. Schon 1816 wurde der heutige Zuschauersaal angebaut. Mit Genehmigung der Kirchengemeinde konnte am 10. Juli 1945 die erste Nachkriegsaufführung des Staatstheaters Dresden mit Nathan dem Weisen stattfinden. Am 15. Januar 2005 wurde das Theater nach der jüngsten Sanierung mit der Uraufführung Der Mann ohne Vergangenheit des finnischen Filmemachers Aki Kaursismäki wiedereröffnet.

Kleines Haus. Weitere Infos unter: www.staatsschauspiel-dresden.de

Das Erich Kästner Museum informiert über Leben und Werk des Autors.

Lebenszeugnisse und Sekundärliteratur angeschaut werden. Die Villa ist auch Literaturhaus, Sitz des Dresdner Literaturbüros und Austragungsort der Erich-Kästner-Tage. Am Übergang vom Albertplatz zur Alaunstraße gibt es noch ein zweites Kästner-Denkmal. Die 1,7 Meter hohe Bronze von Wolf-Eike Kuntsche erinnert mit übereinandergestapelten Büchern und Kästner-Zitaten an den Schriftsteller. Ebenfalls am Albertplatz steht die neobarocke Villa Eschenbach des Küchenfabrikanten und Kunstmäzens Carl Emil Eschebach (1842–1905). Das zweigeschossige Haus von 1903 erhielt Räume für Kunstausstellungen und an der Südseite einen Wintergarten über mehrere Terrassen, der für Dreharbeiten bei Stummfilmen genutzt wurde. In der Villa fanden oft auch die Premierenfeiern des benachbarten Albert-Theaters statt, das 1945 ausbrannte. Die Villa ging im Jahr 1924 an die Sächsisch-Böhmische Dampfschiffahrtgesellschaft. Im Februar 1945 brannte sie vollkommen aus und wurde notdürftig wiederaufgebaut. 1993 erwarb die Volksbank Raiffeisenbank das Gebäude und ließ es in den Folgejahren sanieren. Westlich des Platzes, vor allem in der Theresienstraße, sind sehr schöne Wohnhäuser, zum Teil im Biedermeierstil, zu finden. Der Bereich wurde 1817 in mehrere Gartengrundstücke aufgeteilt und danach locker bebaut. Zwischen Hauptstraße und südlichem Albertplatz erinnert seit 1993 ein Gedenkstein an Jorge Gomondai. Der Mosambikaner (1962–1991) war erstes Opfer eines fremdenfeindlich motivierten Überfalles in Dresden nach der politischen Wende. Der kleine Platz wurde 2007 nach ihm benannt. Der zentrale Albertplatz führte bereits viele Namen. Zunächst wurde er als Bautzner Platz angelegt, 1871 jedoch nach dem späteren Königs Albert I. (1828-1902) benannt. 1945 hieß er dann Platz der Roten Armee, ab 1946 Platz der Einheit. Schließlich erfolgte 1991 die Rückbenennung in Albertplatz.

Infos und Adressen

SEHENSWÜRDIGKEITEN

Erich Kästner Museum. So–Fr 10–18 Uhr, Do nur auf Anmeldung, Antonstr. 1, Tel. 0351/8045086, www.erich-kaestner-museum.de

Villa Eschebach. Die Dresdner Volksbank Raiffeisenbank zeigt in ihren Räumlichkeiten regelmäßig Ausstellungen. Georgenstraße 6, Tel. 0351/81311411, www.ddvrb.de

ESSEN UND TRINKEN

Klara – Bistro und Kantine im Kleinen Haus. Theateratmosphäre pur. Zwischen Vorstellungen und Proben trifft man Schauspieler und Theaterleute. An allen Vorstellungstagen 9–23 Uhr, Glacisstr. 28, Tel. 0351/4913615, www.staatsschauspiel-dresden.de/service/gastronomie

Ost-Pol. Kneipe im DDR-Look, Möbel, Gardinen, Interieur alles wie damals, mit kultigen Livekonzerten. Mo–Sa ab 20 Uhr, Königsbrücker Str. 47, www.ost-pol.de

ÜBERNACHTEN

Hostel Kangaroo-stop. Gemütliche Unterkünfte in ruhiger Seitenstraße – die Bandbreite geht vom Einzelzimmer über Ferienwohnungen bis zum Zehn-Bett-Schlafsaal. Erna-Berger-Str. 8–10, Tel. 0351/3143455, www.kangaroo-stop.de

Die Dreikönigskirche ist das Wahrzeichen der Dresdner Neustadt.

Doppelbrunnen am Albertplatz

EINKAUFEN

Japée HUTkunst DRESDEN. Hutladen nach dem Motto Oskar Wildes: »In unserem Zeitalter sind unnütze Dinge unbedingt nötig.« Di–Fr 12–19 Uhr und Sa 10–14 Uhr, Bautzner Str. 6, Tel. 0351/8108200, www.hutkunst-japee.de

Art und Form. Ladengalerie mit Schmuck, Geschenken und Kunsthandwerk. Rahmungen in eigener Werkstatt. Bautzner Str. 11, Tel. 0351/8031322, www.artundform.de

VERANSTALTUNGEN

Staatsschauspiel Kleines Haus. Karten: Mo–Fr 14–18.30 Uhr, Abendkasse jeweils 60 Min vor Vorstellungsbeginn geöffnet, Glacisstr. 28, Tel. 0351/4913555, www.staatsschauspiel-dresden.de

Mitte: Geschäftigkeit in der Dresdner Neustadt
Unten: Das Eldorado der Cafés und Kneipen
Oben rechts: Häuser der anderen Art im Kunsthof

22 Rundgang durchs Szeneviertel

Bunte Alternative zum Barock

Es gilt als der Prenzlauer Berg von Dresden: bunt, kinderreich, turbulent, alternativ und kommerziell präsentiert sich das Szeneviertel Neustadt. Nicht nur die Kneipen in Louisen- und Alaunstraße machen den Besuch zur Pflicht. Kein Dresdner Viertel ist so vital wie dieses und keines ändert so häufig sein Gesicht.

Der Rundgang startet an der Einmündung Albertplatz/Alaunstraße Ⓐ. Nach knapp 300 Metern findet sich rechts ein kleiner Platz, den die Stadt aus einer Brachfläche schuf. An Samstagen hat sich hier ein kleiner Flohmarkt etabliert, in den Abendstunden sammeln sich im Sommer häufig Neustadtpunks. Nach rechts führt die Tour weiter in die Böhmische Straße. Wer Skatermode und DJ-Outfit benötigt, kommt in den kleinen Läden auf seine Kosten. Müttern drückt die Geldbörse regelmäßig im schicken »Au Chérie« Ⓑ, das ungewöhnliche Kinder- und Damenmode und Wohnaccessoires verkauft. Unmittelbar hinter der Kreuzung zur Görlitzer Straße lohnt ein kleiner Umweg. Nach links zweigt ein Innenhof ab, der das Nordbad Ⓒ beherbergt. Das Bad mit Jugendstilelementen wurde nach 1990 saniert und ist heute mit Sauna und Kinderschwimmkursen ein beliebter Freizeittreff. Zurück auf der »Böhmischen« locken rechts das »Raskolnikow« Ⓓ mit einem stimmungsvollen Innenhof sowie das »Lloyd's« Ⓔ, dessen Frühstücksangebot zum Schlemmen einlädt. Der sich anschließende Martin-Luther-Platz hat im Zentrum eine markante, 1883 errichtete evangelische Kirche Ⓕ. Der mehr als 1000 Menschen fassende neoromanische Bau ist nicht nur von außen faszinierend, innen zählt ein wiederhergestellter Sternenhimmel zu den Attraktionen. Wer sonntags in der Martin-Luther-Kirche den Gottesdienst besucht, dem fallen schon von Weitem die vielen Kinderwägen auf – neben den Kneipen ist die Neustadt vor allem ein Familienviertel. Um die Kirche herum geht es an der anderen Seite des Platzes nach rechts in die Martin-Luther-Straße. Bemerkenswert ist der kleine Caféladen mit englischen Spezialitäten »England, England« G. Dann weiter auf die Kneipenmeile, die Louisenstraße. Von Shisha-Lounges über Currywurst, Döner bis hin zum Pub findet sich hier fast alles. Nette Kneipen, auch zum Frühstücken oder auf einen Kaffee, sind das »Blumenau« H und das »Max« I.

Rundgang durch das Szeneviertel Äußere Neustadt

- A **Albertplatz/Alaunstraße**
- B **Au Chérie**
- C **Nordbad** – Schönes Schwimmbad mit Jugendstilelementen
- D **Raskolnikow**
- E **Lloyd's**
- F **Martin-Luther-Kirche**
- G **England, England**
- H **Blumenau**
- I **Max**
- J **Alaunplatz**
- K **Scheune**
- L **Alter Jüdischer Friedhof**

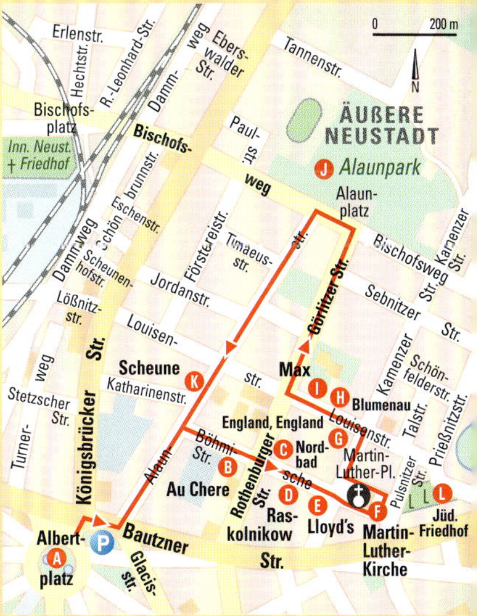

AUTORENTIPP!

ALTER JÜDISCHER FRIEDHOF L

Versteckt und unauffällig liegt der Alte Jüdische Friedhof an der Pulsnitzer Straße nahe der Martin-Luther-Kirche. Erst Ende des 20. Jahrhunderts als geschichtlich bedeutsamer Ort wiederentdeckt, ist er im Rahmen einer Führung wieder zugänglich. Der Friedhof wurde 1751 angelegt und ist damit der älteste jüdische Friedhof in Sachsen. Nach Eröffnung des Neuen Jüdischen Friedhofs in der Johannstadt wurde er bereits im 19. Jahrhundert geschlossen. Zwischen mächtigen Linden- und Ahornbäumen, teilweise mit Pflanzen überwuchert, liegen mehr als 1000 Gräber. Den meisten der rund 800 Grabsteinen aus Sandstein hat die Witterung zugesetzt und dafür gesorgt, dass viele Inschriften nicht mehr zu lesen und einige Steine umgefallen sind. An diesem verwunschenen Ort lohnt es sich, einige Zeit zur inneren Einkehr und Muße zu verweilen.

Alter Jüdischer Friedhof. Führungen über den Verein Hatikva. Pulsnitzer Str. 10, Tel. 03 51/802 04 89 www.hatikva.de

Zwischen Kommerz und Anarchie

Die Straße zeigt: Die Neustadt firmiert als buntes, aber auch kommerzielles Ausgehviertel. Jedes Jahr am zweiten Juniwochenende ist die »Louise« das Herzstück der »Bunten Republik Neustadt«. Dieses größte alternative Straßenfest Ostdeutschlands mit rund 100 000 Besuchern hat eine bewegte Geschichte hinter sich. Gegründet als ironische Replik auf die Wiedervereinigung mit eigener Währung, wuchs es stetig. Nach heftigsten Ausschreitungen oft angetrunkener Besucher hat sich die Lage in den vergangenen Jahren beruhigt. Neben nächtlichen Partys dominieren mittlerweile auch Familienangebote. Auf der Louisenstraße geht es nach links bis zur Görlitzer Straße. Sie wiederum führt an Bars vorbei nach rechts zum Alaunplatz J. Der Park ist im Sommer Ort für Gaukler, Studenten und Grillwütige, Sambatrommeln klingen, es wird gefeiert. Im Winter wird er gern zum Rodeln genutzt, auch einen Kindergarten gibt es mitten im Park, und mehrmals in der Woche macht ein Markt Station. Am Park entlang führt der Bischofsweg nach links zur Alaunstraße.

Schon als FDJ-Treff beliebt

Nicht unbedingt ein Geheimtipp ist die dortige Scheune K samt Gastronomie und Konzerten. Bereits die »Freie Deutsche Jugend« bespaßte hier Heranwachsende. Das Areal ist im Sommer voller Partywütiger. Am Albertplatz endet der Rundgang, falls nicht noch jemand in der Katharinenstraße gegenüber der Scheune in einem Club tanzen will. Dort sind auch wunderbare Jugendstilhäuser erhalten (Nr. 3 und 5). Heute leben in der Neustadt viele Familien, ehemalige Hausbesetzer und Senioren einträglich zusammen. Aber nicht nur Alteingesessene beklagen die steigenden Mieten.

Infos und Adressen

ESSEN UND TRINKEN

Oosteinde. Verwinkelte Kellerräume mit Atmosphäre, Beneluxbierspezialitäten, frische Salate, Biergarten am Ufer der Prießnitz. Tgl. ab 16 Uhr und So ab 10 Uhr, Prießnitzstr. 18, Tel. 03 51/802 36 22, www.oosteinde.de

England, England. Urgemütlicher Teeraum mit Büchern, meist gut besucht, very british. Treffpunkt für alle Englandfans. Di–Sa 12–20 Uhr, So 10–18 Uhr, Martin-Luther-Str. 25, Tel. 03 51/329 501 50, www.englandengland.de

Raskolnikoff. Hinter einer unscheinbaren Fassade verbirgt sich ein sympathisches Restaurant mit Pension. Alles wird frisch zubereitet, die Preise sind moderat und im gemütlichen Innenhof kann man draußen sitzen. Tgl. 10–2 Uhr, Sa/So schon ab 9 Uhr, Böhmische Str. 34, Tel. 03 51/804 57 06, www.raskolnikoff.de

La casina rosa & piccola. Eines der wenigen italienischen Restaurants, wo der (sympathische) Chef selbst kocht. Vor allem süditalienische Küche. Alaunstr. 93, Mo 17.30–23.30 Uhr, Di–Sa 11.30–14 Uhr und 17.30–23.30 Uhr, Tel.: 03 51/8 01 48 48, www.la-casina-rosa.de

ÜBERNACHTEN

Louise20 Hostel. Ein Haus mit 90 Betten in 14 Zimmern und fünf Apartments über der bekannten Kneipe »Planwirtschaft«. Man ist einfach mittendrin im Kultviertel. Louisenstr. 20, Tel. 03 51/889 48 94, www.louise20.de

AUSGEHEN

Scheune. Vielfältiger Veranstaltungskomplex. Alaunstr. 36/40,Tel. 03 51/32 35 56 40, www.scheune.org

VERANSTALTUNGEN

Stadtteilfest »Bunte Republik Neustadt«. Dabei sein und sich treiben lassen. Jährlich im Juni, www.brn-dresden.de

Scheune Schaubudensommer. Internationales Sommerfestival für Theater, Vergnügen und Musik. Ein bisschen wie im Wunderland. Immer im Juli. www.schaubudensommer.de

AKTIVITÄTEN

Panama. Kleiner Bauernhof mitten in der Stadt mit Abenteuerspielplatz. Seifhennersdorfer Str. 2, Tel. 03 51/803 87 48, www.asp-panama.de

Graffiti sind keine Seltenheit im Szeneviertel.

23 Kunsthof

Regentheater und Fabelwesen

Mitten in der Neustadt lädt der Kunsthof den Besucher ein, seine Seele baumeln zu lassen. Neben Cafés und Restaurants bieten individuelle Läden die Möglichkeit zum Stöbern und Bummeln. Wer will, kann auch selbst aktiv werden.

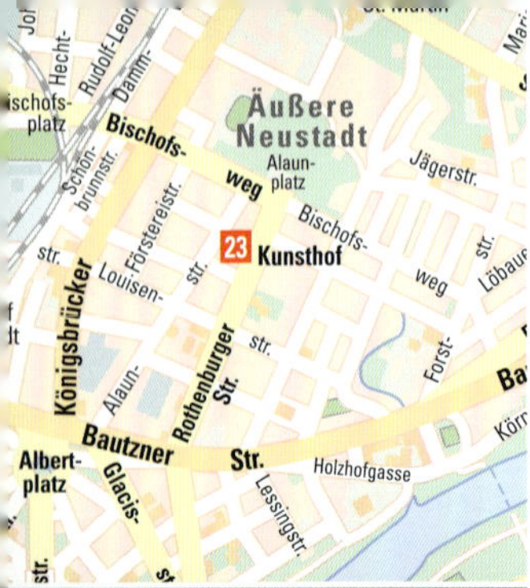

Die 1999 zwischen Alaunstraße und Görlitzer Straße eröffneten Kunsthofpassagen geben Anlass zu zahlreichen Entdeckungen. Kontrastreich wurden mehrere kleine Höfe nach bestimmten Themen künstlerisch und architektonisch gestaltet, detailreiche Fassaden laden zum Entschlüsseln ein.

Mitte: Das Element Wasser nimmt seinen Lauf.
Unten: Trendige Klamotten gibt es in den Kunsthofpassagen.

Hof der Elemente

Wasser und Licht stehen hier im Mittelpunkt. Die drei Künstler Annette Paul, Christoph Roßner und André Tempel ließen sich von der bizarren Architektur St. Petersburger Fallrohre inspirieren, die dort in Windungen über die Fassaden laufen. Für Dresden schufen sie im Hof des Wassers ein Regentheater. Vor einer blauen Häuserwand ergießt sich das Wasser durch ein System aus Rohren und Trichtern und wird von einem Becken aufgefangen. Gegenüber sind im Hof des Lichts goldfarbene Alubleche auf die sonnengelbe Wand montiert. Sie wirken wie hingeweht und reflektieren vielfach das einfallende Licht. Zum Hof der Elemente gehört auch eine grüne Fassade mit Giraffe und Affenherde, die von Fenster zu Fenster springt. In die Wohnungen zwischen den Tierreliefs möchte man sofort einziehen. Genau gegenüber bietet das Feng-Shui-Haus alles, was für Harmonie und Seele zuständig ist. Feiner Duft und beruhigende Musik empfangen den Besucher, der in dem

Laden zwischen Büchern, Räucherstäbchen und Duftlampen so manches andere findet. In der Teestube mit ihren Beduinenkissen fällt die Wahl schwer: Zwischen 100 Teesorten müsste aber für jeden etwas Passendes dabei sein. Das Feng-Shui-Haus bietet auch Vorträge und Meditationskurse an.

Hof der Fabelwesen

In Richtung Görlitzer Straße liegt der Hof der Fabelwesen. Die Häuserwand ist aus Sgraffito und Mosaik gestaltet, die Künstlerin Viola Schöpe bestückte die Fläche mit unterschiedlichen Ornamentfliesen. Einige stammen aus portugiesischen Manufakturen, die roten und blauen Fliesen kommen aus Italien, die goldenen aus Meißen. Zu sehen sind Tiere und Fantasiefiguren. Auf der südlichen Fassade ist der Fluss des Lebens abgebildet, die nördliche Fassade führt dagegen ins Astralreich der höheren Energien. Schöpe gestaltete Sterne, Kometen und symbolisch die Liebe als das alles durchdringende Element des Universums.

Hof der Metamorphose

Das von Arend Zwicker geschaffene Areal wirkt im Gegensatz zum belebten Hof der Tiere eher kühl, aber harmonisch. Die sechs 15 Meter langen, schweren Schilde an der Hausfassade bergen ein Geheimnis, das erst in den Abendstunden gelüftet wird. In ihrer gekrümmten Oberfläche sind Glasfaserbündel eingelassen, die abends von verdeckten Projektoren zum Leuchten gebracht werden. 24 verschiedene Papiere, die in Metallrahmen an den Außenwänden hängen, wurden je zur Hälfte in Leinöl eingetaucht. Da sie der Witterung ausgesetzt sind, verändern sie ihre Struktur – eine Art Langzeitversuch.

Infos und Adressen

SEHENSWÜRDIGKEITEN

Kunsthofpassage. Görlitzer Str. 23, Tel. 03 51/802 54 45, www.kunsthof-dresden.de

ESSEN UND TRINKEN

Teestube im Feng Shui-Haus. Mo–Fr 11–20 Uhr, Sa 10–18 Uhr, So 13–18 Uhr (Sommer), Mo–Fr 11–19 Uhr, Sa 10–16 Uhr, So geschl. (Winter), Görlitzer Str. 21, Kunsthof-Passage, Tel: 03 51/810 54 98, www.fengshui-haus-dresden.de

Kneipenrestaurant »lila Soße«. Lila Soße? Man sollte sich überraschen lassen. Mo–Fr ab 14 Uhr und Sa/So ab 12 Uhr, Alaunstr. 70, Hof der Fabelwesen, Tel. 03 51/803 67 23, www.lilasosse.de

Weinkult – Vinothek im Kunsthof. Schlenderwein und kleine Herzhaftigkeiten. Mo–Sa ab 11 Uhr, Görlitzer Str. 25, Hof des Lichts, Tel. 03 51/646 53 55, www.weinkult-dresden.de

ÜBERNACHTEN

Hostel Lollis Homestay. Backpacker und kurzentschlossene Reisende sollten einfach vorbeikommen – es gibt immer Betten ohne Reservierung. Görlitzer Str. 34, Tel. 03 51/810 84 58, www.lollishome.de

EINKAUFEN

Atelier Sabine Vittinghoff. Die im Ladenatelier gezeichnete Fruchtfliege menschelt und ist Kult. Mo–Fr 10–19 Uhr und Sa 10–16 Uhr, »Winterschlaf« von Mitte Jan.–Mitte Feb., Görlitzer Str. 23, Hof des Lichts, Tel. 03 51/802 41 21, www.fruchtfliege.com

24 Pfunds Molkerei

Gesunde Milch in Bilderbuchkulisse

Ein Geschäft wie im Märchen – das ist der »schönste Milchladen der Welt«: »Pfunds Molkerei«. Weil er mit 247,90 Quadratmetern handbemalter Fliesen ausgestattet ist, kam er 1998 ins Guinness Buch der Rekorde. Villeroy&Boch rekonstruierten einen Teil der Fliesen im Neorenaissance-Stil in Zusammenarbeit mit Dresdner Künstlern.

Schön anzuschauen ist er, der Milchladen der Gebrüder Pfund, der Scharen von Besuchern anzieht. Die Wände und Decken zieren Landschaften mit weidenden Kühen, Schmetterlingen und anderen Tiere sowie zahlreiche Putten und Engel. Alles ist mit Ranken, Blüten und Bändern verziert. Am Eingang des Geschäfts ist der Milchbrunnen erhalten. Er wurde originalgetreu rekonstruiert und steht seit 2009 an seinem ursprünglichen Platz. Milch wird hier allerdings nicht mehr verkauft, dafür aber ihre Produkte in allen erdenklichen Formen. 2012 wurde das Käseparadies um einen hinteren Verkaufsraum erweitert unter einer 100 Jahre alten Glasdecke aus Jugendstilornamenten, Blumen- und Landschaftsbildern sowie Kindern in den vier Jahreszeiten.

Gesundes für die Stadt

Der Laden wurde 1891 von dem späteren Geheimrat Paul Pfund (1849–1923) in der Bautzner Straße eingerichtet. Der Landwirt aus Reinholdshain kam Ende des 19. Jahrhunderts mit seiner Frau Mathilde, sechs Kühen, ebensoviel Schweinen und festen Vorstellungen nach Dresden: Er wollte die Stadt mit gesunder Milch versorgen. 1880 gründete er

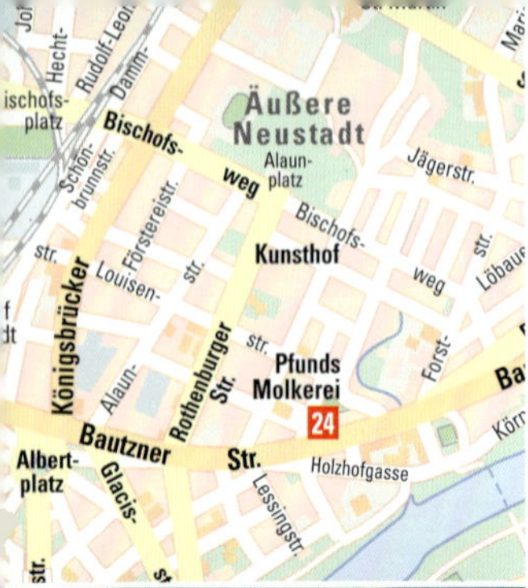

Mitte: »Pfunds Molkerei« - Laden der bunten Fliesen
Unten: An der Theke wird keine Milch, aber Käse verkauft.
Oben rechts: Detail aus Kachelbild

die Dresdner Molkerei Gebrüder Pfund, die sich im Laufe der Jahre zu einem erfolgreichen, weltweit exportierenden Unternehmen entwickelte. Seinerzeit kam die Milch von den umliegenden Dörfern in offenen Wagen in die Stadt, wenig hygienisch und deshalb für Pfund eine Herausforderung. Er gründete ein Lädchen in der Görlitzer Straße und ließ die Kundschaft durch ein Fenster im Verkaufsraum zusehen, wie die Kühe gemolken, die Milch zweimal durch feine Tücher geseiht und abgekühlt wurde. Der Kreis der Bezieher wurde immer größer und Pfund zog um in die Bautzner Straße. Dort begann der eigentliche Siegeszug des nun bereits über die Grenzen Dresdens hinaus bekannt gewordenen Unternehmens. Anfangs war auch Pauls Bruder, der Schauspieler Friedrich Pfund, am Geschäft beteiligt. Er starb jedoch 1883. Später arbeiteten Paul Pfunds Söhne Kurt und Max im Betrieb mit.

Soziales Unternehmen mit Erfolg

Zunächst wurden täglich etwa 150 Liter Milch verkauft, in den 1930er-Jahren waren es schon 60 000 Liter, die zu Milchprodukten aller Art verarbeitet wurden. Wegen der Überproduktion von Milch stellte Pfund als erster in Deutschland Kondensmilch her und verkaufte auch Milchseife und Babynahrung. Die Firma erwies sich als ein soziales Unternehmen mit eigenen Dienstwohnungen, einem Kindergarten, einem Festsaal und anderen Einrichtungen. Pfund richtete auch Tierzuchtanlagen ein, eine Etiketten- und Reklamedruckerei sowie eine Stellmacherei und Beschlagschmiede.

Infos und Adressen

SEHENSWÜRDIGKEITEN

Dresdner Molkerei Gebrüder Pfund. Mo–Sa 10–18 Uhr und So/Feiertag 10–15 Uhr, Bautzner Str. 79, Tel. 03 51/80 80 80, www.pfunds.de

ÜBERNACHTEN

Ferienwohnung Kretzschmar. Nichtraucherferienwohnungen um einen großzügigen Hof. Holzhofgasse 15, Tel. 03 51/804 19 74, www.ferienwohnung-kretzschmar.de

Hotel Privat. Nichtraucherhotel in der Villengegend Preußisches Viertel, vegetarische und vegane Speisen, auf Allergiker abgestimmt. Forststr. 22, Tel. 03 51/81 17 70, www.das-nichtraucher-hotel.de

EINKAUFEN

Ostmarkt – Das Dresdner Original. Typisches aus der DDR. Mo–Sa 9.30–17.30 Uhr und So 9.30–15 Uhr, Bautzner Str. 81, Tel. 03 51/563 87 81, www.eshop.ostmarkt.com

VERANSTALTUNGEN

Carte Blanche. Travestie-Revue-Theater. Kasse: Mo–Fr 11–18 Uhr und Sa 11–16 Uhr, Prießnitzstr. 10, Tel. 03 51/20 47 20, www.carte-blanche-dresden.de

Mitte unten: Die Dauerausstellung stellt 800 Jahre Geschichte sehr anschaulich und erlebbar dar.

25 Militärhistorisches Museum

Krieg in der Puppenstube

Erzählt wird eine Kulturgeschichte der Gewalt. Das moderne Militärhistorische Museum in der Albertstadt bietet zwei umfangreiche Dauerausstellungen. In das historische Gebäude hat der Architekt Daniel Libeskind einen Keil aus Stahl und Beton geschlagen. Von dessen Spitze hat man eine ganz besondere Sicht auf die Stadt.

Mit seinen 19 000 Quadratmetern Fläche ist das Militärhistorische Museum eines der größten seiner Art in Europa. Umspannt werden rund 800 Jahre Militärgeschichte, angefangen vom Mittelalter über die beiden Weltkriege, die Zeit des Kalten Krieges bis in die Gegenwart zum Afghanistan-Krieg. Die Ausstellungsmacher haben sich den Themen kritisch genähert, zeichnen sie in vielen Facetten und zeigen die Widersprüche auf. Auch mit seiner Architektur widmet sich Daniel Libeskind den zahlreichen Brüchen in der deutschen Militärgeschichte. Er hat in das noch aus der Kaiserzeit stammende Arsenalhauptgebäude einen riesigen Keil getrieben: Die strenge Vergangenheit der neoklassizistischen Fassade erhielt eine demokratische Antwort. Wände und die Böden des vieretagigen Neubaus sind schräg, es gibt keine rechten Winkel, selbst die Aussichtsplattform ist durchlöchert. Die Keilspitze weist auf das Ostra-Gehege am Rand des Stadtzentrums, wo der Abwurf von Zielmarkierungen im Februar 1945 die Bombenangriffe auf die Elbestadt vorbereitete. Und auch sonst geht das Militärmuseum der Bundeswehr neue Wege. Heute steht die Auseinandersetzung mit Aggression und Gewalt in all ihren Facetten auf individueller und gesellschaftlicher Ebene im Mittelpunkt.

Über 700 Jahre Geschichte

Zu sehen sind im früher gefürchteten DDR-Armeemuseum rund 10 500 Exponate. Ein großer Teil kommt aus dem eigenen Depot mit insgesamt 1,5 Millionen Objekten. Neben der Zeitreise durch die Militärgeschichte präsentiert das Museum begehbare Schaudepots und Außenanlagen mit waffentechnischem Großgerät. Der Themenparcours im Keil zeigt Verbindungen zwischen Krieg und Gesellschaft auf, so zum Beispiel zwischen Mode und Militär oder Sprache und Militär. Man erfährt, was es mit »in Schuss halten«, »auf Tuchfühlung gehen« oder dem »Gassenhauer« auf sich hat. Und wer weiß schon, dass »08/15« eben nicht nur eine Redewendung ist, sondern die Typenbezeichnung eines Gewehrs im Ersten Weltkrieg?

Der Krieg im Kinderzimmer

Auch Gewalt und Krieg im Kinderzimmer werden thematisiert. Eine Puppenstube aus dem Jahr 1944 neben Zinnsoldaten, Jagdflugzeugen und brutalen Computerspielen erinnert daran, dass das Militär längst Einzug in den Alltag gehalten hat. Ein Mädchen aus London hatte die Puppenstube kriegstauglich gemacht, Fenster mit schwarzer Farbe verdunkelt, Gasbettchen für ihre Puppenkinder aufgebaut und einen Schutzraum in den Garten gestellt. Wohl erstmals in der deutschen Museumslandschaft versuchen Ausstellungsmacher, Militärgeschichte aus einem kritischen Blickwinkel zu erzählen. Für manche ist die Dresdner Präsentation gar ein »Anti-Kriegs-Museum«. Argumente hierfür findet man an vielen Stellen: So spart das Museum auch die gefährlichen Seiten des Afghanistan-Einsatzes der Bundeswehr nicht aus. Darüber hinaus wurde im Eingangsbereich bewusst auf spektakuläres militärisches Großfahrzeug verzichtet und den Ausstellungen dafür eine Videoinstallation vorangestellt, die auf den Worten »love« und »hate« basiert.

Die spektakuläre Erweiterung des historischen Gebäudes stammt von Daniel Libeskind.

Infos und Adressen

SEHENSWÜRDIGKEITEN

Militärhistorisches Museum. Do–Di 10–18 Uhr und Mo 10–21 Uhr, Olbrichtplatz 2, Tel. 03 51/823 28 03, www.mhmbw.de

ESSEN UND TRINKEN

Restaurant und Café zeitlos. Die kleine Pause direkt im Museum. Tgl. außer Mi 10–21.30 Uhr, Olbrichtplatz 2, Tel. 03 51/88 94 80 79, www.restaurantzeitlos-dresden.de

Brauhaus am Waldschlösschen. Rustikal mit Riesenhaxe und Live-Musik. Tgl. 11-24 Uhr, Am Brauhaus 8b, Tel. 03 51/652 39 00, www.waldschloesschen.de

ÜBERNACHTEN

Quality Hotel Plazza Dresden. First-Class-Hotel zehn Minuten vom Flughafen entfernt. Königsbrücker Str. 121 a, Tel. 03 51/806 30, www.qualityhotelplazadresden.de

Holiday Inn. Mehr als 100 Zimmer, Wellness- und Badelandschaft sowie Restauraunt mit großem Frontcooking-Bereich, Stauffenbergallee 25 A, Tel. 03 51/815 10, www.holiday-inn-dresden.de

Mitte: Das Weiße-Hirsch-Viertel erzählt vom Glanz vergangener Zeiten.
Unten: Hoch hinauf mit der Standseilbahn vom Körnerplatz bis zum Luisenhof
Oben rechts: Verträumte Villen berühmter Persönlichkeiten

26 Weißer Hirsch

Spaziergang durch das Villenviertel

Am Rand der Dresdner Heide entstand um die Jahrhundertwende das noble Viertel als klimatischer Kurort. Europaweit bekannt vereinte es damals eine illustre Gästeschar, zu der neben zahlreichen Künstlern, Schriftstellern und Schauspielern auch hohe Militärs und russische Adlige zählten.

Die Geschichte des Viertels beginnt mit dem Gasthaus »Zum Weißen Hirsch« (1664), seine Geburtsstunde als Kurort aber war 1867, als Theodor Lehnert am Waldrand ein luxuriöses Bad errichtete, das er nach seiner Tochter »Fridabad« nannte. 1875 erhielt das Viertel den Titel »klimatischer Kurort«. Nur wenige Jahre später, 1888, gründete Heinrich Lahmann ein »Physiatrisches Sanatorium«, in dem er klassische Medizin mit Naturheilverfahren vereinte. Bis zu 7000 wohlhabende Patienten kamen jährlich. Mit ihnen entwickelte sich eine intakte Infrastruktur mit eigenständiger Kirchengemeinde, Cafés, Läden und weiteren Sanatorien.

Der Rundgang beginnt an der Plattleite Ⓐ, die viele schöne Villen säumen. Nach einigen 100 Metern macht die Straße einen Knick und wird zur Bergbahnstraße. Rechts ist jetzt die Sternwarte Ⓑ und dahinter das Ardenne-Forschungsinstitut Ⓒ zu sehen. Manfred von Ardenne (1907–1997) entwickelte darin in den 1970er-Jahren eine Sauerstoff- und spezielle Krebstherapie. Die Sternwarte öffnet in den Abendstunden. Weiter geht es bis zu einem der bekanntesten Dresdner Restaurants, dem für seine legendären Torten bekannten »Luisenhof« Ⓓ, dessen Name von der sächsischen Kronprinzessin Luise von Toscana (1870–1947)

abgeleitet ist. Vom Rundplatz am Luisenhof ist die Villa San Remo (1895) E zu bestaunen, eine der extravagantesten Bauten im Viertel. Die Villa rechts liegen lassend, geht es nun die Stufen des schmalen Johanneswegs hinunter und über die kurze Jahnstiege zur Berglehne, einer ruhigen grünen Straße. Nach Sonnenleite, Hirschleite und Rißweg mit der traditionsreichen Feinbäckerei Walther erreicht man den Lahmannring, der das Viertel im Norden umrundet. Dort lohnt sich ein Schlenker zur »Felsenburg« F. Das Hotel gehörte zu den bekanntesten am Weißen Hirsch.

Rundgang Weißer Hirsch

- A **Startpunkt**
- B **Sternwarte**
- C **Forschungsinstitut Manfred von Ardenne**
- D **Luisenhof**
- E **Villa San Remo**
- F **Hotel Felsenburg**
- G **Villa Bismarck**
- H **Wohnhaus Martin Andersen Nexö**
- I **Park**
- J **Friedensblick**
- K **Evangelische Kirche Bad Weißer Hirsch**
- L **Parkhotel**
- M **Gutshaus**
- N **Chinesischer Pavillon**
- O **Konzertplatz**

AUTORENTIPP!

SONNTAGSBRUNCH AUF DEM KONZERTPLATZ O

Mitten im Wald hat Sternekoch Stefan Hermann den historischen Konzertplatz wiederbelebt, den alten Küchentrakt abgerissen und zwei neue Häuschen zur Bewirtung aufgestellt. Der denkmalgeschützte Musikpavillon von 1926 wurde aufwendig saniert, neue Technik installiert und nach historischem Vorbild eine Überdachung für rund 200 Sitzplätze geschaffen. Auf der »Hirsch-Wiesn« mit Brezn und Vesperbrett wird im Sommer zu einem Familienbrunch geladen. Und während sich die Kinder auf dem nahen Spielplatz tummeln, sitzen die Erwachsenen im Halbrund um den Platz, wo es in den Goldenen Zwanzigern so richtig abging und sich die Dresdner Bohème und Kurgäste aus ganz Europa amüsierten. Lange Zeit herrschte hier schäbige Tristesse: Dem Blick bot sich ein ruinöses Küchengebäude nebst kaputtem Wandelgang und eine durchlöcherte Konzertmuschel.

Konzertplatz Weißer Hirsch.
Stechgrundweg/hinter dem Parkhotel, Tel. 0351/44008800, www.bean-and-beluga.de/konzertplatz

Wohnhaus von Oskar Kokoschka

Der Maler Oskar Kokoschka (1886–1980) wohnte hier zwischen 1916 und 1919 und versammelte eine kleine Künstlerkolonie um sich. Vom Lahmannring biegt man nach links in die Küntzelmannstraße. Dort wurde in der Villa Bismarck G 1914 das Sanatorium Steinkühler gegründet, das auf Stoffwechsel-, Augen- und Ohrenkrankheiten sowie rheumatische Erkrankungen spezialisiert war. Nach wenigen 100 Metern macht die Straße einen Knick nach links und wird zur Collenbuschstraße, in der der dänische Dichter Martin Andersen Nexö (1869–1954) in seinen letzten Lebensjahren das Haus Nummer 4 H bewohnte. Gleich daneben liegt am Hang ein kleiner schöner Park I – seit 1945 wird das ganze Areal »Friedensblick« J genannt. Der Weg führt nun auf der Collenbuschstraße zurück zur Stangestraße, in die man rechts einbiegt, um wieder auf die Plattleite zu stoßen. Zu sehen ist die nur wenige Meter entfernte Evangelisch-Lutherische Kirche von 1898 K im norwegischen Stabkirchenstil. Die Plattleite stößt auf die Bautzner Straße mit dem »Parkhotel« L. In seinen historischen Räumen findet jährlich der »Dresdner Hutball« satt, die legendäre Kakadu-Bar bittet seit 2006 wieder zum Tanz. Dem Hotel gegenüber steht das älteste Gebäude vom »Hirsch«, das frühere Gutshaus (1756) M. Ein Kleinod ausgewählten Geschmacks wartet direkt am Rand der Heide auf Besucher. Der Chinesische Pavillon N wurde von Chinesen 1911 als offizieller Beitrag zur Internationalen Hygieneausstellung in Dresden gebaut und gilt als das einzig noch erhaltene original chinesische Bauwerk in Deutschland. Den Kurgästen standen dort kostenlos in- und ausländischen Zeitungen zur Verfügung, Einheimische mussten Eintritt zahlen.

Infos und Adressen

ESSEN UND TRINKEN

Schumann's Luisenhof. Raffinierte Spargelgerichte im Frühling, Gegrilltes im Sommer, Gänsebraten oder Wild im Herbst und Winter, eine hauseigene Patisserie – und alles mit einem traumhaften Panoramablick. Mo–Sa 11–24 Uhr und So 10–24 Uhr, Bergbahnstr. 8, Tel. 03 51/214 99 60, www.luisenhof-dresden.de

bean & beluga. Spitzenkoch Stefan Hermann verwöhnt mit hausgemachten Spezialitäten für den großen und kleinen Hunger. Feinkostladen und Tagesbar: Di–Sa 10–23 Uhr, Restaurant: Di–Sa 18.30–22 Uhr, Bautzner Landstr. 32, Tel. 03 51/44 00 88 00, www.bean-and-beluga.de

Restaurant Hubertusgarten. Passend zum Namen ist das Lokal mit historischen Waffen, jagdlichem Zubehör und Trophäen ausgestattet. Dazu gibt es regionale Produkte mit Herkunftsgarantie. Tgl. 11–21 Uhr, Bautzner Landstr. 89, Tel. 03 51/460 47 00, www.hubertusgarten.com

ÜBERNACHTEN

Villa Herzog. In der Gründerzeit als Mädchenpensionat errichtet, bietet das Haus heute alle Annehmlichkeiten einer Stadtvilla. Kurparkstr. 6 a, Tel. 03 51/26 32 78 12, www.loar.de/villaherzog

Die Villa Abendstern

Pension Pamp. Kleine gemütliche Nichtraucherpension direkt am Rand der Dresdner Heide mit guter Anbindung an das Zentrum. Stangestr. 8, Tel. 03 51/30 97 50 26 www.pension-pamp-dresden.de

AKTIVITÄTEN

»Die Turmtour« am Weißen Hirsch. – Auf den Spuren von Uwe Tellkamps »Der Turm«. Der Erfolgsroman schildert die letzten sieben Jahre der DDR bis zum Mauerfall. Tel. 03 51/252 35 80, www.hochtouren-dresden.de

Der weiße Hirsch an der Gebäude-Fassade der Haltestelle Plattleite

27 Gartenstadt Hellerau

Großstadtidyll im Reformstil

Im Norden Dresdens liegt die bekannteste deutsche Gartenstadt: Hellerau. Mit Wohnsiedlungen, Werkstätten und Festspielhaus entstand Anfang des 20. Jahrhunderts ein utopischer Ort sozialen Lebens. Schon bald wurde Hellerau zum Zentrum der Reformbewegung. Heute ist der Stadtteil ein beinahe normales Wohnviertel.

Es ist auffallend ruhig und grün, hier und da werkelt einer an seinem Haus. Die Straßen heißen »Am Sonnenhang«, »Auf dem Sand« und »Am Grünen Zipfel«. Einen Markt gibt es auch. Drumherum Häuser mit gleichen Fensterläden in blau oder grün, eine einfache, unverschnörkelte Schrift verrät, wo früher ein Café war. Die Reihen- und Einfamilienhäuser auf den Straßen mit den schönen Namen stehen wie aufgefädelt, manche sind gelb oder türkis gestrichen, andere wie eine Blockhütte verkleidet, alle haben Gärten. Hier und da stehen auch Villen. Und überall wachsen Bäume, der Tolkenberg ist ein grüner Hügel und idealer Spielplatz – im Winter wird er zum Rodeln genutzt. Hellerau ist Großstadtidylle, eine der beliebtesten Wohngegenden Dresdens, rund 1400 Menschen leben dort. Ein Ort der Reform und Moderne, an dem Geschichte geschrieben wurde.

Mitte: Die Hellerauer Werkstätten blicken auf eine lange Tradition zurück.
Unten: In der Neuzeit werden auch Segeljachten ausgestattet.

Holz-Goethe im Grünen

Initiator und Gründer von Hellerau, eine der ersten deutschen Gartenstädte, war Möbelfabrikant Karl Schmidt (1873–1948). Der Tischler, der wegen seiner ästhetischen und handwerklichen Ideen liebevoll »Holz-Goethe« genannt wurde, suchte Anfang des 20. Jahrhunderts das weitläufige Gelände nördlich von Dresden als geeigneten Ansiedlungsort für seine »Werkstätten für Handwerkskunst« aus. Nach englischem Vorbild, und zwar gemäß der Idee des gebürtigen Londoners Ebenezer Howard (1850–1928), gründete er die Siedlung. Eingebettet im Grünen, sollte sie Wohnen, Arbeiten und Kultur in sich vereinen. Somit stellte sie einen deutlichen Gegenentwurf zu den damals beengten und oft unwürdigen Lebens- und Arbeitsbedingungen in der Stadt dar. Aus dem zunächst unberührten Stück Heidelandschaft wuchs Hellerau schnell zu einer bewohnten Oase. Das Baugelände entsprach weitgehend den Vorgaben Howards: Nähe zur Großstadt, aber ländliche Umgebung und billiger Boden. Der »Heller« am Nordrand von Dresden war solch ein Gelände, und dort entstanden neben Wohnungen auch zahlreiche soziale Einrichtungen. Der erste Spatenstich für den Bau der Gartenstadt und der Deutschen Werkstätten Hellerau erfolgte am 1. April 1909.

Anspruchsvolle Möbel in Serienfertigung

Schmidts Unternehmen stellte als eines der ersten schlichte, aber gestalterisch anspruchsvolle Möbel und Einrichtungsgegenstände industriell her. Er versuchte auch, seine Arbeiter kulturell und kunsthandwerklich weiterzubilden. Für den Entwurf seiner eigenen Serienmöbel und Gebrauchsgegenstände engagierte er Künstler und Kunsthandwerker, die anteilig am Umsatz beteiligt und in den Produktkatalogen namentlich genannt wurden – damals ein Novum. Ab 1902 arbeitete Schmidt mit dem Münchner Jugendstilkünstler und Architekten Richard Riemerschmid (1868–1957) zusammen. Die seriell gefertigten Werkstücke aus Holz hatten eine hohe Qualität und erfüllten funktionale und ästhetische Ansprüche. Praktisch konzipiert war das Mobiliar zerleg- und transportierbar sowie im Preis erschwinglich. Gemessen an damali-

AUTORENTIPP!

CARPACCIO IM HOF

Einen Standort der besonderen Art hat das »Schmidt's«. Das Restaurant befindet sich mitten auf dem historischen Gelände der Deutsche Werkstätten Hellerau. Benannt nach dem Begründer der Gartenstadt Karl Schmidt ist das Team um hohes Niveau bemüht. Die mediterrane Loftatmosphäre des Raumes versprüht ein Gefühl von Gastlichkeit, jahreszeitlich inspiriert wechselt die Speisekarte wöchentlich. Unter den kulinarischen Wunderwerken findet man Carpaccio von Zander und Ölrauke oder Ruppiner Lammschulter in Kaffee geschmort. Im Sommer sitzt man in den malerischen Höfen der Werkstätten Hellerau. Ein Muss für Architektur- und Designinteressierte sowie Liebhaber des guten Essens. Eine herausragende Abwechslung für alle anderen. Wem es geschmeckt hat, kann mehr über das Geheimnis des Hauses erfahren: Küchenchef Olaf Kranz bietet exklusive Kochkurse an.

Schmidt's Restaurant. Mo–Fr 11–23 Uhr und Sa 17.30–23 Uhr, Moritzburger Weg 67, Tel. 03 51/804 48 83, www.schmidts-dresden.de

AUTORENTIPP!

GRENZÜBERSCHREITUNGEN
Das TonLagen-Festival hat sich mit seinem Mix aus Neuer Musik, Tanz, Performance, Film, Theater und Literatur der Moderne verschrieben: Grenzüberschreitungen sind nicht nur möglich sondern auch gerne gesehen, Popmusik ebenso wie ernste Musik. Im Zentrum des Dresdner Festivals der zeitgenössischen Musik jeweils im Herbst stehen Werke und Schöpfer gleichermaßen, 2012 war es John Cage gewidmet. Die Aufführungen finden in verschiedenen Räumen des Hellauer Festspielhauses statt, wo Uraufführungen und zahlreiche deutsche Erstaufführungen musikalische Experimente großer Qualität versprechen. In den mehr als 20 Jahren seines Bestehens hat sich das Festival internationale Anerkennung erworben. Neben europäischer Musik kommen auch Werke aus Indien, China, Lateinamerika und Afrika zur Aufführung. Auf dem Programm stehen neuerdings jazzige DJ-Partys.

Festival TonLagen. Festspielhaus, Karl-Liebknecht-Str. 56, Tel. 03 51/264 62 11, www.hellerau.org

Das Festspielhaus zog einst Künstler aus ganz Europa an.

gen Wohnungseinrichtungen eine kleine Revolution. Die Reformmöbel waren auch international angesehen: Zur Weltausstellung 1900 in Paris erhielten die Hellerauer Werkstätten drei Bronzemedaillen. In der DDR-Zeit war der Betrieb Volkseigentum und stellte unter anderem Anbaumöbel her. Mit dem politischen Umbruch erfolgte eine Neuorientierung des Traditionsunternehmens. Es konzentriert sich seit 1993 auf hochwertigen Innenausbau, 1995 stieg es ins Jachtgeschäft ein. Die Deutschen Werkstätten Hellerau haben eine Niederlassung in Moskau, sie beschäftigen Repräsentanten in England, Frankreich und im asiatisch-pazifischen Raum. Weltweit arbeiten rund 230 Menschen für das Unternehmen.

Festspielhaus

Doch zurück zur Gartenstadt. Ab 1909 entstanden nach den Plänen der Architekten Richard Riemerschmid (1868–1957), Hermann Muthesius (1861–1927) und Heinrich Tessenow (1876–1950) Hunderte Häuser sowie der weitläufige Marktplatz. Anziehungspunkt für Künstler aus ganz Europa wurde das Festspielhaus, das bis 1914 seine Blütezeit erlebte. Karl Schmidt und sein Freund und engster Mitarbeiter Wolf Dohrn (1878–1914) holten den Schweizer Tanzpädagogen Emile Jaques-Dalcroze (1865–1950) nach Hellerau, wo er zunächst im Schulsaal der Werkstätten unterrichtete. Dohrn, ein universal gebildeter Philosoph und Volkswirtschaftler, prägte neben Riemerschmid die gemeinnützige »Gartenstadt-Gesellschaft Hellerau« entscheidend mit. Zusätzlich zum laufenden Betrieb im Festspielhaus engagierten sich die Pädagogen in kostenlosen Übungsstunden für Hellerauer Kinder, bei Schulfesten und Sommerkursen. Mit Gret Palucca (1902–1993) und Mary Wigman (1886–1973) wurde Hellerau ein Zentrum für den modernen Ausdruckstanz. Daneben kamen viele

Rundgang Hellerau

A Markt – Als Zentrum der Gartenstadt wurde der weitläufige Platz sehr früh geplant. Die Gebäude sind 1996 bis 1998 denkmalgerecht saniert worden.

B Festspielhaus – Im Stil der Reformarchitektur errichtet erlebte das Haus eine wechselvolle Geschichte. Heute ist das Festspielhaus ein Zentrum für zeitgenössischen Tanz, Musik und Theater.

C Deutsche Werkstätten – In erster Linie ist die Traditions-Produktionsstätte ein Unternehmen. Trotzdem gibt es einmal im Quartal samstagsnachmittags Führungen. Moritzburger Weg 68, Tel. 03 51/21 59 00.

D Schmidt's Restaurant – Das Restaurant befindet sich auf dem historischen Gelände der Deutschen Werkstätten Hellerau. Benannt nach dem Begründer der Gartenstadt Karl Schmidt. Es gibt aber auch Ausstellungen und Konzerte. Moritzburger Weg 67, Mo–Fr 11–23 Uhr, Sa 17.30–23 Uhr.

Siedlungsbau in Hellerau

Oben: Oben: Reformstil mit Kaffee – Gasthaus Hellerau am Markt
Mitte: Die Wiege der Serienmöbel von Karl Schmidt
Unten: Gartenidylle vor den Toren Dresdens

Reformbegeisterte, Schriftsteller und Künstler in die Gartenstadt. Zu den Besuchern der legendären Festspiele 1912 und 1913 zählten Rainer Maria Rilke, Franz Kafka, Else Lasker-Schüler, Oskar Kokoschka und Henry van de Velde.

Nach den Kriegen

Die künstlerische Glanzzeit war aber nur von kurzer Dauer und fand durch den Ausbruch des Ersten Weltkriegs ein jähes Ende. Jaques-Dalcroze kehrte von Genf nicht mehr zurück, Dohrn kam im Februar 1914 bei einem Skiunfall in den Alpen ums Leben. Bis die Nationalsozialisten Mitte der 1930er-Jahre die Gesamtanlage durch Ein- und Umbauten veränderten, manche Gebäude abrissen und das Gelände als Polizeischule missbrauchten, gab es zahlreiche Versuche, die rhythmische Ausbildung und den experimentellen Charakter fortzuschreiben. Als nach dem Zweiten Weltkrieg die Armee in das Festspielhaus einzog, war es um den »Mythos Hellerau« allerdings geschehen. Das Gebäude stand nicht mehr im Zeichen des Yin und Yang (heute wieder über dem Eingang zu sehen), sondern unter dem roten Stern.

Wiederbelebung der Tradition

In der Gegenwart versucht das Haus an seine Tradition anzuknüpfen. Es wurde umfangreich saniert, und seit 2004 ist das Festspielhaus Heimat der berühmten Tanz-Company des Choreografen William Forsythe. Der Ort soll zu einem wichtigen Zentrum für zeitgenössische Kunst in Deutschland werden. Seit April 2009 wird das geschichtsträchtige Gebäude wieder ganzjährig bespielt, der Schwerpunkt liegt auf Tanz und Musik, aber auch moderne Theaterformen und die bildende Kunst haben in Hellerau eine Plattform. Heute wie damals verschmelzen Künste in einer höchst eigenwilligen Symbiose.

Infos und Adressen

ESSEN UND TRINKEN

Gasthaus Hellerau. Direkt am Markt von Hellerau ist das Gasthaus ein idealer Ort, um von hier aus das historische Umfeld der Gartenstadt zu erkunden. Gleichzeitig ist es der Beginn einer kulinarischen Weltreise, deren Speisen mit Leidenschaft zubereitet und liebevoll serviert werden.
Di–Fr 16–22 Uhr, Sa 11–23 Uhr und So 11–21 Uhr, Markt 15, Tel. 03 51/883 44 70,
www.gasthaus-hellerau.de

Pastamanufaktur im Festspielhaus. Täglich frische Pastavariationen: Tagliatelle, Spaghetti, Dinkel-Vollkorn-Pasta, Ravioli mit verschiedenen Füllungen von Apfel-Maronen über Rote-Beete bis zu Meerrettich-Lachs. Tgl. 10–22 Uhr, Karl-Liebknecht-Str. 56, Tel. 03 51/323 77 99,
www.diepastamanufaktur.de

ÜBERNACHTEN

Hotel Fliegerhorst – Pension Brunnen. Beide Häuser wurden von dem Schweizer Ernst Thommen gegründet, den es nach der Wende in die »Kulturhauptstadt Deutschlands« zog. Aus seiner Leidenschaft, alte Häuser zu sanieren entstand 1996 die »Pension Brunnen« und 2002 das »Hotel Fliegerhorst«. Im Hotel ist das Schweizer Spezialitätenrestaurant »Addor's Schweizer Stuebli« untergebracht. Pension und Hotel liegen direkt am Festspielhaus. Moritzburger Weg 24,
Tel. 03 51/880 82 56, www.pension-dresden.de,
www.schweizerstuebli.com

Pension Königswald. Die 1888 erbaute liebevoll restaurierte Villa bietet Zimmer und Ferienwohnungen. Ein großer Garten mit Grillecke, Liegewiese und Tischtennisplatte lädt zum Entspannen oder Aktivsein ein. Königsbrücker Landstr. 84,
Tel. 03 51/880 10 75, www.pension-koenigswald.de

Akademiehotel Dresden. Das historische Gebäudeensemble mit Anleihen moderner Architektur ist von viel Grün umgeben. Königsbrücker Landstr. 2, Tel. 03 51/457 30 10,
www.dguv.de/congress/de/uebernachten/index.jsp

VERANSTALTUNGEN

Hellerau – Europäisches Zentrum der Künste Dresden. Kartenvorverkauf: Di–Fr 10–16 Uhr,
Tel. 03 51/889 38 84, Karl-Liebknecht-Str. 56,
www.hellerau.org

The Forsythe Company – Spielstätte Festspielhaus Hellerau. Karl-Liebknecht-Str. 56,
Tel. 069/907 39 91 00,
www.theforsythecompany.com, www.hellerau.org

Medienkunst-Festival CYNETart. Das internationale Festival für computergestützte Kunst bietet ein kontrastreiches Programm aus Performances, Ausstellungen, Workshops und elektronischen Live-Konzerten. Es fimdet jährlich im November statt, Hauptspielstätte ist das Festspielhaus Hellerau. Karl-Liebknecht-Str. 56, Tel. 03 51/889 66 65,
www.hellerau.org

AKTIVITÄTEN

Führungen durch die Deutschen Werkstätten Hellerau. Einmal pro Quartal finden Führungen durch das Traditionsunternehmen statt. In den Deutschen Werkstätten finden auch wechselnde Ausstellungen und Konzerte statt, in denen junge Musiker gefördert werden. Deutsche Werkstätten (Unternehmensneubau), Moritzburger Weg 68,
Tel. 03 51/21 59 02 02, www.dwh.de

Führungen durch das Festspielhaus. Der Werkbund Sachsen organisiert in Kooperation mit dem Europäischen Zentrum der Künste Hellerau Führungen durch das Festspielhaus. Jeden Fr 10.30 Uhr und jeden dritten So im Monat 11 Uhr, Karl-Liebknecht-Str. 56, weitere Termine für Gruppen ab 15 Personen oder für Führungen durch die Gartenstadt Hellerau unter Tel. 03 51/880 20 07,
www.deutscher-werkbund.de

ENTLANG DER ELBE

S. 156/157: Wer eine Gondel hat, kann direkt am Wasserpalais von Schloss Pillnitz anlegen.
Mitte: Mit dem Fahrrad auf Entdeckungstour an der Elbe
Oben rechts: Romantisches Schloss Albrechtsbergs

28 Elbschlösser

Erbe eines Fabrikanten

Am nördlichen Elbhang kann man auf Schlössertour gehen. Drei Mitte des 19. Jahrhunderts erbaute Anwesen laden zu einem romantischen Spaziergang ein. Der Mix aus Villen in klassizistischem Stil und Gotik, englischen Parks und Weinbergen ist bezaubernd. Schöne Sicht inklusive.

Schloss Albrechtsberg, das Lingnerschloss und Schloss Eckberg liegen in der Radeberger Vorstadt im Stadtteil Loschwitz. Zur Elbseite hin sind ihre Parks terrassenartig angelegt und werden teilweise zum Weinanbau genutzt. Die Parkanlagen sind tagsüber frei zugänglich über mehrere Tore an der Bautzner Straße und einem weiteren am Elberadweg. Mit etwas Glück kann man von einem Schloss zum nächsten wandern, ohne wieder auf die Straße zu kommen. Die Verbindungstür zum Hotel »Schloss Eckberg« ist allerdings manchmal abgeschlossen, dann sollte man den Umweg zur Straße aber nicht scheuen, denn dieser Park ist besonders schön. Als Einheit sind die Schlösser am besten bei einem Spaziergang oder einer Radtour von der anderen Elbseite aus zu sehen. Alle drei Anwesen entstanden zwischen 1850 und 1861 auf dem früheren Gelände des schottischen Lord James Ogilvy, 7. Earl of Findlater (1750–1811).

Schloss Albrechtsberg

Der Lord hatte die Weinberge an der Elbe zwischen 1803 und1811 gekauft, von der »Saloppe« bis zum »Mordgrund«, und ließ an der Stelle des heutigen Schloss Albrechtsberg ein Landhaus errichten. Es soll zu den schönsten von Dresden gehört haben. Im Jahr der Fertigstellung 1811 starb Ogilvy.

1821 entwickelte sich sein Palais unter einem neuen Besitzer zu einer beliebten Ausflugsgaststätte, die von Richard Wagner, E. T. A. Hoffmann, Wilhelm von Kügelgen und Gottfried Semper besucht wurde. Baronin Ernestine von Stockhausen (1811–1888) erwarb das Areal »Findlaters Weinberg« 1850 im Auftrag von Prinz Albrecht von Preußen (1809–1872). Der Prinz, der sich mit seiner zweiten Gemahlin Gräfin von Hohenau (1820–1879) aufgrund ihres niederen Standes nach einem neuen Wohnsitz außerhalb Preußens umschauen musste, hatte der Frau seines Kammerherrn die Standortsuche übertragen. Sie ließ unter Nutzung der Grundmauern des »Findlaterschen Palais« zwischen 1850 und 1854 Schloss Albrechtsberg errichten. Entworfen wurde es vom preußischen Hof- und Landbaumeister Adolf Lohse (1807–1867), einem Schüler Karl Friedrich Schinkels (1781–1841). Das mit Sandstein verkleidete und mit rund 100 Zimmern ausgestattete Schloss wirkt wie eine italienische Renaissance-Villa und ist eines der wenigen spätklassizistischen Bauwerke Dresdens. Vorbild war unter anderem die Villa d'Este bei Rom. Der preußische Gartenbaumeister Eduard Neide (1818–1883) konzipierte die Parkanlagen. Es entstanden vier Landschaften mit geschwungenen Wegen, Brücken und einem Viadukt sowie künstlich angelegten Teichen, Felsen und einem Wasserfall. Noch vor Fertigstellung von Schloss Albrechtsberg wurde die benachbarte Villa Stockhausen, das heutige

AUTORENTIPP!

PICKNICK ODER WINZER?

Die Elbschlösser sind zwar bewirtschaftet, ein Picknick in einem der Parks tut es aber auch. Am besten eignet sich die Wiese oberhalb der Weinberge von Schloss Albrechtsberg dafür. Dort an einem Sommerabend zu sitzen und den Tag Revue passieren zu lassen, ist ein Genuss. Danach kann noch ein Spaziergang durch die Weinberge das Erlebnis abrunden. Wer zum Essen nichts auftreiben konnte und ohne Picknickdecke angereist ist, kann beim Weinbauern Lutz Müller anklopfen. Dieser betreibt an den Sommerwochenenden im Weinberg nur wenige Schritte vom Kavaliershaus eine Straußwirtschaft. Angeboten werden (meist) Flammkuchen, natürlich Wein und ein malerischer Ausblick auf Dresden. Im Kavaliershaus gibt es eine Ferienwohnung und einen Weinkeller, nach vorheriger Anmeldung kann man dort auch alle Weine kaufen.

Winzer Lutz Müller. Kavaliershaus Schloss Albrechtsberg. Bautzner Str. 130, Tel. 03 51/328 92 17, mail@winzerlutzmueller.de

AUTORENTIPP!

AMÜSIEREN AM ELBHANG

Ein nicht so sehr vornehmer aber ausgesprochen angenehmer Ort ist die Saloppe am Elbhang, die inmitten von Bäumen versteckt ist. Hier kann man sich rundum amüsieren oder einfach nur ein Bier trinken. In dem selbst ernannten »botanischen Sommerklub mit Tanzdiele in idyllischer Natur« gibt es gemixte Drinks und leichte Kost, Gemütlichkeit im Zirkuswagen und Lagerfeuerstimmung, wilde Romantik im Nachtgarten oder aber Freizeitvergnügen wie Tischtennis, Kicker und Slackline. Amüsieren und Erholen werden hier in einem Atemzug genannt – dafür stehen Veranstaltungen wie das jährliche Seifenkistenrennen oder Engtanzpartys mit Dirty Dancing, Filmvorführungen und Balkanbeat. Die Saison startet meist Ende April und dauert bis Anfang Oktober, der Sommergarten kann an veranstaltungsfreien Tagen auch für Privatfeste angemietet werden.

Saloppe. Brockhausstr. 1, Tel. 01 72/353 25 86, info@saloppe.de, www.saloppe.de

Am Wasserwerk führt ein Weg hinauf zur Saloppe.

Lingnerschloss, vollendet. Was als Domizil für seinen Kammerherrn geplant war, diente zunächst Prinz Albrecht und seiner Gemahlin ein Jahr als Wohnort, bevor sie sich 1854 in ihrem Schloss niederließen. Nach dem Tod des Prinzen im Oktober 1872 und dem der Gräfin von Hohenau im März 1879 blieb der jüngere Sohn Friedrich bis zu seinem Tod 1914 im Schloss wohnen. Danach nahm sein Bruder Wilhelm dort seinen Wohnsitz, musste aber 1925 wegen Spielschulden Schloss und Grundstück an die Stadt Dresden verkaufen. Fünf Jahre später wurde der weiträumige Park für die Bürger und Gäste der Stadt geöffnet und erfreute sich bald großer Beliebtheit. Nach dem Zweiten Weltkrieg zog die Sowjetische Militäradministration in das Schloss, ab 1951 die »Jungen Pioniere«. Im Park entstanden Sportanlagen, eine Spielwiese und ein naturwissenschaftlicher Lehrpfad. Im Römischen Bad am Hang unterhalb des Schlosses wurde damals noch geplanscht. Zugänglich sind auch die zur Elbseite gelegenen Terrassen. Falls sich die Gelegenheit bietet, sollte auch der Kronensaal, in dem regelmäßig Kammerkonzerte stattfinden, und das Türkische Bad im maurisch-orientalischen Stil angeschaut werden. Heute können das Märchenschloss oder einzelne Räume für Empfänge und Festlichkeiten gemietet werden.

Lingnerschloss

Ursprünglich als Villa Stockhausen gebaut, ist das mittlere der drei Elbschlösser inzwischen nach seinem früheren Bewohner Karl August Lingner (1861–1916) benannt. Dem Unternehmer und Mäzen Lingner, der es 1906 kaufte, verdankt die Bevölkerung auch den freien Zugang. Zwei Wochen vor seinem Tod im Frühsommer 1916 befand er in seinem Testament, dass das Anwesen der Stadt Dresden gestiftet wird. Daran knüpfte er jedoch einige Auflagen und zwar: Die Bevölkerung erhält

freien Zugang zum Park, ihr soll auch das gesamte Schloss zugänglich gemacht werden. Im Hauptgebäude soll sich ein Café oder Restaurant mit den im Umkreis niedrigsten Preisen befinden – Ein Schriftsatz von weitreichender Bedeutung. Lingner war ein Freund außergewöhnlicher Ideen. er ließ Schloss und Park umgestalten, legte sogar einen kleinen Zoo an und errichtete ein Mausoleum. Auch eine neue Innenausstattung gab er in Auftrag. Aber dessen nicht genug: Er baute auch eine private Standseilbahn. Sie führte vom Schloss ins Elbtal, wurde aber 1933 größtenteils demontiert. Bergstation und Trassenführung sind noch erhalten. Weil Lingner erfolgreich Odol-Mundwasser vermarktete und damit reich wurde, wurde die Villa eine Zeit lang auch das »Zahnpasta-Schloss« genannt. Lindner stiftete das Hygiene-Museum in Dresden und gründete mehrere soziale Einrichtungen wie eine Kinderklinik, ein Säuglingsheim, eine Schulzahnklinik und die Volkslesehalle an der Waisenhausstraße. Von den Terrassen am Lingnerschloss bietet sich ein schöner Ausblick auf das Elbtal. Erbaut wurde das Schloss wie die Nachbarvilla Schloss Albrechtsberg von Adolph Lohse zwischen 1850 und 1853. Und auch der Auftraggeber war mit Albrecht von Preußen derselbe. Nicht

Oben: Unternehmer Lingner bewohnte die Villa Stockhausen.
Unten: Schlosspark von Schloss Albrechtsberg

zufällig fügen sich beide Parks zu einer Gesamtanlage. Bestimmt war das Lingerschloss als Wohnsitz für Baron von Stockhausen, dem Kammerherrn des Prinzen. Lohse gestaltete auch die Innenräume. Um das Schloss wurde ebenfalls ein Park angelegt, zu dem ein Weinberg gehörte. 1891 erwarb der Dresdner Nähmaschinenfabrikant Bruno Naumann (1844–1903) das Schloss und ließ es umbauen. Von den Luftangriffen im Februar 1945 blieb die Villa am Berg verschont. Sie diente danach in wechselnder Funktion als Lazarett, Kommandantur und Wohnheim. 1957 zog der Klub der Intelligenz (oder auch »Dresdner Klub«) in die Räumlichkeiten, dessen Mitinitiator der Forscher Manfred von Ardenne (1907–1997) war. Zuvor war das Schloss erneut umgebaut worden und verlor damit den Großteil der historischen Innenausstattung. Das Gebäude stand nach der politischen Wende lange Zeit leer, fehlende Sanierung und Vandalismus setzten ihm zu. Ein Förderverein setzt sich seit 2002 für die erneute Nutzung ein. Trotz fehlender Gelder wurde Stück für Stück der Wiederaufbau vorangetrieben. Heute gibt es im Ostflügel ein Restaurant mit Sonnenterrasse.

Oben: Schloss Eckberg thront über der Elbe.
Unten: Herrliche Sicht vom Elbdampfer aus

Schloss Eckberg

Das vornehmste der drei Schlosser ist Schloss Eckberg, es wurde 1997 von Grund auf saniert und zum Luxushotel umgebaut. Betrachtet man das Ensemble aus Sandstein, glaubt man sich zurückversetzt in einen altenglischen Roman. Architekt Christian Friedrich Arnold (1823–1890) baute das Schloss 1859 bis 1861 im neogotischen Burgenstil nach dem Vorbild der englischen Tudor-Gotik des 16. Jahrhunderts. Der Schüler Gottfried Sempers (1803–1879) war der einzige Neugotiker in Dresden, er entwarf unter anderem auch die Türme der zerstörten Sophienkirche in der Innenstadt. Die ehemalige Fabrikantenvilla wurde für den Großkaufmann John Daniel Souchay gebaut. Ab 1926 lebte dort der Apotheker Ottomar Heinsius von Mayenburg (1865–1932), der die Zahnpastamarke Chlorodont entwickelte und damit wie der »Odol-König« Lingner ein großes Vermögen anhäufte. Zu Ehren der beiden Herren werden die Schlösser manchmal scherzhaft die »Zahnpasta Schlösser« genannt. Wegen seines Standorts am Ende des Elbhangs hieß die Villa Souchay später Schloss Eckberg.

Gedenkstätte Bautzener Straße

Am Elbhang residierten in der DDR aber noch ganz andere Herren. An der Bautzner Straße in unmittelbarer Nähe zu den Elbschlössern befand sich die Dresdner Stasizentrale. An dem Ort, wo unbequeme DDR-Bürger inhaftiert waren, ist heute eine Gedenkstätte untergebracht. Dauerausstellungen informieren über die Geschichte der Willkür auf dem Gelände. Das weitgehend erhaltene Gefängnis steht Besuchern offen. In der Untersuchungshaftanstalt waren bis 1989 zwischen 12 000 und 15 000 politische Häftlinge untergebracht. Dresdner Demonstranten besetzten die frühere Bezirksverwaltung der Staatssicherheit am 5. Dezember 1989 sowie das dazugehörige Gefängnis.

AUTORENTIPP!

BALANCIEREN IM WALD

Abenteuer- und Naturkinder aufgepasst! In der Nähe der Elbschlösser wartet mitten in der Dresdner Heide ein Waldspielplatz auf kleine Besucher. Vorbei am weitläufigen Wildgehege Albertpark, in dem mit etwas Glück an manchen Tagen Hirsche zu beobachten sind, kann dieser sehr gut von der Haltestelle Wilhelminenstraße aus erreicht werden. Alle Geräte sind aus Holz und naturbelassen. Auf kurze und lange Beine warten Balanciergeräte, einige Kletternetze, Schutzhütten und ein Sandkasten. Auf einer »Waldorgel« mit verschiedenen Klanghölzern kann Musik gemacht werden und für alle, die noch kein Handy haben, steht das Waldtelefon in Form von Schlauch und Trichtern bereit. In der Nähe befindet sich ein kleiner Bach und natürlich gibt es genügend Zweige und Äste, um sich seine eigene Hütte zu bauen. An einigen Wochenenden werden Kinderfahrzeuge verliehen.

Waldspielplatz Albertpark. Fischhausstr. 12 c, Tel. 03 51/804 47 93.

Infos und Adressen

SEHENSWÜRDIGKEITEN

Schloss Albrechtsberg. Im östlichen Torhaus ist eine Ausstellung über Prinz Albrecht von Preußen und die wechselvolle Geschichte von Schloss Albrechtsberg zu sehen. Tgl. 10–18 Uhr, eine Schlossführung für Gruppen bis zu 25 Personen ist nach Voranmeldung möglich: Tel. 03 51/811 58 21, www.schloss-albrechtsberg.de

Lingnerschloss. Bautzner Str. 132, Tel. 03 51/646 53 82, www.lingnerschloss.de

Schloss Eckberg. Bautzner Str. 134, Tel. 03 51/80 99 0, www.schloss-eckberg.de

Gedenkstätte Bautzner Straße. Die Gedenkstätte für die Opfer des DDR-Ministeriums für Staatssicherheit ist eine noch im Original erhaltene und für Besucher zugängliche Untersuchungshaftanstalt der Stasi. Einzelne Tafeln unterrichten den Besucher über das Schicksal der politischen Untersuchungshäftlinge. Tgl. 10–18 Uhr, Ausnahmen zwischen Weihnachten und Neujahr sowie zu Ostern, Bautzner Str. 112 a, Tel. 03 51/656 88 48, www.bautzner-strasse-dresden.de

Vornehm speisen im Hotel »Schloss Eckberg«

Kleine Preise auf den Lingner-Terrassen

ESSEN UND TRINKEN

Lingnerterrassen. Das Restaurant fühlt sich dem Vermächtnis Karl August Lingners verpflichtet. Dieser sah vor, das Schloss für alle Zeiten der Öffentlichkeit zugänglich zu machen und eine Gastronomie zu etablieren, die nicht nur für reiche Leute sein sollte. Café Biergarten tgl. April/Okt. 11–19 Uhr, Mai/Sept. 11–20 Uhr und Juni– Aug. 11–22 Uhr, an Wochenenden ab 10 Uhr, Bautzner Str. 132, Tel. 03 51/456 85 10, www.lingnerterrassen.de

Historisches Fischhaus Dresden. Eines der ältesten Gasthäuser Dresdens liegt idyllisch am Rande der Dresdner Heide und bietet drinnen und draußen Gastronomie mit Kreativität. Mo–Fr 11.30–24 Uhr, Sa 11–24 Uhr und So 11–23 Uhr, Fischhausstr. 14, Tel. 03 51/89 91 00, www.fischhaus.de

Brauhaus am Waldschlösschen. Brauerei und Restaurant. Der große Biergarten ist etwas für die ganze Familie und bietet außerdem einen einzigartigen Panoramablick zur Dresdner Altstadt. Besonders beliebt ist die Live Musik von Dixieland über Blasmusik bis hin zu Boogie Woogie. Am Brauhaus 8 b, Tel. 03 51/652 39 00 www.waldschloesschen.de

ÜBERNACHTEN

Hotel und Restaurant Schloss Eckberg. Wie im Märchen: ein historisches Schloss in einer traumhaften Parklandschaft – heute dem Gast gewidmet mit individuellem Service. Bautzner Str. 134, Tel. 03 51/809 90, www.schloss-eckberg.de

Wohnen beim Winzer Müller. Ferien in der Stadt und gleichzeitig auf dem Land beim Winzer. Das ist möglich in zwei Ferienwohnungen in einem Park mit herrlichem Ausblick auf Dresden. Kavaliershaus Schloss Albrechtsberg, Bautzner Str. 130, Tel. 03 51/251 78 19, www.winzer-mueller.de/ferienwohnung.html

Historisches Fischhaus – König-Albert-Park-Hotel. Das historische Haus strahlt Behaglichkeit aus und liegt ruhig am Wald. Und doch ist man als Gast schnell wieder mitten im touristischen Trubel. Fischhausstr. 14, Tel. 03 51/89 91 00, www.fischhaus.de

Hotel am Waldschlösschen. Das Hotel hat eine Straßenbahnanbindung sowie eine Haltestelle der Stadtrundfahrt vor der Tür. Der Elbrad- und Wanderweg führen direkt vorbei. Was will man mehr? Am Brauhaus 8 b, Tel. 03 51/895 13 30, www.hotel-am-waldschloesschen.de

Gästezimmer Mrozicki. Am Loschwitzer Elbhang warten vier freundlich eingerichtete Gästezimmer in einem ruhig gelegenen Zweifamilienhaus mit Garten auf Gäste. Wunderlichstr. 2, Tel. 03 51/268 73 91

VERANSTALTUNGEN

Lingnerschloss. Das Schloss ist nicht nur Baudenkmal, es ist auch ein Ort lebendiger Kultur. Über den Dächern Dresdens finden vielfältige Veranstaltungen statt: von klassischen Konzerten und Lesungen bis zu Kleinkunstabenden. Ferienangebote und Schlossführungen haben vor allem die jüngeren Besucher im Blick. Bautzner Str. 132, Tel. 03 51/646 53 82, Termine unter: www.lingnerschloss.de

AKTIVITÄTEN

Dresdner Schlössernacht. Im Sommer öffnen die Elbschlösser auch abends ihre Pforten. Dann gleicht der Aufenthalt in den ausgedehnten Parkanlagen einem Sommernachtstraum. Jährlich im Juli, Termin und Karten: Tel. 03 51/421 99 99, www.dresdner-schloessernacht.de

29 Radtour nach Blasewitz
Schillers Gustel am »Blauen Wunder«

Die schönsten Villen Dresdens stehen in Blasewitz. Eine stringente Bauordnung schrieb anfangs diesen großzügigen Baustil vor – Häuser mit mehreren Etagen gab es zunächst nicht. Auch ein Wahrzeichen Dresdens ist in dem Villenvorort zu finden: das »Blaue Wunder«.

Auf einem der schönsten Abschnitte des Elberadwegs kommt man bequem mit dem Fahrrad nach Blasewitz (Fahrräder gibt es überall im Zentrum zu mieten). Vorbei an breiten Wiesen und knorrigen Bäumen und Weiden erheben sich nach einer Weile auf der linken Seite die drei Elbschlösser am Hang inmitten von Weinbergen. Näher kann man sie als Ensemble nicht sehen. Nach einer Kurve des Flusses taucht – wie hingezaubert – das »Blaue Wunder« auf. Unter der Brücke durch fährt man hinauf zum Schillerplatz, dem Zentrum von Blasewitz, das erst 1921 gegen den zähen Widerstand seiner reichen Bewohner eingemeindet wurde.

Architekturdenkmal »Blaues Wunder«

Dresdens schönste Brücke verbindet Blasewitz und Loschwitz. In die Annalen ging das 1893 eingeweihte »Blaue Wunder« als technische Sensation ein, längst ist es zu einem Wahrzeichen Dresdens geworden. Der Bau mit einer Spannweite von 280 Metern dauerte zwei Jahre und wurde nach Entwürfen von Claus Köpcke (1831–1911) ausgeführt. Bei ihrer Eröffnung erhielt die Brücke den Namen des regierenden Königs Albert, wegen ihrer Farbe

Mitte: Das »Blaue Wunder« verbindet seit mehr als 100 Jahren Blasewitz und Loschwitz.
Unten: Radfahrer auf dem Elberadweg

hieß sie im Volksmund jedoch bald »Blaues Wunder«. Die Stahlkonstruktion mit einem Gewicht von 3000 Tonnen wurde für 2,25 Millionen Goldmark in der Königin-Marien-Hütte in Cainsberg bei Zwickau hergestellt. Anfangs musste ein Brückenzoll geleistet werden. Fußgänger, Radfahrer und Straßenbahnfahrgäste zahlten je zwei Pfennig, für Hühner und Gänse waren ebenfalls zwei Pfennig und für Zugtiere zehn Pfennig zu entrichten. Bis auf 100 000 Mark beliefen sich die jährlichen Einnahmen. Nach der Eingemeindung wurde der Brückenzoll abgeschafft.

Villenviertel an den Ufern der Elbe

1349 erstmals erwähnt war »Blasenwicz« ursprünglich ein slawisches Fischer- und Winzerdorf, mit dem Bau von Landhäusern ab 1860 wurde es zu Dresdens Villenvorort. Örtliche Regelungen von 1863 und 1874 ermöglichten eine planvolle bauliche Entwicklung, vorgeschrieben war eine offene Villenbebauung. Arthur Willibald Königsheim (1816–1886) ließ im Blasewitzer Tännicht 1875

Oben: Blick vom Luisenhof über Blasewitz
Unten: Der Körnerplatz ist der Mittelpunkt des Stadtteils.

AUTORENTIPP!

ITALIEN AN DER ELBE

Eines der denkmalgeschützten Häuser am Fuße des »Blauen Wunder« ist die Villa Marie. Wer mit dem Fahrrad die Elbe entlang aus dem Zentrum kommt, sieht sie rechterhand liegen. Die Villa, um 1860 im Landhausstil mit Turm, Erker und Fachwerk gebaut, strahlt in sattem Gelb und beherbergt ein italienisches Restaurant mit einer kleinen gemütlichen Bar und Sommerterrasse, in dem sich Prominente aus Wirtschaft und Politik die Klinke in die Hand drücken. Unschlagbar ist der Ausblick auf die Elbehänge und das »Blaue Wunder«. Zum mediterranen Ambiente passt die schlichte Einrichtung im toskanischen Stil. Sonntags kann man in der ersten Etage brunchen, in der zweiten steht ein extra Raum für 25 Personen zur Verfügung. Den Abriss der Villa verhinderten übrigens Dresdner Künstler, die das verfallene Gebäude 1982 für sich entdeckten und jahrelang besetzt hielten.

Villa Marie. Mo–Sa 11.30–1 Uhr und So/Feiertag 10–1 Uhr, Fährgässchen 1, Tel. 03 51/31 54 40 www.villa-marie.de

den Waldpark anlegen. Für die angrenzenden Straßen entwarfen Architekten wie Constantin Lipsius (1832–1894) und Rudolf Schilling (1859–1933) zahlreiche Prachtbauten. Max Georg Poscharsky (1859–1899) schuf mit der Villa Weigang auf der Goetheallee 55 eines der nobelsten Häuser des Viertels. Er hatte das Grundstück 1894 erworben und begann im selben Jahr mit dem Bau der Villa im Renaissance-Stil. Beides verkaufte er ein Jahr später mit großem Gewinn an den Druckereibesitzer Otto Weigang, der das Haus als Sommersitz nutzte. Heute kann darin geheiratet werden. Auch die Villa im Vogesenweg 4, die der Villa Weigang in vielem gleicht, stammt von Poscharsky. Zu den vielen denkmalgeschützten Häusern zählen die Villa Marienlust (Naumannstraße 3), Villa Ilgen (Loschwitzer Straße 37), das Kanzlei- und Wohnhaus in der Loschwitzer Straße 38, Villa Stock (Händelallee 14–16) und die 1905 von Martin Pietzsch (1866–1961) erbaute Jugendstilvilla in der Wägnerstraße 18. Der Baustil letzterer wird wegen seiner Form »Würfel- oder Kaffeemühlenhaus« genannt.

Die Gustel von Blasewitz

Friedrich Schiller (1759–1805) besuchte während seines Dresden-Aufenthalts 1785 bis 1787 gern die »Fleischersche Schenke« mit Sommerschankhaus an der Elbe (heutiger Schillergarten). Bedient hat ihn die Gastwirtstochter Justine Segedin (1763–1856), mit welcher Schiller bald eine herzliche Freundschaft verband. Diese soll allerdings wenig erfreut darüber gewesen sein, dass sie sich plötzlich im »Wallenstein« als Marketenderin wiederfand: »Was? Der Blitz! Das ist ja die Gustel von Blasewitz!« An Gustel alias Justine erinnern am neogotischen Rathaus eine Skulptur und in der Blasewitzer Kirche ein Kirchenfenster.

Infos und Adressen

ESSEN UND TRINKEN

SchillerGarten. Das Restaurant mit eindrucksvoller Geschichte hat eine hauseigene Patisserie und bietet gutbürgerliche Küche in verschiedenen Räumen und im größten Biergarten der Stadt. Tgl. 11–1 Uhr, Schillerplatz 9, Tel. 03 51/81 19 90, www.schillergarten.de

Café Toscana. Die Grande Dame der Dresdner Caféllandschaft erstrahlt direkt neben dem »Blauen Wunder« in alter Schönheit und lädt zum Genießen von Süßigkeiten ein, wofür die Sachsen ja bekannt sind. Tgl. 9–19 Uhr, Schillerplatz 7, Tel. 03 51/310 07 44, www.cafe-eisold.de

Weinhandlung Flaschenpost. Im ehemaligen Postamt Dresden-Blasewitz gibt es heute ausgesuchte Weine und köstliche Produkte aus Bitterorangen. Mo–Fr 11–20 Uhr und Sa 10–16 Uhr, Justinenstr. 1, Tel. 03 51/313 89 41, www.weinhandlung-blasewitz.de

Küssen erlaubt – die beliebte Brücke als Treffpunkt

Elbetour mit Schlauchboot

ÜBERNACHTEN

Hotel Am Blauen Wunder. Mitten im geschichtsträchtigen Blasewitz spricht das Hotel mit 39 Zimmereinheiten eine moderne Sprache. Es ist auf die Bedürfnisse von Fahrradtouristen spezialisiert. Loschwitzer Str. 48, Tel. 03 51/336 60, www.habw.de

Pension Andreas. Ein besonderes Angebot der familiär geführten Pension sind Bootstouren auf der Elbe, die individuelle Ausblicke auf Altstadtsilhouette und Weinberge garantieren. Mendelssohnallee 40-42, Tel. 03 51/31 57 70, www.pensionandreas.de

Aparthotel Villa Freisleben. Malerische neoklassizistische Stadtvilla mit Jugendstilelementen. Von hier aus gelangt man direkt in den Waldpark. Loschwitzer Str. 19, Tel. 03 51/33 68 90, www.villa-freisleben.de

30 Loschwitz

Schiller, Stasi und Klavier

Vom ehemaligen Dorfkern ist manches erhalten. Loschwitz bietet Historisches und viel an Geschmackvollem. In den auserlesenen Cafés lassen sich Künstler wie Touristen gern nieder. Besonderen Charme hat das Viertel auch wegen der Elbnähe.

Mitte: Alte Loschwitzer Dorfhäuser
Unten: Die Schwebebahn auf ihrem Weg nach Oberloschwitz

Übers »Blaue Wunder« kommend gelangt man zum Loschwitzer Körnerplatz, einem Ort mit Charme und einigen netten kleinen Cafés. Beherrscht wird der Platz von der barocken Loschwitzer Kirche, genannt «kleine Schwester« der Frauenkirche, die Anfang des 18. Jahrhunderts nach Plänen George Bährs (1666–1738) errichtet wurde. Der Kirchhof war bis 1907 Begräbnisstätte. Die Kirche wurde 1945 nahezu vollständig zerstört und konnte erst ab 1991 wieder aufgebaut werden. Anstelle des zerstörten Bähr-Altars erhielt der Innenraum 2002 den Altar von Maria Giovanni Nosseni (1544–1620) aus der Dresdner Sophienkirche, er steht heute auf einem Edelstahlgerüst, alle 350 Figuren, Teilstücke und Reliefs wurden integriert und mit Stuckmarmor ergänzt.

Leonhardi-Museum

An der Grundstraße befindet sich das Leonhardi-Museum, eine Galerie für zeitgenössische Kunst, die mit ausgesuchten Ausstellungen auf sich aufmerksam macht. Das pittoreske Bauwerk mit Erkern und Türmchen, nackten Bergknappen, Sprüchen und Reimen wirkt ein wenig wie aus der Zeit gefallen. In Teilen geht das Gebäude auf eine Wassermühle zurück, die an dieser Stelle bereits für das 16. Jahrhundert überliefert ist. 1879 riss

der Maler Eduard Leonhardi die Mühle ab und baute an das Wohngebäude einen kleinen Atelierbau an, in dem heute auch das Museum eingerichtet ist. Das »Rote Amsel« genannte Fachwerkhaus erhielt in den 1880er-Jahren von Charles Palmié seine ungewöhnliche Bemalung.

Bergbahnen

Loschwitz wartet gleich mit zwei außergewöhnlichen Transportmitteln auf: Links der Grundstraße führt die Standseilbahn von 1895 in den Stadtteil Weißer Hirsch, rechts die Schwebebahn nach Oberloschwitz. Der Weg zum Weißen Hirsch von 547 Metern und 95 Höhenmetern ist eingleisig, in der Mitte der Strecke befindet sich eine Ausweichstelle, sodass die Wagen aneinander vorbeifahren können. Eine mit 274 Metern kürzere Strecke und 84 Meter Höhenunterschied legt die Schwebebahn zurück. Wie die Wuppertaler Bahn ist sie nach dem Prinzip der Einschienenhängebahn konstruiert. Die an der Fahrschiene hängenden Wagenkästen werden durch ein Zugseil bewegt, welches durch eine Fördermaschine in der Bergstation angetrieben wird.

Oben: Kunst in der früheren Mühle
Unten: Mini-Museum Schillerhäuschen

AUTORENTIPP!

OPEN-AIR-PARTY AUF SIEBEN KILOMETERN

Einmal im Jahr feiert der gesamte Elbhang. Am letzten Juniwochenende verwandelt sich die Landschaft zwischen Loschwitz und Pillnitz in ein riesiges Festgelände. Zwischen den geschützten Auenwiesen am Fluss und dem Schönfelder Hochland hat sich in den ehemaligen Weinbergen und den charakteristischen Elbdörfern seit der Gründerzeit eine vielfältige Architektur entfaltet, die das Bild bis heute prägt. Das Fest bietet auf einer Strecke von sieben Kilometern zahlreiche Veranstaltungen, Kuriositäten aus Sachsen und einheimische Küche. Gefeiert wird auf Dorfplätzen, in Parks und Villen, am Elbufer und an den Hängen. Das Elbhangfest ist 1990/91 aus Benefizveranstaltungen für die Pillnitzer Weinbergkirche und die Loschwitzer Kirche hervorgegangen. Viele öffneten damals ihre Privatgärten und luden zu Hauskonzerten sowie Kaffee und Kuchen ein.

Elbhangfest. Mehr Infos unter: Tel. 03 51/268 38 32, www.elbhangfest.de

Schillerhäuschen

Während seiner Dresden-Aufenthalte 1786 und 1787 wohnte Friedrich Schiller (1759–1805) zum Teil im Sommerwohnsitz Christian Gottfried Körners (1756–1831) im Loschwitzer Weinberg. Er war seit 1784 mit dem Kunstmäzen bekannt, der ein Verehrer seiner Dramen war und ihn förderte. Vermutlich in dem Pavillon, dem heutigen Schillermuseum, arbeitete er an Don Carlos und vollendete die Ode An die Freude. Erreicht wird es auf der steil ansteigenden Schillerstraße über den Eingang Nummer 19. Das kleine Museum erinnert an seinen Dresdner Aufenthalt und gibt Einblick in das Leben und Schaffen des Dichters. Es lohnt sich, die Schillerstraße noch ein Stück weiter hinauf zu gehen. An der Einmündung zur Schevenstraße kann ein Stück Zeitgeschichte nachempfunden werden. Dort steht das Ensemble aus der um 1870 erbauten Elbhangvilla nebst einem Neubau. Die DDR-Staatssicherheit nutze die Anlage kurze Zeit als Gästehaus und Schulungszentrum. 1990 übernahm der Freistaat Sachsen das Grundstück – ebenfalls als Gästehaus. In der Anlage wohnten bis 2001 der sächsische Ministerpräsident Kurt Biedenkopf sowie mehrere seiner Minister.

Hinunter zur Elbe

Am Fuße der Schillerstraße stehen am Elbweg schöne Winzerhäuser. Es geht zurück zum Körnerplatz und auf der anderen Seite des »Blauen Wunders« hinunter zur Elbe. Ein angenehmer Weg bietet sich über den kleinen Dorfplatz mit Gründerzeithäusern an. Das in Form einer steinernen Welle gestaltete Denkmal am Platz symbolisiert seit 2006 die Elbe sowie die zahlreichen Hochwasserkatastrophen. Die Friedrich-Wieck-Straße führt vorbei am Kulturhaus Loschwitz, daneben erinnert am Haus Nummer 10 eine Gedenktafel an Friedrich Wieck, den Vater der Pianistin Clara Schumann.

Rundgang Loschwitz

Ⓐ **Blaues Wunder** – Eines der Wahrzeichen von Dresden. Die 1893 eingeweihte Brücke mit einer Spannweite von 280 Metern verbindet die Stadtteile Blasewitz und Loschwitz. Sie ist ein ingenieurtechnisches Meisterwerk des 19. Jahrhunderts.

Ⓑ **Loschwitzer Kirche** – Die von George Bähr erbaute Barockkirche gilt als die »kleine Schwester« der Frauenkirche. Der achteckige Saalbau in Altrosa verputzt hebt sich von früheren schlichten Dorfkirchen ab. Pillnitzer Landstr. 7, Tel. 03 51/2 68 81 45

Ⓒ **Leonhardi-Museum** – Die frühere Mühle nutzte der Maler Eduard Leonhardi zunächst als Wohn- und Atelierhaus, später auch als Museum für eigene Arbeiten. Di-Fr 14–18 Uhr, Sa/So10–18 Uhr Grundstr. 26, Tel. 03 51/2 63 33 46.

Ⓓ **Standseilbahn (am Körnerplatz)** – Die Bahn mit einer Steigung von 29 Prozent führt auf den Weißen Hirsch direkt zum Restaurant »Luisenhof«. Überwunden wird ein Höhenunterschied von 95 Metern.

Ⓔ **Schwebebahn (neben der Kirche)** – Wie die Wuppertaler Bahn ist sie nach dem Einschienenhängebahn-Prinzip konstruiert. Sie überwindet 84 Meter Höhenunterschied und führt nach Oberloschwitz, einem bevorzugten Wohngebiet am Rande von Dresden.

Ⓕ **Schillerhäuschen** – Das Mini-Museum erzählt von Friedrich Schillers Aufenthalten in Loschwitz und seiner Arbeit an Don Carlos. Besichtigung nur nach Vereinbarung, Sa/So 10–17 Uhr, Schillerstr. 19, Tel. 03 51/31 58 10

Ⓖ **Loschwitzer Kulturhaus** – Die Buchhandlung der anderen Art ist nicht nur wunderschön zum Stöbern, sie bietet auch regelmäßig Veranstaltungen wie Konzerte, Lesungen und Talkshows an. Unbedingtes Muss für alle Lesefans. Di–Fr 10–18 Uhr, Sa 10–14 Uhr, So 11–16 Uhr. Friedrich-Wieck-Str. 6, Tel. 03 51/2 66 66 55

Ⓗ **Körnergarten** – Der Biergarten liegt unmittelbar an der Elbe und bietet einen wunderbaren Blick auf das »Blaue Wunder«. Friedrich-Wieck-Str. 26, Mo-So ab 11 Uhr.

AUTORENTIPP!

BESSER ALS IN MAILAND

Schon beim Öffnen der Tür zum »Arabusta« schlägt dem Gast ein volles Kaffeearoma entgegen, das ihn sofort gänzlich umhüllt und mit sich forträgt. Hier dreht sich alles um die Bohne und seine Verarbeitung in aufwendigen Espressomaschinen: Der Kaffee ist so gut wie in Italien und auch die heiße Schokolade ist nicht zu verachten. Ein Geheimtipp ist das »Arabusta« am Körnerplatz schon lange nicht mehr, vor den großen Fenstern drücken sich (Lebens-)-Künstler, Studenten und aufgeschlossene Mütter in die schwarzen Sessel auf einen freundschaftlichen Plausch und die Bedienungen tragen stets ein Lächeln auf den Lippen. Erstaunlicherweise gibt es keinen oder nur selten Kuchen – das hat das Café mit seinen italienischen Pendants gemeinsam – dafür darf man sich notfalls sein eigenes Stück mitbringen.

Café Arabusta. Mo–Fr 10–19 Uhr, Sa 10–17 Uhr, So 13–17 Uhr, Körnerplatz 13, Tel. 03 53/263 16 55, www.arabusta.de

Terrasse des »ZAZA«

Altes Fährhaus und Körnergarten

Vorbei am »Weincafé Clara« gelangt man zum Alten Fährhaus an der Elbe, einem der ältesten Fachwerkbauten Dresdens. In seiner heutigen Form entstand das Haus um 1697. Viele Jahrhunderte lang befand sich die Fähre nach Blasewitz in Privatbesitz verschiedener Loschwitzer Familien, die ihr Privileg auch vererbten oder veräußerten. Erst 1862 wurden die Rechte an die Sächsisch-Böhmische Dampfschiffahrtsgesellschaft verkauft. Im Haus lebten prominente Persönlichkeiten wie die Maler Anton Graff, August Böckstiegel und Conrad Felixmüller. An Böckstiegels Aufenthalt erinnern zwei von ihm mit expressionistischen Malereien ausgestaltete Zimmer im Obergeschoss. In einem zweiten historischen Fährhaus von 1630 wohnten die Fährknechte, im 19. Jahrhundert wurde es für Sommergäste ausgebaut. Unmittelbar am Elbufer liegt idyllisch der »Körnergarten« mit Ausblick auf das »Blaue Wunder« und Blasewitz. Das historische Elbhotel »Demnitz« unterhalb des »Blauen Wunders« (Friedrich-Wieck-Straße 18) wird derzeit saniert.

MAL EHRLICH

SONNTAGS NIE

Es ist ein wunderschöner Ort: eine Villa mit Weinterrasse. Wer allerdings das »ZAZA« zum Sonntagsbrunch aufsucht, mag leicht enttäuscht sein. Den frisch gepressten Orangensaft von den Anfängen des Cafés oder das mediterrane Angebot sucht man inzwischen vergebens. Je später der Vormittag, desto weniger üppig das Buffet – der Nachschub klemmt. Auf Anfragen reagiert das Personal verständnislos, der Gast bleibt etwas ratlos zurück.

Infos und Adressen

SEHENSWÜRDIGKEITEN

Schillerhäuschen. Sa/So 10–17 Uhr, Schillerstr. 19, Tel. 03 51/31 58 10, www.stadtmuseum-dresden.de

Leonhardi-Museum. Di–Fr 14–18 Uhr und Sa/So 10–18 Uhr, Grundstr. 26, Tel. 03 51/268 35 13, www.leonhardi-museum.de

Dresdner Bergbahnen. Standseilbahn, Körnerplatz 5, zum Weißen Hirsch. Schwebebahn, Pillnitzer Landstr. 5, nach Oberloschwitz, Tel. 03 51/ 857 10 11, www.dvb.de/de/Freizeit-Tourismus/Bergbahnen

Loschwitzer Kirche. Pillnitzer Landstr. 7, Tel. 03 51/268 81 45, www.loschwitzer-kirche.de

Kunsthandwerker in Loschwitz

Das Schillerhäuschen im Weinberg

ESSEN UND TRINKEN

Körnergarten. Das alte Dresdner Wirtshaus liegt an der Elbe – und lebt mit ihr und von ihr. Es ist die richtige Einkehr nach Stadtbummel, Elbwanderung, Dampferfahrt oder Fahrradtour. Tgl. 11–24 Uhr, Friedrich-Wieck-Str. 26, Tel. 03 51/268 36 20, www.koernergarten.de

ZAZA Café und Restaurant. Das »ZAZA« liegt idyllisch in einem ehemaligen Weinberg am Elbhang direkt am »Blauen Wunder«. Winterpause von Okt.–April, Schillerstr. 11, Tel. 03 51/265 56 32, www.zaza.de

ÜBERNACHTEN

Landhaus Maria Am Blauen Wunder. Das Haus steht leicht erhöht über dem Körnerweg, sodass der Blick nach allen Seiten ins Grüne geht. Körnerweg 4, Tel. 03 51/264 04 97, www.landhaus-maria.info

Therese-Malten-Villa. Die Villa im Neorenaissance-Stil auf der anderen Elbseite wurde für die Opernsängerin Therese Malten erbaut und bietet heute individuelle Unterkunft mit einigen wertvollen Details ihrer bewegten Vergangenheit. Wilhelm-Weitling-Str. 3, Tel. 03 51/205 35 21, www.therese-malten-villa.de

31 Hosterwitz

Hochzeit in der Schifferkirche

Wegen seiner herrlichen Lage am Fluss war Hosterwitz bereits im 19. Jahrhundert ein begehrtes Ausflugsziel. Die Einwohner der Residenzstadt bezogen in dem Winzerdorf kleine Sommerhäuser. Auch Carl Maria von Weber fühlte sich in dieser Umgebung wohl und verbrachte dort mehrere Sommer mit seiner Familie.

Die erste urkundliche Erwähnung von 1406 nennt das Dorf »Hostembricz«. Der Name geht vermutlich auf *hostis* (Gast, Fernhändler) zurück und weist auf die Bedeutung dieses Platzes für Händler und Elbschiffer hin, die hier aufgrund einer Untiefe ihre Kähne umladen mussten. Neben einer bis ins 18. Jahrhundert genutzten Furt stand auch eine kleine Kirche, Vorgängerin der heute so beliebten Schifferkirche Maria am Wasser. In der Gegenwart ist Hosterwitz wegen seiner ruhigen Lage am Elbhang ein äußerst angenehmer Wohnort. Der alte Dorfkern mit Kirche, Pfarrhaus, der Kantorei und einigen anderen historischen Gebäuden wurde bei der Jahrhundertflut 2002 stark beschädigt.

Kirche Maria am Wasser

Wegen ihrer wunderschönen Lage an der Elbe und der Nähe zum Schloss Pillnitz ist die kleine Kirche eine der beliebtesten Hochzeitskirchen in Dresden. Ihr heutiges typisches Aussehen erhielt der spätgotische Hallenbau von 1495 erst 1774, als über dem Westgiebel ein barocker Dachreiter mit einer Turmzwiebel errichtet wurde. Nahe der Kirche befand sich eine Furt, zu deren Überquerung die Elbkähne entladen und von den Bomätschern (Treidlern) über diese seichte Stelle gezogen werden mussten.

Mitte: Beliebte Hochzeitskirche Maria am Wasser
Unten: Schöne Gärten in Hosterwitz

Stimmgabel, Taktstock und Siegelring

In einem alten Winzerhaus befindet sich das Museum für Carl Maria von Weber (1786–1826). Der Komponist war von 1817 bis zu seinem Tod Hofkapellmeister in Dresden und verbrachte von 1818 bis 1824 mehrmals die Sommermonate in dem Haus, wo er auch Musiker, Sänger und Dichter empfing. Diese Zeiten gehörten zu den glücklichsten seines Lebens. Inspiriert von der Landschaft und dem nahegelegenen Keppgrund, den er oft durchwanderte, entstanden Teile seiner Opern Der Freischütz, Euryanthe und Oberon sowie kleinere Kompositionen wie die »Aufforderung zum Tanz«. Eine Ausstellung über zwei Stockwerke erzählt vom Leben und Werk des Komponisten, persönliche Gegenstände wie Webers Stimmgabel, Taktstock und Siegelring machen den Besuch zu einem besonderen Erlebnis.

Plantagengut

Hosterwitz bewohnten schon immer auch Künstler. Einer von ihnen war der Hofbildhauer Lorenzo Mattielli (1688–1748), der 1745 das Anwesen Plantagengut bezog und darin seine Bildhauerwerkstatt einrichtete. In Hosterwitz schuf er den größten Teil seiner Heiligenfiguren für die Dresdner Hofkirche, die mit dem Schiff in die Residenz gebracht wurden. Nach seinem Tod erwarb das Gut 1749 Graf Heinrich von Brühl (1700–1763) und betrieb in den Räumen eine Manufaktur für Schnupf- und Rauchtabak. Später legte der sächsische Hof eine Seidenraupenzucht an. 1814 wurde der bis dahin zusammenhängende Besitz aufgeteilt und das Plantagengut aufgelöst. Auf einem Teil der Fluren entstand 1908 das Hosterwitzer Wasserwerk, der größte Teil der früheren Gutsfelder wird heute jedoch von Obstplantagen eingenommen.

Erinnerung an das Kapuzineräffchen von Carl Maria von Weber an der Kirche

Infos und Adressen

SEHENSWÜRDIGKEITEN

Kirche Maria am Wasser. Kirchgasse 6, Tel. 0351/2618330, www.maria-am-wasser.de

Carl-Maria-von-Weber-Museum. Mi–So 13–18 Uhr, Dresdner Str. 44, Tel. 0351/2618234, www.stadtmuseum-dresden.de

ESSEN UND TRINKEN

Restaurant Parkcafé. Hauseigene und saisonale Spezialitäten bieten für jeden etwas Passendes. Romantiker sind auch richtig, denn das Landhaus gehörte im 19. Jahrhundert Carl Gustav Carus, königlicher Leibarzt und Landschaftsmaler. Tgl. 11.30–22 Uhr, Nov.–März Mi Ruhetag, Orangeriestr. 26, Tel. 0351/2618233, www.parkcafe-pillnitz.de

ÜBERNACHTEN

Plantagengut Hosterwitz. Eine Ferienwohnung und zwei Zimmer in blau und rot beherbergen nicht nur historisch interessierte Gäste. Im 18. Jahrhundert wurden hier Tabak angebaut und Seidenraupen gezüchtet. Laubegaster Str. 2, Tel. 0351/4109931, www.plantagengut.tofi.de

Mitte: Freitreppe zum Träumen und Verweilen
Unten: Das Bergpalais von Schloss Pillnitz

32 Schloss Pillnitz

Wintertraum in Karminrot

Die Schlossanlage ist ein herausragendes Beispiel für die Chinamode im 18. Jahrhundert. Das außergewöhnliche Ensemble aus Architektur und Gartenkunst vor den Weinbergen liegt harmonisch in der Flusslandschaft des Elbtals. Am besten nähert man sich dem Lustschloss mit den markanten Pagodendächern auf einem Elbdampfer.

Vor den Toren Dresdens, etwa 15 Kilometer östlich vom Stadtzentrum, liegen malerisch an der Elbe Schloss und Park Pillnitz. August der Starke (1670–1733) schenkte die Anlage Anfang des 18. Jahrhunderts seiner berühmten Mätresse Anna Constantia von Cosel (1680–1765), die hier einige Jahre ihren ständigen Wohnsitz hatte. Als sie jedoch 1718 in Ungnade fiel, nahm der König das Schloss wieder zurück in seinen Besitz und setzte die Gräfin quasi an die Luft. Das Schloss sollte nun als Repräsentationsbau dem Spiel und der Unterhaltung der höfischen Gesellschaft dienen. Nach Plänen des Architekten Matthäus Daniel Pöppelmann (1662–1736) ließ der König außerdem das Berg- und Wasserpalais errichten. Ab 1768 wurde das Schloss Sommerresidenz des sächsischen Königshauses. Auch die ehemaligen Bewohner ließen sich gern mit fantasievoll gestalteten Gondeln auf der Elbe spazieren fahren, eine davon kann man bis heute im Schlossgarten bewundern.

250-jährige Kamelie

An Pillnitz schätzen Besucher aber vor allem die weitläufige Anlage mit zahlreichen botanischen

Besonderheiten, in der es sich lustwandeln lässt wie früher. Nicht verpasst werden sollte die mehr als 250 Jahre alte Kamelie, die im Winter unter einem fahrbaren Glashaus geschützt wird. Herkunft und das genaue Alter dieser einzigartigen Pflanze sind aber trotz ihrer Bekanntheit noch immer ungeklärt. Der Legende nach brachte der schwedische Botaniker Karl Peter Thunberg (1743–1828) vier Kamelien von seiner Japanreise 1779 in die Königlichen Botanischen Gärten Kew bei London. Ein Exemplar blieb in Kew, die anderen sollen in die Gärten Herrenhausen bei Hannover, Schönbrunn bei Wien und Pillnitz weitergegeben worden sein. Von diesen wäre die Pillnitzer Kamelie die einzige noch erhaltene. 1801 wurde sie an ihren heutigen Standort gepflanzt, mittlerweile hat sie eine Höhe von 8,60 Metern und einen Durchmesser von fast elf Metern. Während der Blütezeit von Mitte Februar bis April trägt sie Zehntausende glockenförmige und karminrote Blüten. Dann werden auch Ableger in begrenzter Zahl verkauft.

Umgestaltung auf »indianisch«

Prägend für die Schlossanlage sind das Berg- und Wasserpalais, die zwischen 1721 und 1724 entstanden. Das Wasserpalais an der Elbe besteht aus drei miteinander verbundenen Pavillons. Dächer und Gesimse des Palais vermitteln einen chinesischen Eindruck. Die Verwendung solcher ostasiatischer und orientalischer Elemente, sogenannter Chinoiserien, war in der Barockzeit sehr beliebt. August der Starke wollte das Schloss »indianisch« gestaltet wissen, womit er aber orientalisch, bzw. asiatisch meinte. Liebevoll restauriert spiegeln die Fassaden bis in die Gegenwart einen Eindruck von den Fantasien des Königs wider. In den Jahren 1723/24 entstand das Bergpalais als Spiegelbild zum Wasserpalais. Zwischen beiden lag der Lust-

AUTORENTIPP!

KUNST UND WEIN

Zwei Berufe, zwei Leidenschaften – seit 1992 leben Winzer Klaus Zimmerling und die Bildhauerin Malgorzata Chodokowska in einem Naturwunder und bewahren ein großes Geschenk. Der ehemals königliche Weinberg, die nach Süden ausgerichtete und an eine Stufenpyramide erinnernde Rysselkuppe, wird von ihnen bewirtschaftet. Auf verwittertem Granit gedeihen Riesling, Grauburgunder, Weißburgunder, Kerner und Gewürztraminer. Die ökologischen Spitzenweine – der Riesling gilt als einer der besten in Sachsen! – kann man im Weinkeller zwischen den Reben probieren. Die handgemachten Etiketten auf den Flaschen sind von Malgorzata Chodokowska gefertigt. Die polnische Bildhauerin ist bekannt für ihre anmutigen und grazilen Skulpturen aus Holz und Metall – Frauengestalten, die wie beseelte Wesen erscheinen. Einige ihrer Arbeiten sind im Weinkeller ausgestellt.

Weingut Zimmerling. Ausschank ist von April–Okt. jeden Fr–So 11–18 Uhr, Kauf der Weinproben ist vor Ort möglich. Bergweg 27, Tel. 0351/2618752, www.weingut-zimmerling.de

Autorentipp!

LOHENGRIN IM KÜHLEN GRUND
Ein Besuch der Richard-Wagner-Stätten in Graupa zwischen Pillnitz und Pirna bringt die Berührung mit dem Authentischen: Am Rande des schönen Liebethaler Grunds konzipierte Wagner seine Oper Lohengrin. Inspiriert von der unmittelbaren Umgebung des Tals und der sächsisch-böhmischen Schweiz entstanden bei einem Sommeraufenthalt 1846 in Graupa wesentliche Teile der Komposition. Daran erinnern das Lohengrin-Haus und die Anfang 2013 eröffnete Dauerausstellung im eigens dafür sanierten Jagdschloss. Ein Spaziergang durch den Liebethaler Grund mag die Spurensuche nach Wagner ergänzen. Mitten im Grün oder im Winter zwischen kahlen Zweigen erhebt sich das europaweit, wenn nicht sogar weltweit größte Wagner-Denkmal. Das Monument misst insgesamt 12,5 Meter. Es zeigt den Künstler als Gralsritter auf einem acht Meter hohen Sandsteinsockel.

Richard-Wagner-Stätten. Richard-Wagner-Str. 6, Tel. 03501/548229, www.richard-wagner-museum.de

garten. Die Treppe zur Elbe wurde ebenfalls 1724 fertiggestellt. Schon damals wurden in Pillnitz Hochzeiten gefeiert, so die Vermählungen von Prinzessin Maria Amalia von Sachsen mit König Karl III. von Sizilien (1738) und von Prinzessin Maria Anna von Sachsen mit dem Kurfürsten Maximilian III. Joseph von Bayern (1747). Im Schloss richtete man im 18. Jahrhundert auch ein Theater ein. Vermutlich entstand es zwischen 1720 und 1725. Von 1764 und 1812 fanden mehr als 200 Opernaufführungen statt und erst der Brand von 1818 beendete die Geschichte dieses Hauses. Nach der Zerstörung wurde die Bühne ins Ringrennhaus, der heutigen Orangerie, verlegt. Der Plan eines neuen Theatergebäudes konnte nicht realisiert werden. In die Belustigungen des Hofes wurde auch die Pillnitzer Elbinsel, seit 1924 Naturschutzgebiet und inzwischen Lebensraum für etwa 50 Vogelarten, einbezogen sowie die weitläufige Freitreppe am Ufer unterhalb des Wasserpalais, wo die Prunkgondeln anlegten. Neben den schönen Malereien am Palais sind auch einige Hochwassermarken angebracht. Eine neue Rekordhöhe erreichte die Elbe am 17. August 2002 mit 9,40 Metern und übertraf damit die bisherige Höchstmarke der Jahrhundertflut von 1845 um einen halben Meter.

Palmenhaus und Fliederhof

Ende des 18. Jahrhunderts wandelte sich das Schloss von einer Lust- und Spielstätte des Barocks hin zu einem Ort der Botanik, erste Treib- und Gewächshäuser entstanden. Ein englischer und chinesischer Garten wurden angelegt, beide mit Pavillons bestückt. Mitte des 19. Jahrhunderts entstand das Palmenhaus. Zu DDR-Zeiten hatte es anfangs noch als Gewächshaus für besondere Pflanzenarten gedient, wurde aber ab 1969 dem völligen Verfall preisgegeben. Erst 1991 setzte

man die bauliche Hülle in dreijähriger Sanierung instand, 2007 das Innere. Der Glashauskomplex hat eine Gesamtlänge von knapp 94 Metern, er überspannt eine Fläche von 659 Quadratmetern. Darin zu sehen sind Pflanzen aus Südafrika, Australien und Neuseeland. Die Gestaltung des umliegenden holländischen und chinesischen Gartens erfolgte ebenfalls nach historischen Plänen. Das ursprüngliche Schloss Pillnitz stand an der Stelle des heutigen Neuen Palais, fiel aber 1818 einem Brand zum Opfer, während Berg- und Wasserpalais unversehrt blieben. Die Bauarbeiten für ein neues Gebäude begannen im Frühjahr 1819. Drei Jahre später war das Hauptgebäude, in dem sich ein klassizistischer kuppelgewölbter Festsaal befindet, fertiggestellt. Danach entstanden zur Elbseite hin der Küchenflügel mit der königlichen Hofküche und der Brauerei sowie der Flügel mit der 1830 geweihten katholischen Kapelle. Die königliche Hofküche besitzt eine umfangreiche Ausstattung und ist in verschiedene küchenspezifische Bereiche wie »Mundseite«, »Bratseite«, »Backseite«, »Spickkammer«, »Fleischgewölbe«, »Zehrgarten«, »Eisgrube« und »Küchenschreiberei« unterteilt. Bis zu 27 Angestellte sorgten hier für das leibliche Wohl der könig-

Oben: Innenansicht des Chinesischen Pavillons
Unten: Detail der Wandmalerei

AUTORENTIPP!

KLEINE ABKÜHLUNG
Für Besucher der Region rund um Pillnitz sehr zu empfehlen ist der zwischen breiten Wiesen gelegene Kies- und Badesee Birkwitz-Pratzschwitz. Der mehr als 40 Hektar große See mit seinen zwei Inseln hat hervorragende Wasserqualität und bietet einen weiten Blick auf das Umland. Wer sich nicht nur kurz abkühlen möchte, findet in den Freibädern komfortable Liegewiesen, für weniger Schwimmbegeisterte gibt es tagsüber einen Bootsverleih, Sportler haben die Gelegenheit zum Surfen und zu einem Match auf dem Beachvolleyballfeld. Das »Pavillon am See« sorgt für das leibliche Wohl. Auch wer seine Badesachen vergessen hat, muss nicht auf eine vielleicht wohlverdiente Abkühlung verzichten: Der See ist bekannt für seine FKK-Flächen. Angler können am südlichen Teil ihre Angelruten auslegen, den der Deutsche Anglerverband erworben hat, ihre Angelruten auslegen. Dort ist das Baden verboten.

Kiesgrube Birkwitz-Pratzschwitz. Pratzschwitzer Str. 199, www.badesee-birkwitz.de

Idylle an der Elbe

lichen Familie und des Hofstaates. Der herrliche Fliederhof wurde 1866 angelegt. Jedes Jahr im Frühjahr verzaubert er die Besucher mit leuchtenden Farben und dem einzigartigen Duft dieser Pflanze.

Schlossmuseum

Im Neuen Palais befindet sich heute das Schlossmuseum Pillnitz. Die Ausstellung enthält Details zur Geschichte der ehemals königlichen Sommerresidenz, einem herrschaftlichen Spielschloss fern des politischen Tagesgeschäfts. Im Berg- und Wasserpalais ist das Kunstgewerbemuseum der Staatlichen Kunstsammlungen Dresden untergebracht. Im Pillnitzer Schlosspark können zwei Ferienhäuser angemietet werden. Das »Trompeterhaus« im Stil eines Gartenhauses eignet sich hervorragend für einen romantischen Aufenthalt zu zweit. Es wurde 1863 für den Schlosstrompeter gebaut. Das »Kleine Wächterhaus« bietet im Stil eines Landhauses bis zu vier Personen Platz. Nur wenige Meter entfernt erstreckt sich die Maille-Bahn, die im 18. Jahrhundert als Teil der 760 Meter langen Allee zwischen Pillnitz und Hosterwitz angelegt wurde. Ab 1766 nutze der Hof sie für das Ballspiel Paille-Maille, einen Vorläufer von Krocket und Golf. Ursprünglich befand sich in diesem Teil des Parks das »Französische Dorf« zur Unterbringung der bei Hoffesten beschäftigten Komödianten, Musiker und Sänger.

Die Kirche im Weinberg

Als August der Starke das Pillnitzer Schloss umbauen ließ, störte ihn die evangelische Schlosskirche in der Anlage. Schließlich stellte er den Bauplatz für eine neue Kirche im Königlichen Weinberg zur Verfügung, übernahm die Kosten sowie deren spätere Erhaltung und kümmerte sich um die Überführung der wertvollen Einbauten und Grabüberreste. So entstand nach einem Entwurf von Matthäus Daniel Pöppelmann zwischen 1723 und 1725 die Schlosskirche im Weinberg. Turmkugel und Wetterfahne erhielt sie in Anwesenheit Augusts des Starken. Weil sich die schlichte kleine Kirche so harmonisch in die Landschaft einfügt, hieß sie bald nur noch »Weinbergkirche«. Nach 1945 war die Evangelisch-Lutherische Landeskirche Sachsens Eigentümer, die sich aber Ende der 1970er-Jahre nicht mehr in der Lage sah, das Denkmal zu erhalten, woraufhin sie in die Hände der Stadt Dresden überging und weiter verfiel. 1990 gründete sich eine Interessengemeinschaft zur Rettung der Weinbergkirche. Ein Benefizkonzert für das Bauwerk inmitten des Weinbergs war zugleich die symbolische Wiedereröffnung der Kirche, erstmals läuteten wieder ihre Glocken. Zahlreiche Aktionen folgten. Die Weinbergkirche wurde nach und nach saniert und konnte 1995 eingeweiht werden. Sie wird für Gottesdienste genutzt, für Veranstaltungen wie Konzerte, Lesungen oder Ausstellungen. Seit 1993 ist der Freistaat Eigentümer des Denkmals.

MAL EHRLICH

TEURER PARK

Seit Frühjahr 2012 wird für den Schlosspark Pillnitz Eintritt verlangt – und das, obwohl sogar die Sachsenkönige den freien Zugang garantierten. Bei der sächsischen Schlösserverwaltung ist das jetzt vorbei. Viele Dresdner befürchten, dass künftig auch andere Parks dem Beispiel folgen – wie der Zwinger, in dem Orangenbäume aus Italien aufgestellt werden, die einiges kosten. Ob die Besucher lieber Orangen sehen oder ihren Euro behalten wollen, bleibt offen.

Oben: Die Weinbergskirche retteten Dresdner Bürger vor dem endgültigen Verfall.
Unten: Katholische Schlosskapelle

Infos und Adressen

SEHENSWÜRDIGKEITEN

Schloss und Park Pillnitz. Der Park ist ganzjährig von sechs Uhr bis zum Einbruch der Dunkelheit geöffnet. August-Böckstiegel-Str. 2, Tel. 03 51/261 32 60, www.schlosspillnitz.de

Schlossmuseum im Neuen Palais. Mai–Okt. Di–So 10–18 Uhr, Nov.–April Führungen an den Wochenenden.

Palmenhaus. April–Okt. 10–18 Uhr, Nov.–März 10–16 Uhr.

Das Palmenhaus im Garten von Schloss Pillnitz

Kamelienhaus. Mitte Febr. bis Mitte April während der Blütezeit.

Kunstgewerbemuseum. Berg- und Wasserpalais des Schlosses Pillnitz, Mai–Okt. Di–So 10–18 Uhr, Eingang jeweils vom Schlossinnenhof, Tel. 03 51/49 14 20 00, www.skd.museum

Schaudepot Deutsche Werkstätten. Mai–Okt. Di–So 10–18 Uhr, Bergpalais des Schloss Pillnitz, Eingang vom Schlossinnenhof, Tel. 03 51/49 14 20 00, www.skd.museum

Weinbergkirche. Die Kirche ist an Sommerwochenenden zu Besichtigung, Information und stiller Einkehr geöffnet. Bergweg 3, www.weinbergkirche.de

ESSEN UND TRINKEN

Einkehr am Palmenhaus. Für Einheimische eine bekannte Adresse, für Besucher ein Geheimtipp, den zu entdecken sich lohnt. Es gibt frische Produkte aus der Region und viele saisonale Höhepunkte. Vier Ferienwohnungen können angemietet werden. Tgl. außer Mo ab 11.30 Uhr, Orangeriestr. 5, Tel. 03 51/261 01 88, www.einkehrampalmenhaus.de

Pillnitzer Elbblick. Berggeist Rübezahl schätzte angeblich schon die böhmische, reichlich servierte Küche in dem Lokal direkt an der Elbe. Jan.–März Mi–Sa 11.30–21 Uhr und So 11.30–19 Uhr, April–Okt. tgl. ab 11 bis mindestens 21 Uhr, Söbrigener Str. 2, Tel. 03 51/424 84 44, www.elbblick-pillnitz.de

Backwirtschaft Pillnitz. Im denkmalgeschützten Dreiseitenhof des ehemaligen Kammerguts von Schloss Pillnitz duftet es verführerisch. Im Café und im begrünten Innenhof kann man dieser Verführung erliegen und gleich noch durch große Sichtfelder in die Backstube, das Eislabor und die Konditorei blicken. Mo–Sa 6–19 Uhr und So 7–19 Uhr, Söbrigener Str. 1, Tel. 03 51/417 36 60, www.baeckerei-wippler.de

ÜBERNACHTEN

Schloss Hotel Dresden Pillnitz. Dieses liebevoll gestaltete Haus ist eine besondere Adresse mit seiner traumhaften Lage in der Schlossanlage Pillnitz, umgeben von Weinbergen und Obstgärten.

August-Böckstiegel-Str. 10, Tel. 03 51/261 40, www.schlosshotel-pillnitz.de

Ferienhäuser in der Schlossanlage. Das »Trompeterhaus« im Stil eines Gartenhauses eignet sich für einen romantischen Aufenthalt zu zweit, das »Kleine Wächterhaus« im Stil eines Landhauses bietet vier Personen Platz. Tel. 03 51/261 32 60, www.schlosspillnitz.de/de/ferienhaeuser

EINKAUFEN

Töpferware im Bootskeller. Die Töpferinnung Sachsen verkauft im Bootskeller an der Freitreppe zum Wasserpalais ihre Tonprodukte. Mitte Feb.–Ende Okt. tgl. 10–17 Uhr, www.toepferkunst.de

Ladenpassage im Durchgang zum Fliederhof von Schloss Pillnitz. Mehrere Läden mit unterschiedlichen Öffnungszeiten bieten neben Souvenirs auch Kunsthandwerk, Antiquitäten und süße Spezialitäten an. www.schlosspillnitz.de

VERANSTALTUNGEN

Pillnitzer Schlossnacht. In Pillnitz feierte August der Starke rauschende barocke Feste. In der Neuzeit wird jedes Jahr im August zwischen Lustgarten und Prachtbauten dieses Kapitel der sächsischen Geschichte lebendig. Mit der Dämmerung öffnen sich die Portale des Schlossparks und die anmutige Kulturlandschaft wird zum Schauplatz barocker und neuzeitlicher Vergnügungen. Karten unter Tel. 018 05/447 07 10, www.pillnitzer-schlossnacht.de

Chinamode des 18. Jahrhunderts an der Fassade

Büste Kronprinz Friedrich August im Museum

AKTIVITÄTEN

Führungen durch Schloss und Park. Es werden unterschiedliche öffentliche Führungen angeboten: zum einen durch das Schlossmuseum, zum anderen durch den Park mit Besuch des Chinesischen oder Englischen Pavillons. Familien können an der thematischen Führung »Die Spiele der Königskinder« teilnehmen. Voranmeldung erwünscht: Tel. 03 51/261 32 60, www.schlosspillnitz.de/de/fuehrungen

INFORMATION

Besucherzentrum Alte Wache. April–Okt. tgl. 9–18 Uhr und Nov.–März tgl. 10–16 Uhr, August-Böckstiegel-Str. 2, Parkeingang, Tel. 03 51/261 32 60, www.schlosspillnitz.de/de/besucherservice

DIE SÄCHSISCHE SCHWEIZ

S. 186/187: Beobachtungsturm »Friedrichsburg« der Festung Königstein hoch über dem Elbtal
Mitte: Hallenkirche St. Marien mit spätgotischem Gewölbe
Unten: Rathaus im historischen Tuchmacher- und Handwerkerladen

33 Pirna
Mittelalterliche Perle

Kunstvoll verzierte Bürgerhäuser mit Giebeln und Erkern, gepflasterte Gassen, schmucke Innenhöfe. Schon von Weitem grüßen die Stadtkirche St. Marien und Schloss Sonnenstein – Pirna wird oft unterschätzt und hat dabei so viel zu bieten. Seit Kurzem auch ein Theater, in dem die berühmte Mundartschauspielerin Ilse Bähnert live zu erleben ist.

Eingebettet in die Landschaft des Elbtals erhebt sich die Silhouette von Pirna. Wer mit dem Auto ins Elbsandsteingebirge unterwegs ist, kommt direkt durch die Stadt. Sie wird daher auch gern das »Tor zur Sächsischen Schweiz« genannt. Voller Überraschungen ist die historische Altstadt. Viele der Bürgerhäuser wurden Anfang der 1990er-Jahre aufwendig saniert, dabei konnten Details und Decken freigelegt werden, so mancher Schatz trat zutage. Es gibt wunderschöne Portale und Sandsteinbrunnen und auch Hausinschriften wollen entziffert werden. Die mittelalterliche Stadt Pirna, die 1233 in einer Urkunde von Bischof Heinrich von Meißen (gestorben 1240) erstmals erwähnt wurde, hat ihr Gesicht in den vergangenen Jahrzehnten erheblich verändert. Herzstück aber ist und bleibt die spätgotische dreischiffige Hallenkirche St. Marien, die zwischen 1502 und 1546 errichtet wurde und den damaligen Wohlstand eindrucksvoll bezeugt: Pirna gehörte im späten Mittelalter zu den reichsten Städten des meißnischen Landes.

Hallenkirche St. Marien

Der Bau der Kirche wurde in katholischer Zeit begonnen und erst nach Einführung der Reforma-

Markttreiben in Pirna

tion vollendet. Die Innengestaltung ist von Pirnas erstem evangelischem Superintendanten, dem Reformator Anton Lauterbach (1502–1569), einem Freund Martin Luthers (1483–1546) und Philipp Melanchthons (1497–1560) wesentlich geprägt. Der Bau der Predigtkirche steht in der Tradition der sächsischen und böhmischen Hallenkirchen. Das Gewölbe von 1544 bis 1546, ein Höhepunkt der spätgotischen Kunst, setzt sich aus einem Netzgewölbe im Mittelschiff, einem Sterngewölbe in den Seitenschiffen und einem Fischblasengewölbe über dem Chor zusammen. Im gesamten Deckenbereich sind spielerisch gestaltete, teils frei schwebende Rippen verstrebt. In den Feldern dazwischen ist die Pirnaer Bilderbibel zu bewundern, sie gilt als die umfangreichste und eindrucksvollste Gewölbemalerei der Reformationszeit. Die Gemalde sind weitgehend original erhalten. Das Netzgewölbe trägt nicht das Dach, es dient einzig und allein zur Zierde. Ein Blickfang ist auch der Taufstein mit der Darstellung 26 kleiner Kinder (1561), die schon Johann Wolfgang Goethe erfreut haben. Der prächtige Sandsteinaltar von 1614, zehn Meter hoch und fünf Meter breit, zählt zu den bedeutendsten der Spätrenaissance. Zwischen 2000 und 2005 wurde der Innenraum der Kirche umfassend restauriert und das Dach saniert.

AUTORENTIPP!

GEDENKSTÄTTE PIRNA-SONNENSTEIN

Auf dem weiträumigen Gelände der Schlossanlage auf dem Sonnenstein erinnert eine Gedenkstätte an ein trauriges Kapitel der Stadtgeschichte während der NS-Zeit. Ein Besuch in der kleinen, aber engagiert geführten Gedenkstätte macht tief betroffen. Das liegt wohl an der Authentizität des Ortes und der kargen, aber intensiven Präsentation. In der ehemaligen NS-Tötungsanstalt wurden in den Jahren 1940/41 13720 vorwiegend psychisch kranke und geistig behinderte Menschen ermordet. Ihre Asche wurde zum Teil lediglich den Berg hinuntergeschüttet. Auf gleiche Weise starben an diesem Ort im Sommer 1941 mehr als 1000 Häftlinge aus nationalsozialistischen Konzentrationslagern. Trotz personell knapper Ausstattung der Gedenkstätte konnte in den vergangenen Jahren zur Geschichte des Ortes und über persönliche Schicksale erfolgreich geforscht werden.

Gedenkstätte Pirna-Sonnenstein. Mo–Fr 9–15 Uhr, jeden ersten Sa im Monat 11–16 Uhr, Schlosspark 11, Tel. 03501/71 09 60, www.stsg.de

Oben: Sonnenuhr am Rathaus
Mitte: Mittelalterliche Stadt Pirna
Unten: Reich geschmückte Portale der Renaissance

Von Canaletto gemalt

Pirna besitzt rund 300 Baudenkmäler. Rings um den Markt stehen mehrere historische Bürgerhäuser. Das Canalettohaus (Am Markt 7) erhielt um 1520 seine heutige Form. Der venezianische Vedutenmaler und spätere sächsische Hofmaler Bernardo Bellotto (1722–1780), genannt Canaletto, schuf 1752 bis 1755 sein Gemälde Der Marktplatz zu Pirna. Der Künstler war bis dahin mit hervorragenden Abbildungen italienischer Städte in Erscheinung getreten. Er schuf neben den berühmten Ansichten von Dresden insgesamt elf große Ansichten von Pirna, das als einzige Kleinstadt überhaupt unter seinen Werken vertreten ist. Durch sein Bild Der Marktplatz zu Pirna wurde die Bezeichnung »Canalettohaus« üblich. Heute beherbergt das Gebäude die Touristeninformation. Außerdem gibt es dort eine kleine Ausstellung mit Reproduktionen der Canaletto-Gemälde und einen Nachbau der Camera Obscura, die dem Maler als Hilfsmittel diente. Ein weiterer Komplex von fünf ehemaligen Bürgerhäusern wurde bis 1999 zu einem tschechisch-deutschen Internat des Friedrich-Schiller-Gymnasiums umgebaut. Das Haus in der Schloßstraße 13 gehörte einem Großkaufmann in der ersten Hälfte des 16. Jahrhunderts. Der Erker wurde um 1630 errichtet. Im Hof befinden sich wundervolle Sandsteinarkaden und Galerien. Das Rathausgebäude auf dem Marktplatz, 1396 erstmals erwähnt, diente früher als Verkaufsstätte der

Tuchmacher, Schuster, Bäcker und Fleischer, wurde aber 1555/56 umgebaut. In dem Gebäude sind Stilelemente aus fünf Jahrhunderten und verschiedene Baustile wie Spätgotik (Portal Ostseite), Renaissance (Giebel) und Barock (Turm) vereint. Die Kunstuhr, an der zwei Löwen mit ihren Tatzen zur jeder Viertel- und vollen Stunde an den Baumstamm schlagen und die Zunge dazu bewegen, und das Stadtwappen stammen von 1612. Der barocke Turm passt nicht so recht zum übrigen Gebäude, er kam erst im Jahr 1718 hinzu. Gotik und Renaissance vereinen sich auch beim sogenannten Teufelserker (Obere Burgstraße 1), errichtet Ende des 16. Jahrhunderts und in der ersten Hälfte des 17. Jahrhunderts. Benannt ist er nach seinen drei Tragefiguren. Einer Sage nach soll die Frau des Hauses mit dem Teufel im Bunde gewesen sein. Nachdem sie gestorben war, ließ ihr Ehemann den Erker anbringen. Dieser blickt zum Kirchhof, auf welchem sie begraben wurde. Ihr Mann ahnte von dem Bund mit dem Teufel und so sollten die drei Teufel die ganze Last des Erkers tragen. Der Blick zur Kirche löste damals einen Skandal aus. Da der Eigentümer ständig auf den Erker angesprochen wurde, ließ er folgende Innschrift anbringen: »Uch wolds so haben, was fragtu darnach.« Als Gegenstück dazu gibt es nur wenige Gassen weiter das Engelserkerhaus (Barbiergasse 10). Die Figur an der Mittelkonsole aus der ersten Hälfte des 16. Jahrhunderts gab dem Kaufmannshaus, das seit 1663 mit einem Schankrecht belegt ist, seinen Namen. Schon im 15. Jahrhundert erstmals erwähnt ist dagegen die Mägdleinschule (Kirchplatz 10). Durch die Reformation erhielt das Schulwesen in Pirna einen neuen Aufschwung und so wurde das Gebäude von 1551 bis 1824 von etwa 300 Schülerinnen genutzt. Ganz in der Nähe ist auch das Blechschmidthaus (Niedere Burgstraße 1), das der bedeutende sächsische Baumeister Wolf Blechschmidt (1510–1577) in der Mitte des 16. Jahr-

AUTORENTIPP!

BREEDS SÄGGSCH

Wer das sächsische Original Ilse Bähnert aus dem Fernsehen kennt oder Sympathie für den »breedn« (breiten) Dialekt hat, sollte an diesem kleinen speziellen Theater nicht vorübergehen. Der Dresdner Schauspieler Tom Pauls haucht der Figur so viel Leben und Sympathie ein, dass ein Abend unvergesslich bleibt. Nach einem Besuch findet man das »Säggsch« (Sächsisch) einfach umwerfend. Noch dazu ist das dreistöckige Haus eines der bauhistorisch bedeutendsten Gebäude Pirnas. Es wurde 1506 vom Baumeister der benachbarten Stadtkirche St. Marien Peter Ulrich errichtet, der auch selbst darin wohnte. Künstler Pauls kaufte das Peter-Ulrich-Haus und ließ es zwischen 2009 und 2011 grundlegend sanieren. Neben seiner Nutzung als Theater ist es Sitz der Ilse-Bähnert-Stiftung, deren Ziel der Erhalt und die Pflege der Sächsischen Kultur und Sprache ist.

Tom Pauls Theater. Am Markt 3, Tel. 035 01/585 02 67, www.tom-pauls-theater-pirna.de

Stadtführung mit dem »Nachtwächter«

Oben: Dämmerung in der Pirnaer Altstadt
Mitte: Skulpturen erzählen Geschichten.
Unten: Rund 300 Baudenkmale erhalten

hunderts bewohnte. Er baute es etwa 1544 auf den Grundlagen älterer Bauteile aus dem 13. Jahrhundert um. Am Eckhaus befinden sich ein Volutengiebel, im Hof ein Wendelstein und in der ersten Etage eine Renaissance-Balkendecke. Das reich verzierte Portal zeigt ein Bildnis mit Steinmetzzeichen des Baumeisters. Die Holzbalkendecke wurde erst 1993 wiederfreigelegt. Bei den umfangreichen Sanierungsarbeiten erfolgte auch der Ausbau zum Hotel unter Einbeziehung angrenzender Gebäude. Bekannt in Pirna ist auch die historische Brunnenfigur Erlpeter (Obere Burgstraße 14), eine Knabengestalt, aus dessen Flasche sich Wasser ergießt. Die Quelle entspringt im Schloßberg. Laut Chronik wurde 1549 im Grundstück Am Schloßberg 2 ein Stollen in den Felsen gehauen, zuvor war die Quelle am Fuße des Berghangs ausgetreten. Der Brunnen trägt die Inschrift: »Der Erlenpeter bin ich genannt, armen Leuten wohlbekannt. Wer nicht Geld hat in seiner Tasche, der trinkt mit mir aus meiner Flasche.« Und weiter auf den Spuren der Vergangenheit lohnt noch ein Blick in die Schmiedestraße. Urkundlich erstmals erwähnt wurde das Stockhaus (Schmiedestraße 8) 1572. Als Stadtgefängnis bis 1949 genutzt ist der dreigeschossige Bau ein bedeutendes Zeugnis der Rechtsgeschichte der Stadt Pirna. Zugleich ist er der älteste erhaltene kommunale Gefängnisbau der Region. Heute ist das Haus Sitz der Stadtgalerie Pirna. Nur wenige Meter entfernt auf gleicher Straßenseite befindet sich das Tetzelhaus (Schmiedestr. 19), Geburtshaus des Dominikanermönchs Johannes Tetzel (geb. um 1465), dem der berüchtigte Ausspruch »Sobald das Geld im Kasten klingt, die Seele in den Himmel springt« zugeschrieben wird. Das Gebäude bestand ursprünglich aus zwei Häusern mit Portalen. Das Dachwerk und die gotische Bohlenstube im ersten Obergeschoss, letztere bei Sanierungsarbeiten von 1994 bis 1998 entdeckt, stammen von 1381.

Schloss Sonnenstein thront über der Stadt.

Schloss Pirna-Zuschendorf

Rings um die Altstadt, die während der Flutkatastrophe 2002 komplett unter Wasser stand, ist es weniger attraktiv, es gibt viele Industriebauten und Möbelhäuser. Doch ein Abstecher in die nahe Umgebung zum Schloss Pirna-Zuschendorf ist lohnenswert. Berühmt vor allem für seine Kamelienausstellung findet sich am Landschloss auch ein zierliches japanisches Teehaus mit Garten. Weiter auf dem Weg in die Sächsische Schweiz kommt man am Schloss Sonnenstein vorbei. Es thront hoch über der Stadt und setzt ihr gewissermaßen eine Krone auf. Die ehemalige Festungsanlage wurde erst seit 2008 saniert und zum Landratssitz der Region Sächsische Schweiz/Osterzgebirge ausgebaut. Der ältere Teil der Anlage, die Bastionen und Wehranlagen des 18. Jahrhunderts sowie die Terrassengärten des 19. Jahrhunderts sind rekonstruiert worden. Erstmals 1269 genannt sicherte die oberhalb der Altstadt gelegene Festung die Wege von Stolpen nach Prag und vom Königstein nach Meißen. Hier lebten Markgrafen, Kommandanten und Soldaten, das Schloss war im 19. Jahrhundert eine bekannte Heil- und Pflegeanstalt, in der NS-Zeit wurde es als Tötungsanstalt missbraucht.

AUTORENTIPP!

SCHWITZEN MIT HOCHGENUSS
Für Saunafreunde ein wahres Paradies. Das Geibeltbad Pirna bietet neben Schwimmbecken drinnen und draußen eine großzügig angelegte Saunawelt. Stimmungsvoll ist der Außenbereich. Dort kann die finnische Kelo-Sauna aus 500 Jahre altem lappländischem Kiefernholz besucht werden, danach geht's ins eiskalte Tauchbecken oder wohltemperierte Schwimmbad. Nicht verpasst werden sollte der Hamam mit zwei wohlduftenden Aromadampfbädern und einer Luftfeuchtigkeit von 100 Prozent. Für eine orientalische Hamam-Massage können Termine vereinbart werden, auf Wunsch wird auch Heilerde aufgetragen (Rasul-Bad). Den weniger Saunaerprobten steht eine Bio-Sauna zur Verfügung, außerdem gibt es eine Bar mit Snacks und einen Liegeraum mit warmen Decken. Nachtschwärmern wird Mitternachtssaunen und Nacktschwimmen angeboten, an manchen Tagen ist Babyschwimmen.

Geibeltbad Pirna. Rottwerndorfer Str. 56 c, Tel. 0 35 01/71 09 00, www.geibeltbad-pirna.de

Infos und Adressen

SEHENSWÜRDIGKEITEN

Stadtkirche St. Marien. Mai–Okt. Mo–Sa 11–17 Uhr und So 16–18 Uhr, Nov.–April Mo–Sa 11–15 Uhr und So 15–17 Uhr, Kirchplatz, Tel. 035 01/46 18 40, www.kirche-pirna.de

Klosterkirche St. Heinrich. Mitte April–Ende Okt. Di–Sa 10–12 und 14–16 Uhr, So 11–13 und 14–16 Uhr, Klosterhof, Tel. (über Pfarrbüro) 035 01/57 101 64, www.kath-kirche-pirna.de

Stadtmuseum Pirna. Di–So 10–17 Uhr, Klosterhof 2/3, Tel. 035 01/55 64 61, www.museum-pirna.de

Gedenkstätte Pirna Sonnenstein. Mo–Fr 9–15 Uhr, jeden ersten Sa im Monat 11–16 Uhr, Schlosspark 11, Tel. 035 01/71 09 60, www.stsg.de

Landschloss Pirna-Zuschendorf. März–Okt. Di–Fr 10–18 Uhr, Sa/So/Feiertag 10–17 Uhr, Am Landschloss 6, Anmeldung für Führungen: Tel. 035 01/792 96 06, www.kamelienschloss.de

Flanieren in der Altstadt

Richard-Wagner-Stätten Pirna-Graupa. Di–So 10–16 Uhr, Richard-Wagner-Str. 6, Tel. 035 01/461 96 50, www.richardwagnermuseum.de

ESSEN UND TRINKEN

Ilses Kaffeestube. Das sächsische Original Ilse Bähnert erfreut sich größter Beliebtheit und bester Gesundheit. Und da Ilse vor allem dem Bohnenkaffee als Medizin vertraut, bietet sie diesen jetzt in ihrem eigenen Café an. Tgl. ab 11 Uhr, Am Markt 3, Tel.035 01/585 02 69, www.tom-pauls-theater-pirna.de

Brauhaus Pirna Zum Giesser. Hausgebrautes Bier aus dem großen Sudkessel und das gute Essen genießen – ein Brauhaus zum Wohlfühlen. Tgl. 11–23 Uhr, Basteistr. 60, Tel. 035 01/46 46 46, www.brauhaus-pirna.de

ÜBERNACHTEN

Romantik Hotel Deutsches Haus Pirna. Ein Haus mit unverwechselbarem historischem Charakter. Schon das Eingangsportal im Stil der italienischen Renaissance lässt erahnen, dass das Innere geschichtsträchtig ist und doch heutige Ansprüche erfüllt. Niedere Burgstr. 1, Tel. 035 01/468 80, www.romantikhotel-pirna.de

Hotel Garni Bernardo Bellotto. Ein liebevoll saniertes denkmalgeschütztes Gebäude trägt den Namen des Malers, der im 18. Jahrhundert neben Bildern von Dresden auch elf Ansichten von Pirna schuf und unter dem Namen »Canaletto« bekannt wurde. Lange Str. 29, Tel. 035 01/460 40, www.hotel-bellotto.de

Waldcamping Pirna-Copitz. Am idyllisch gelegenen Natursee muss in ruhiger, waldreicher Umgebung nicht auf Standardkomfort verzichtet werden. Äußere Pillnitzer Str. 19, Tel. 035 01/52 37 73, www.waldcamping-pirna.de

Einkehr zwischen Bürgerhäusern

EINKAUFEN

Kaffeerösterei Ernst Schmole Nachf. Die Pirnaer wissen, wo der Duft hingehört: in eines der ältesten Geschäfte, wo seit 1880 Kaffee geröstet wird. Und sie lassen Gäste im Laden und im benachbarten Café gern teilhaben an dieser Tradition, die zum Kult geworden ist. Mo–Fr 9–19 Uhr und Sa 9–17 Uhr, Lange Str. 46, Tel. 035 01/52 80 14, www.schmole-kaffee.de

Obstscheune Krietzschwitz. Alles aus der Region: frisches Obst und Gemüse, Säfte, Fruchtweine und -gelees aus eigener Produktion, Backwaren, Käse, Fleisch- und Wurstwaren sowie Fisch. Mo–Sa 8–18 Uhr, So/Feiertag 11–17 Uhr, Krietzschwitz Nr. 25 b, Tel. 035 01/78 49 37, www.obstscheune.de

Sächsische Schokoladenmanufaktur Marcus Schürer. Einer der wenigen kleinen Handwerksbetriebe, die heute Genießerschokolade herstellen, und eine gute Adresse für ausgefallene Geschenke und kulinarische Veranstaltungen rund um die Schokolade. Di/Fr 9.30–18 Uhr, Pirnaer Str. 14, Tel. 035 29/53 99 15, www.schokoladenmanufaktur.net

VERANSTALTUNGEN

Tom Pauls Theater. Im ältesten Baumeisterhaus Deutschlands, dem Peter-Ulrich-Haus, ist eine moderne Spielbühne mit 180 Plätzen für Theater, Kabarett, Lesungen, Konzerte und Gesprächsrunden entstanden. Baumeister Theater, Am Markt 3, Tel. 035 01/585 02 67, www.tom-pauls-theater.de

Kleinkunstbühne Q24. Ein vielfältiges Programm von Kabarett, Lesungen, Konzerten aller Art, Reiseberichten bis zu Kinderveranstaltungen bietet die Kleinkunstbühne, die sich unweit der Marienkirche mitten im »Kneipenkarree« befindet. Obere Burgstr. 2, Tel. 035 01/50 68 00, www.q24pirna.de

INFORMATION

TouristService Pirna. Die Mitarbeiter stehen dem Besucher der Stadt und der Region mit Rat und Tat zur Seite. Ostersamstag–Ende Okt. Mo–Fr 9–18 Uhr, Sa 9.30–14 Uhr und So 11–14 Uhr, Nov.–Gründonnerstag Mo–Fr 9–18 Uhr und Sa 9.30–13 Uhr, Am Markt 7 (Canaletto-Haus), Tel. 035 01/55 64 47, www.pirna.de

34 Bastei

Wahrzeichen einer Landschaft

Spektakulär und unvergesslich – das ist der Blick über das Elbtal von der Bastei aus. In 200 Metern Höhe sind die Tafelberge der Sächsischen Schweiz bis weit in die benachbarte Landschaft des Lausitzer Berglands und des Osterzgebirges zu sehen. Doch allein ist der Wanderer dort oben nicht.

Die Bastei ist eines der beliebtesten Ausflugsziele in der Sächsischen Schweiz und weit über Sachsen hinaus bekannt. Kein Wunder, dass sie die höchsten Besucherzahlen aller Aussichtspunkte im Elbsandsteingebirge verzeichnet. Von der 1851 erbauten Sandsteinbrücke fast 200 Meter über dem Elbwasserspiegel bekommt man einen bleibenden Eindruck von der bizarren Felslandschaft, die schon viele Maler und Dichter inspiriert hat. August von Goethe, der Sohn Goethes, beschrieb 1819 den Basteifelsen in den jubelnden Worten: »Hier, wo man von den schroffsten Felsenwänden gerade in die Elbe sieht, wo in der kleinen Entfernung der Lilien-, König- und Pfaffen-Stein malerisch gruppiert liegen und überhaupt dem Auge ein ganzes darstellt, welches mit Worten nie beschrieben werden kann.« Die sieben Bögen der 76,50 Meter langen Basteibrücke überspannen eine 40 Meter tiefe Schlucht. Die eigentliche Bastei ist der am weitesten zur Elbe vorspringende schmale Felsrücken. Auf diesem Aussichtsfelsen blickt man hinunter auf den Fluss und einen Großteil der Vorderen Sächsischen Schweiz bis in die Böhmische Schweiz. In einiger Entfernung sind die Tafelberge Lilien-, König- und Pfaffenstein malerisch gruppiert. Besser als die Natur hätte es der Mensch nicht arrangieren können.

Mitte: Die Basteifelsen – begehrtes Ziel nicht nur von Malern
Unten: Wanderer auf dem »Malerweg«

Aussichtsfelsen auf
schmalem Rücken

AUTORENTIPP!

AUF DEN SPUREN DER ROMANTIKER

Einem historischen Vorbild folgend entstand seit 2006 der Malerweg, benannt nach den zahlreichen Künstlern, die ab dem 18. Jahrhundert in die Gegend pilgerten. Ihre Arbeiten zur Sächsischen Schweiz sind im »Schweizerhaus« auf der Bastei ausgestellt. Die 112 Kilometer lange Wanderroute führt vorbei an den Highlights des Elbsandsteingebirges und einer unerschöpflichen Fülle bizarrer Felsgebilde, wildromantischer Schluchten und erhabener Tafelberge mit atemberaubenden Aussichten. Unterwegs gibt es mehr als 70 Herbergen und Gaststätten, die sich auf die Bedürfnisse der Wanderer eingestellt haben, Lunchpakete verteilen und auch einen Gepäcktransfer und Räumlichkeiten zum Trocknen von Kleidung anbieten. Für den gesamten Weg wird eine Gliederung in acht Etappen empfohlen. Sie sind nie kürzer als zehn und nie länger als 20 Kilometer.

Malerweg Schweizerhaus Bastei. 10–18 Uhr. www.saechsische-schweiz.de/malerweg

Von dem Aussichtsfelsen aus kann man auch die Fähigkeiten der Bergsteiger begutachten, die die Felsen der Sächsischen Schweiz wegen ihrer unterschiedlichen Schwierigkeitsgrade schätzen. Der berühmte Blick auf die Basteibrücke selbst ist vom Ferdinandstein aus möglich. Ihn erreicht man über eine Abzweigung auf dem Weg zur Basteibrücke. Sehenswert ist auch der Jahrhundertturm, ein Felsgipfel an der Basteibrücke, an dem Gedenktafeln für die »Entdecker« dieser Landschaft angebracht sind: Die Theologen Wilhelm Lebrecht Götzinger (1758–1818) und Carl Heinrich Nicolai (1739– 1823) haben sie in ihren Reiseerzählungen beschrieben. Eine weitere Tafel gedenkt dem sächsischen Hoffotografen Hermann Krone (1827–1916), der mit seinen Aufnahmen des Elbsandsteingebirges 1853 die Landschaftsfotografie in Sachsen begründete.

Geschichte einer Begehung

Anfangs war die Bastei nur von Wehlen und Lohmen vergleichsweise gut erreichbar. Über den Malerweg erreichten zahlreiche Künstler den Felsen. Caspar David Friedrich (1774–1840) malte nach Basteimotiven sein bekanntes Bild Felsenpartie im Elbsandsteingebirge. Auch der Romantiker Ludwig Richter (1803–1884) fertigte hier zahlreiche Zeichnungen an. Ein anderer Weg führte zu Beginn des 19. Jahrhunderts von Rathen hinauf auf die Bastei durch die wildromantische, aber steile Vogeltelle. Noch überspannte keine Brücke die tiefe Schlucht der Mardertelle. Vom Rathener Grund ging es links in den Wehlgrund, an der Mardertelle und am Ferdinandstein westlich vorbei zur Vogeltelle und einen sehr steilen Weg hinauf. Landschaftsentdecker Wilhelm Lebrecht Götzinger hatte sich 1804 noch zurückhaltend über den Bastei-Aufstieg geäußert, 1812 beschrieb er diesen Weg mit dem Hinweis, sich in Rathen lieber einen Führer zu nehmen. Wem die Klettertour durch die Vogeltelle dennoch zu beschwerlich war, musste den Amselgrund bis zur Rathewalder Mühle hinaufsteigen und von dort hinüber zur Bastei wandern. Schon 1814 wurde der steile Aufstieg mit knapp 500 Stufen ausgebaut. Um diese Zeit war der Weg vom Uttewalder durch den Zscherregrund zum »Steinernen Tisch« und weiter zur Bastei zur Standardtour geworden. Stellte der Besuch der Bastei um das Jahr 1800 noch ein exklusives und waghalsiges Abenteuer dar, so wurde er in den folgenden Jahrzehnten zur Massenbewegung. 1826 spannte man dann vom Neurathener Felsentor über die Mardertelle hinweg zum Basteimassiv eine Holzbrücke und beendete die mühsame Kraxelei durch die Vogeltelle. Um die Wende zum 20. Jahrhundert setzten sich Naturschützer für den Erhalt der einmaligen Felslandschaft rund um die Bastei ein. Sie konnten Pläne zum Bau einer Bergbahn vereiteln. Schon 1938 wurde die Bastei als erstes Naturschutzgebiet im Elbsandsteingebirge ausgewiesen. Heute ist sie Bestandteil der Kernzone des Nationalparks Sächsische Schweiz, in der besonders strenge Naturschutzvorschriften gelten.

Felsenburg Neurathen

Über die berühmte Brücke, die inzwischen als technisches Denkmal geschützt ist, erreicht man die Felsenburg Neurathen – die größte ihrer Art in der Sächsischen Schweiz. Die Reste der Mitte des 14. Jahrhunderts von böhmischen Rittern angelegten Natursteinfestung können auf einem Rundgang besichtigt werden. Zu sehen sind etwa Balkenfalze und aus dem Fels gehauene Räume, eine Zisterne und Steinkugeln mittelalterlicher Steinschleudern und Katapulte. Eine dieser (rekonstruierten) Steinschleudern wurde 1986 in der Felsenburg aufgestellt. Zu sehen sind auch Aus-

Oben: Bizarre Sandsteinfelsen der Bastei
Unten: Felsenburg der böhmischen Ritter

Sieben Bögen der Basteibrücke über der Schlucht

AUTORENTIPP!

LUXUS AUF DEM BERG
Die Lage ist einzigartig und der Service anspruchsvoll. Auf dem Felsplateau direkt an der Basteibrücke lädt ein privat geführtes First-Class-Hotel zum Träumen ein. Im Sommer mit Elbblick, im Winter mit prasselndem Kamin, Wellness- und Saunabereich inklusive. Das »Berghotel Bastei« verspricht einen spektakulären Aufenthalt inmitten der Sächsischen Schweiz. Das Zwitschern der Vögel im Wechsel mit dem Duft ätherischer Öle – hier kann man es sich gut gehen lassen. Das Gebäude, in den 1970er-Jahren mit dunklem Holz verkleidet, ist sicher Geschmacksache, das 1827 erbaute »Schweizerhaus«, früher ein Gasthof mit Fremdenzimmern, wäre um einiges gemütlicher, allerdings längst nicht so komfortabel. Ein begehrter Ort ist das »Berghotel Bastei« inzwischen auch für standesamtliche Trauungen und eine romantische Hochzeitsfeier.

Berghotel Bastei. Tel. 03 50 24/77 90, www.bastei-berghotel.de

grabungsfunde, darunter vor allem Keramik. Der Aufstieg von Rathen führt an einem Freilichtmuseum zur slawischen Besiedlung der Gegend und einem Abzweig zur Felsenbühne Rathen vorbei. Aufgrund ihrer fantastischen Lage inmitten des Nationalparks Sächsische Schweiz wird die rund 1800 Zuschauer fassende Naturbühne als die schönste Europas bezeichnet. Bereits seit 1936 erfreuen sich jährlich Tausende Besucher an der einmaligen Symbiose von Natur und Kunst. Als oberen Zugang zur Felsenburg gab es schon im Mittelalter eine hölzerne Zugbrücke. Der Kurort Rathen selbst ist Ausgangspunkt für Wander- und Klettertouren.

Einkehr für hungrige Wanderer

Die Gastronomie auf der Bastei blickt auf eine 200-jährige Geschichte zurück. Die Anfänge der Bewirtung auf dem berühmten Felsen im Elbsandsteingebirge reichen bis ins Jahr 1797 zurück. Hungrige und durstige Wanderer wurden aus einem Tragekorb versorgt. Zum Pfingstfest 1812 versorgte ein Fleischer aus Lohmen erstmals Besucher mit Speisen und Getränken in eigens dafür errichteten Rindenhütten. Es war die Geburtsstunde der Ausflugsgastronomie auf der Bastei. Das erste Gasthaus wurde 1826 eröffnet und bot auch Übernachtungsmöglichkeiten. Die alten Rindenhütten dienten fortan als Nachtquartiere der Wanderführer. Die Gaststätte wurde 1893/94 komplett umgebaut und erweitert. Zur Versorgung verlegte man eine Hochdruckwasser- (1895) und eine Fernsprechleitung (1897). Seit 1979 bewirtet das Panoramarestaurant hoch über der Elbe die Gäste, zu DDR-Zeiten war dort nur ein Reinkommen, wenn man gute Beziehungen hatte, oder aber nach stundenlangem Anstehen. Heute reicht das Angebot in luftiger Höhe vom Imbiss bis zur gehobenen Gastronomie.

Infos und Adressen

SEHENSWÜRDIGKEITEN

Felsenburg Neurathen. Tgl. 9–18 Uhr, am Aussichtspunkt Bastei, Tel. 035 01/58 10 24, www.burgenwelt.de/rathen

ESSEN UND TRINKEN

Panoramarestaurant Bastei. Kulinarisch verwöhnen lassen und den traumhaften Blick auf die tief im Tal fließende Elbe genießen – das ist der absolute Höhepunkt des Basteibesuchs.
April–Okt. tgl. 10–23 Uhr, Nov.–März tgl. 10–17 Uhr, Tel. 03 50 24/77 90, www.bastei-berghotel.de

Sommerterrassen Bastei. Je nach Interesse, Appetit und Zeitbudget kann man wählen zwischen Sommer-, Bier- und Kaffeegarten sowie Panoramaterrasse, um einen kleinen Imbiss oder einfach ein kühles Getränk, Kaffee, Kuchen und Eisspezialitäten zu genießen. Tgl. ab 10 Uhr je nach Wetterlage, Tel. 03 50 24/77 90, www.bastei-berghotel.de

ÜBERNACHTEN

Hotel Landhaus Nicolai. Direkt auf dem Weg zur Bastei lädt eines der schönsten Landhäuser mit 37 komfortabel eingerichteten Zimmern und zwei Apartments ein. Ein liebevoll angelegter Garten mit großer Terrasse und Teich bietet Ruhe und Entspannung. Basteistr. 122, Tel. 035 01/581 20, www.landhaus-nicolai.de

INFORMATION

Touristeninformation. Mo–Sa 9–12 Uhr, Di 13–18 Uhr und Do 13–16 Uhr, Schloß Lohmen 1, Tel. 035 01/58 10 24, www.lohmen-sachsen.de/tourismus

Felsaussicht über der Elbe

Mitte: Zahlreiche Details erzählen von der Militär-Geschichte der berühmten sächsischen Festung. **Unten:** Kanonen als Zeugen der Vergangenheit

35 Festung Königstein
Besuchermagnet hinter Mauern

Ihre wechselvolle Geschichte und die außergewöhnliche Lage inmitten der Sächsischen Schweiz machen die Festung Königstein einmalig. Genutzt als Burg, Kloster, militärische Festung, Gefängnis, Versteck von Kunstschätzen, Lazarett, Kriegsgefangenenlager, DDR-Jugendwerkhof und nicht zuletzt als Museum hat dieser Ort viele Seiten. Jährlich zieht er fast eine halbe Million Menschen an.

Die Festung eignet sich hervorragend für Familienausflüge. Mühelos lässt sich ein ganzer Nachmittag hoch oben in mehr als 360 Metern über dem Meeresspiegel verbringen. Die Festung Königstein wurde auf dem gleichnamigen Tafelberg errichtetet und in mehreren Etappen bebaut. Die Anlage ist 9,5 Hektar groß und umgeben von einer 2,2 Kilometer langen Ringmauer. Erstmals erwähnt wurde sie 1241. Damals existierte auf dem Felsplateau eine mittelalterliche Burg, die zum böhmischen Königreich gehörte. Anfang des 15. Jahrhunderts gelangte sie in den Besitz der Wettiner. Cölestinermönche gründeten 1516 das »Kloster des Lobes der Wunder Mariae«, Jahrzehnte später – im Jahr 1589 – befahl der sächsische Kurfürst Christian I. (1526–1586) schließlich den Ausbau zur Landesfestung. Sie galt als uneinnehmbar und wurde tatsächlich nie erobert.
In politisch unruhigen Zeiten suchten die sächsischen Landesherren hinter den dicken Mauern Zuflucht, bewahrten dort ihre Kunstschätze und den Staatsschatz auf. Vom militärischen und zivilen Leben auf der Festung zeugen heute noch mehr als 50 Bauten: Ihre mehr als 750 Jahre alte Geschichte hat diese Wehranlage zu einem ein-

drucksvollen Ensemble von Bauwerken der Spätgotik, der Renaissance, des Barock und des 19. Jahrhunderts werden lassen. Im Mai 1955 wurde sie als Freilichtmuseum eröffnet. Bis heute ist sie bewohnt.

Oben: Die 2,2 Kilometer lange Ringmauer auf dem Königstein
Unten: Die Festung kann zu Fuß oder mit dem Fahrstuhl erobert werden.

Hinauf auf den Königstein

»Erobern« kann man die Festung herkömmlich zu Fuß oder über den gläsernen Panoramaaufzug. Zu Fuß passiert man zunächst die Rothe Brücke, die bis heute in Sekundenschnelle hochgezogen werden kann. Danach führt der Weg durch mehrere Tore nach oben. Zentral in der Mitte der Burg befindet sich das Brunnenhaus. Das Gebäude im französischen Stil mit schlichter weißer Fassade und Schmuckfenstern wurde im ersten Drittel des 18. Jahrhunderts als damals beschussfestes Sandsteingewölbe errichtet. Den Brunnen teuften Bergleute bereits zwischen 1563 und 1569 ab. Mit seinen 152,5 Metern ist er der tiefste Brunnen Sachsens. Die benachbarte Magdalenenburg war Proviantaus, in ihren Kellern lagerten Bier und Wein und zwischen 1725 und 1819 stand dort ein Riesenweinfass für 238 600 Liter. Gleich neben der

AUTORENTIPP!

KRAXELN IM FELS
Vor allem für Kinder ist das Felslabyrinth Langenhennersdorf drei Kilometer vom Königstein entfernt ein Vergnügen. Damit sich keiner verläuft, ist der Weg mit Zahlen gekennzeichnet. Und los geht's: Rein in den zerklüfteten Stein und über Felsen geklettert, gekrochen und gerutscht und in die Schlucht abgestiegen! Die Felsen des Labyrinths sind nur wenige Meter hoch, die Besonderheit liegt in ihrer starken Zerklüftung. Auch der Aufstieg auf das Plateau ist möglich. Ausgangspunkt ist der Parkplatz an der Festung Königstein. Auf dem Europäischen Fernwanderweg geht es mit der blaugestrichenen Markierung durch die Nikolsdorfer Wände bis zum Abzweig »Labyrinth«. Der Weg verläuft auf bequemen Forstwegen mit mäßigen Anstiegen. Für eine Strecke werden etwa 2,5 Stunden benötigt. Eine Rückfahrt per Bus ist ab Bielatal in Richtung Königstein möglich.

Felslabyrinth Langenhennersdorf.
Mehr Infos unter:
www.saechsische-schweiz.de

Magdalenenburg steht das älteste Gebäude der Festung: die Garnisonskirche. Ursprünglich als romanische Burgkapelle errichtet wurde sie 1676 als St. Georgs Kapelle und erste Garnisonskirche Sachsens geweiht. Von den Anfängen nach 1200 zeugt noch ein Türbogenfeld an der Seitenfassade, erhalten ist zudem im Chorraum eine Malerei aus dem 13. Jahrhundert.

Barocke Opulenz und Kletterer

Wegen seiner reizvollen Lage zählte der Königstein zu den beliebtesten Ausflugszielen des Hofes. Gefeiert wurde im Lustschlösschen an der Festungsmauer, von wo man einen einzigartigen Blick auf das Elbsandsteingebirge hat, vor allem auf den Lilienstein. Ende des 16. Jahrhunderts im Stil der Renaissance als Beobachtungs- und Flankierungsturm erbaut war das Schlösschen nach dem sächsischen Kurfürsten Christian I. benannt. 1728 besuchte der preußische König Friedrich Wilhelm I. (1688–1740) den Königstein und traf sich mit August dem Starken (1670–1733), der daraufhin dem Gebäude den Namen »Friedrichsburg« gab. Drei Jahre später beauftragte er den Umbau zum barocken Pavillon mit doppelläufiger Freitreppe. Besondere Attraktion war die Maschinentafel, die durch eine Luke im Tisch blitzschnell Speisen aus den unteren Etagen eben dorthin beförderte. Vom Schlösschen führt ein schöner Weg entlang der Mauer. Dort trifft man auf das Blitzeichenplateau: 300 Jahre lang stand dort eine Eiche, die trotz wiederholten Blitzeinschlags immer wieder austrieb. Nicht weit vom Plateau befindet sich die Stelle, an der dem französischen General Henri Giraud 1942 als einzigem jemals die Flucht vom Königstein gelang. Ein anderer hat ihn unbefugt bestiegen: Durch eine Felsspalte, den Abratzky-Kamin, kletterte 1848 der Schornsteinfegergeselle Sebastian Abratzky. Genau zwischen den beiden

Rundgang Festung Königstein

- **A** Zugang
- **B** Brunnenhaus
- **C** Magdalenenburg
- **D** Garnisonskirche
- **E** Friedrichsburg
- **F** Blitzeichenplateau
- **G** Abstieg Henri Giraud
- **H** Aussicht Königsnase
- **I** Abratzky-Kamin
- **J** Panoramaaufzug
- **K** Bäckerei
- **L** Schatzhaus
- **M** Neues Zeughaus

AUTORENTIPP!

MÄRCHEN AUS STEIN
Rund 20 Fabelwesen treiben in Königstein ihr Unwesen. Aber keine Angst: Sie sind aus Stein. Im Fabel- und Mythenpark haben sie in einer liebevoll gestalteten Anlage ihren angestammten Platz gefunden. Unter der Regie der Brüderr Lutz und Jürgen Fleck ist dieser zwischen 2000 und 2003 auf einer Fläche von rund 15 000 Quadratmetern gewachsen. Noch immer kommen neue Figuren hinzu, 2012 war es ein slawischer Waldgeist. Im Park gibt es viele Sitzmöglichkeiten und wunderschöne Ausblicke. Mythologien aus fast allen Teilen der Welt sind vertreten. In der angegliederten Schauwerkstatt am Ende des Rundgangs kann man dem Bildhauer bei der Arbeit mit Stein, Holz, aber auch Kunstharz und Silikon über die Schulter schauen. Für die Kleinsten bietet der Streichelzoo Zwergschafe, Ziegen und Minischweine.

Fabel- und Mythenpark Königstein. Gohrischer Str. 20, Tel. 03 50 21/598 31, info@fabelundmythenpark.de, www.fabelundmythenpark.de

Keller auf Festung Königstein

legendären Kletterpunkten streckt sich die »Königsnase« in die Landschaft.

Militärisches Leben

Die Festung erzählt natürlich eine auch eine Menge vom militärischen Leben, von den Unterkünften der Soldaten und Offiziere, dem Fleischerhaus und der Bäckerei, der medizinischen Versorgung und den Depots für Waffen und Munition. Legendär ist auch das Neue Zeughaus von 1671 über der Dunklen Appareille (frz. Auffahrt). Darin befindet sich der größte Festsaal der Anlage, die vom sächsischen Hof gern für Feierlichkeiten genutzt wurde. Attraktion war eine Waage, nach der es August der Starke im Jahr 1728 auf 105 Kilogramm brachte. Imposant ist das Schatzhaus von 1854/55 mit seinen bis zu 1,70 Meter starken Mauern. 200 Fässer, randvoll mit Talern, fanden in dem Gebäude Platz. Ausgelagert in das Schatzhaus wurden in Kriegszeiten auch Archivbestände und Schätze der sächsischen Könige. Bis 1922 war die Festung das bekannteste Staatsgefängnis Sachsens. Während des Deutsch-Französischen Krieges und der beiden Weltkriege wurde sie auch als Kriegsgefangenenlager genutzt, nach dem Zweiten Weltkrieg von der Roten Armee als Lazarett.

MAL EHRLICH

LUNCHPAKET FÜR MÜDE WANDERER
Der Eintrittspreis auf der Festung Königstein ist zwar vergleichsweise moderat, die Gastronomie aber zum Teil deutlich überteuert. Höhenzuschlag sozusagen. Da ein Aufenthalt auf der Festung gern mehrere Stunden dauert, sollte also reichlich Verpflegung eingepackt werden – oder das nötige Kleingeld für den Imbiss. Mit knurrendem Magen macht es ja auch keinen Spaß, Geschichte zu erleben.

Infos und Adressen

Idyllisches Café im Ort Königstein

SEHENSWÜRDIGKEITEN

Festung Königstein. April–Okt. 9–18 Uhr, Nov.–März 9–17 Uhr, Tel. 03 50 21/646 07, www.festung-koenigstein.de

ESSEN UND TRINKEN

Kaffeehaus & Backshop Zimmermann. Eine süße oder herzhafte Stärkung zwischen Dampferanlegestelle und Festung bietet das gemütliche Kaffeehaus direkt im Zentrum. Mo–Sa 6.30–18 Uhr und So 14–18 Uhr, Dresdner Str. 3, Tel. 03 50 21/684 90, www.kaffeehaus-zimmermann.de

ÜBERNACHTEN

Pension Bomätscher. Der Ausdruck »Bomätscher« stammt aus dem Slawischen und war die Bezeichnung für Treidler, passend für das Haus direkt an der Elbe. Schandauer Str. 49, Tel. 03 50 21/990 80, www.bomaetscher-koenigstein.de

Hotel Neue Schänke. Das Haus mit 23 modern ausgestatteten Einzel-, Doppel- und Mehrbettzimmern befindet sich direkt am Fuß der Festung Königstein. Am Königstein 3, Tel. 03 50 21/999 60, www.neue-schaenke.de

Ferienwohnung auf der Festung. Im Brunnenhaus laden zwei Ferienwohnungen ein, die Ruhe auf dem Felsplateau zu genießen. Tel. 03 50 21/646 07, www.festung-koenigstein.de/index.php/ferienwohnung.html

INFORMATION

Haus des Gastes Königstein. Mai–Okt. Mo–Fr 9–18 Uhr, Sa 9–12 Uhr und So 10–13 Uhr, Nov.–April Mo–Fr 9–17.30 Uhr und Sa 9–10.30 Uhr, Schreiberberg 2, Tel. 03 50 21/682 61, www.koenigstein-sachsen.de

Touristeninformation im Parkhaus Am Malerweg. Ostern–Okt. tgl. 9–18 Uhr, An der Festung, Tel. 03 50 21/995 41, www.koenigstein-sachsen.de

Historischer Wegweiser in Königstein

Mitte: Das »Wehlstädtl« ist mehr als 700 Jahre alt.
Unten: Nostalgische Anreise mit dem Schaufelraddampfer

36 Wehlen

Nostalgische Anreise in Bergschuhen oder mit dem Raddampfer

Vor allem Wanderer zieht es in das liebevoll »Wehlstädtl« genannte Wehlen. Stadt und Dorf verbindet eine mehr als 700-jährige gemeinsame Geschichte. Der kleine Marktplatz mit Rathaus und Kirche bildet das Zentrum. Förmlich darüber erhebt sich der Schlossberg mit Mauerresten aus dem 13. Jahrhundert.

Der anerkannte Erholungsort, eine der kleinsten Städte Sachsens, erwartet seine Besucher inmitten der Sächsischen Schweiz. Links und rechts der Elbe idyllisch gelegen ist er idealer Ausgangspunkt für Wanderungen zur Bastei, der Felsenbühne Rathen, zu den Bärensteinen und zum Rauenstein sowie zum Uttewalder Grund. Ein schöner Einstieg in die Landschaft ist die Anreise mit dem Elbdampfer, der am Dresdner Terrassenufer startet. Insgesamt verfügt die Sächsische Dampfschiffahrt über neun historische Raddampfer, die zwischen 83 und 133 Jahre alt sind. Damit ist sie die älteste und größte Raddampferflotte der Welt. Nostalgisch und charmant sind das leise Rauschen ihrer Schaufelräder und das Schnaufen der Dampfmaschinen. Der älteste Schaufelraddampfer der Flotte ist die 1879 gebaute »Stadt Wehlen«. Für Atmosphäre sorgen die gemütlichen Salons, die mit viel Liebe zum Detail rekonstruiert wurden.

Stille Wanderung zum »Steinernen Tisch«

Eine leichte Wandertour führt durch die Wehlener Gründe. Auf idyllischen Naturpfaden über gut zehn Kilometer werden rund 300 vorwiegend sanft aufsteigende und ebenso viele fallende Höhenmeter überwunden. Man sollte etwa vier bis fünf Stunden einplanen. Schräg über den Marktplatz geht es zunächst der Wandermarkierung »Roter Punkt« nach, hinauf zum Steinrückenweg in den Wehlener Grund. Am Freundschaftsstein kann man unterschiedlichste Felsinschriften entschlüsseln. Auch wer etwa 200 Meter in den Zscherregrund hineinwandert, wird fündig. Nach dem Freundschaftsstein führt der Weg nach rechts in den Uttewalder Grund mit der Markierung »Grüner Strich«. Schon nach wenigen 100 Metern erreicht man die Gaststätte »Waldidylle«, in der man nett einkehren kann. Gestärkt geht es weiter bis zum Felsentor, entstanden durch einen heruntergestürzten Felsklotz. Spätestens ab hier wird es vollkommen ruhig, oft ist man sogar ganz allein unterwegs. Der Weg steigt nun leicht an über den Schleifgrund. Nach einem Kilometer biegt man rechts ab und folgt der gelbgestrichenen Markierung in Richtung Basteistraße, die auch bald überquert wird. Rechts ist dann der »Steinerne Tisch« ausgeschildert, nach 500 Metern folgt die gleichnamige Gaststätte. Den »Steinernen Tisch« ließ August der Starke (1670–1733) 1710 als Rastplatz für Jäger bauen. Gleich gegenüber der Gaststätte steigt man in den Griesgrund ab. Im Gegensatz zu den Besuchermassen auf der nahegelegenen Bastei herrscht dort wieder absolute Stille. Der Rückweg führt über den Haldenweg bis zum Schwarzberggrund (Malerweg) und dann runter zur Elbe. Nach ein paar Metern auf der kleinen Mennickestraße steht man wieder auf dem Marktplatz. Die Kirche in Stadt Wehlen ist als Radfahrerkirche gezeichnet. In Dorf Wehlen steht die Michaeliskirche mit einem Instrument der sächsischen Orgelbauer Christian Gottfried Herbrig (1772–1850) und seinem Sohn Wilhelm Leberecht Herbrig (1810–ca. 1871). Es wurde 1831 gebaut, war aber lange nicht bespielbar. 2007 wurde ihre Sanierung abgeschlossen.

Infos und Adressen

SEHENSWÜRDIGKEITEN

Radfahrerkirche. Markt, Tel. 035 01/58 80 32, www.radfahrerekirche.de

Heimatmuseum und Pflanzengarten. Mai–Okt. tgl. 8–18 Uhr, Lohmener Str. 18, Tel. 03 50 24/704 13, www.wehlen-online.de

ESSEN UND TRINKEN

Zur alten Säge. Die Gaststätte punktet mit heimischen Spezialitäten und dem musealen Charakter der vergangenen Nutzung. April–Okt. tgl. ab 11 Uhr, Nov.–März Do–Mo 11–14 und 17–22 Uhr, Schustergasse 8, Tel. 03 50 24/706 22, www.pension-zur-alten-saege.de

ÜBERNACHTEN

Strandhotel Wehlen. Moderner Komfort direkt an der Elbe mit Blick auf die Bastei. Markt 9, Tel. 03 50 24/784 90, www.strandhotel-wehlen.de

AKTIVITÄTEN

Miniaturpark Die Kleine Sächsische Schweiz. Schustergasse 8, Tel. 03 50 24/706 31, www.kleine-saechsische-schweiz.de

INFORMATION

Touristeninformation. April–Okt. Mo–Fr 9–13 Uhr und 13.30–17 Uhr, Sa 9–12 Uhr, Markt 7, Tel. 03 50 24/704 14, www.stadt-wehlen.de

Unten: Im Kurort Raten gibt es viele Ziele.

37 Rathen

Oper im Felsengrund

Vor dem gewaltigen Felsmassiv der Bastei – unmittelbar an der Elbe – liegt der Kurort Rathen. Sicher ist er einer der besten Ausgangspunkte, um in ausgedehnten Wanderungen die Sächsische Schweiz zu erkunden. Touristischer Magnet ist die Felsenbühne Rathen, die jährlich Tausende Besucher anzieht.

Die Anfahrt mit dem Auto ist nur linkselbisch möglich, auf gleicher Elbseite gibt es auch eine S-Bahn-Station, von der aus halbstündlich Züge nach Dresden und Meißen verkehren. Außerdem legt die Sächsische Dampfschiffahrt von Mai bis Oktober täglich mit ihren Raddampfern an. Der Ort auf beiden Seiten des Flusses wurde 1261 erstmalig urkundlich erwähnt und zählt heute knapp 500 Einwohner. Aufgrund seiner unmittelbaren Nachbarschaft zur Ortschaft Wehlen prägte sich der typisch sächsische Satz: »Sie können Rathen wählen, ich würde Ihnen auch zu Wehlen raten.«

Amselsee

Von der linkselbischen Seite bringt einen die unter Denkmalschutz stehende Gierseilfähre nach Niederrathen auf der Basteiseite. Dort angekommen folgt man dem Weg Am Grünbach in den Amselgrund. Alles ist eng in dem wildromantischen Tal mit dem sprudelnden Bach. Nach ein paar 100 Metern muss man sich für ein Wanderziel entscheiden. Im Amselgrund weiter, nur etwa zehn bis 15 Minuten von Niederrathen entfernt, ist schon bald der Amselsee erreicht. Ursprünglich wurde er 1934 zur Eisgewinnung angelegt, später

diente er auch als Fischzuchtgewässer. Dafür wurde der Grünbach mit einer fünf Meter hohen Talsperre aufgestaut. Wegen seiner herrlichen Lage entschied man in den 1960er-Jahren, den etwa 500 Meter langen See für Touristen zugänglich zu machen. Auf dem Amselsee stehen von April bis Oktober Ruderboote bereit, eine besondere Attraktion ist das »Abendgondeln«, welches der Rathener Schifferverein an manchen Wochenenden in den Sommermonaten veranstaltet. Im Winter zieht es die Schlittschuhläufer auf den See, der von Felsen mit bizarren Namen wie »Große und Kleine Gans«, »Lamm«, »Bienenkorb«, »Honigstein«, »Storchennest« und »Talwächter« umgeben ist. Am bekanntesten aber ist die »Lokomotive«. Vor dem Amselfall, wo das Wasser des Grünbachs zehn Meter in die Tiefe stürzt, lädt die Amselfallbaude mit Gasthaus und Informationsstelle des Nationalparks Sächsische Schweiz zum Verweilen ein.

Schwedenlöcher

Von hier aus führt ein steiler, oft stufiger Weg zu den Schwedenlöchern, die ihren Namen von einem

Oben: Schlangestehen an den Elbfähren ist an Feiertagen keine Seltenheit.
Unten: Ferien-Idyll in Oberrathen

AUTORENTIPP!

HEIMAT AUF SCHIENEN
Hobbyeisenbahner werden nicht daran vorbeigehen: In Oberrathen auf Bahnhofsseite steht seit 2007 die weltgrößte Gartenbahnanlage in der Spurgröße G. In den »Eisenbahnwelten« fahren im Maßstab von 1:22,5 20 bis 30 Miniaturzüge auf etwa 4200 Metern Gleislänge und überwinden insgesamt Höhenunterschiede von 4,2 Metern. Bekannte Eisenbahnstrecken Sachsens wie der Lößnitzdackel, die Kirnitzschtalbahn, die Müglitztalbahn oder die Schmalspurbahn Freital-Hainsberg-Kippsdorf sind hier nachgebildet. Eine malerische Miniaturlandschaft stellt die markanten Bauwerke der der Sächsischen Schweiz vor. Elektroloks und Dieselloks, Stellwerke, Bahnhöfe, Schlösser, sogar der Dom und die Albrechtsburg in Meißen können bewundert werden. Die komplette Anlage wird digital von mehreren PCs gesteuert. Herzstück ist die Steuerungszentrale in der Schauwerkstatt.

Eisenbahnwelten Kurort Rathen.
Tgl. 10–18 Uhr, Elbweg 10,
Tel. 03 50 21/594 28,
www.eisenbahnwelten-rathen.de

historischen Ereignis haben. Im Dreißigjährigen Krieg nutzten die Bewohner der umliegenden Dörfer die Höhlen und Stiege, um sich vor den Schwedischen Truppen zu verstecken, die in das Gebiet südlich von Dresden eingefallen waren und am 3. August 1639 den nahen Ort Rathewalde einnahmen. Die Löcher sind natürliche Schluchten, die fortwährend durch Erosion des weicheren Sandsteins gebildet werden. Das Plateau belohnt einen für die Strapazen des Aufstiegs durch die herrliche Aussicht auf das Basteigebiet. Wer will, kann den Kletterzugang nach links ein Stück zur Kleinen Gans gehen. Dort sieht man sehr gut die Basteibrücke sowie in den Wehlgrund auf die Felsenbühne.

Felsenbühne

Nicht weit von Bastei und Basteibrücke entfernt befindet sich eines der beliebtesten Ziele der Sächsischen Schweiz: die Felsenbühne Rathen. Im Wehlgrund versteckt liegt sie inmitten von hoch aufragenden Felsnadeln. Wer dort einmal den Freischütz von Carl Maria von Weber, Karl Mays Winnetou oder in neuester Zeit auch Wickie und die starken Männer erlebt hat, wird immer wieder dorthin zurückkommen. Mit einer Kapazität von rund 2000 Zuschauern zählt die Naturbühne schon seit 70 Jahren zu den größten Freilichttheatern Sachsens und ist darüber hinaus die älteste Karl-May-Freilichtbühne. Bespielt wird das Naturwunder jährlich in den Sommermonaten vom Ensemble der Landesbühnen Sachsen in Radebeul. Zwischen Mai und September finden rund 90 Vorstellungen statt. Den Besucher erwarten traditionelle Aufführungen. Neben Stücken von Karl May und der Oper Freischütz stehen auch Engelbert Humperdincks Hänsel und Gretel sowie Carl Orffs Carmina Burana auf dem Programm.

Infos und Adressen

SEHENSWÜRDIGKEITEN

Amselsee. Ruderbetrieb Mai/Sept./Okt. 9–16 Uhr, Juni–Aug. 10–17 Uhr, Amselgrund

Felsenbühne Rathen. Amselgrund 17, Theaterkasse: Tel. 03 50 24/77 70, www.felsenbuehne-rathen.de

ESSEN UND TRINKEN

Hotel Amselgrundschlösschen. Die ausgezeichnete Lage am Aufstieg zur Bastei, am Weg zu Amselsee und Felsenbühne, wird verbunden mit köstlichen Speisen und Getränken zu bezahlbaren Preisen. Tgl. 7–24 Uhr, Mühlenweg 1, Tel. 03 50 24/743 33

ÜBERNACHTEN

Burg Altrathen. Die erstmals im 12. Jahrhundert erwähnte Burg bietet einen herrlichen Ausblick. Heute ist sie Hotel und Restaurant. Am Grünbach 10/11, Tel. 03 50 24/76 00, www.burg-altrathen.de

Amselsee-Idyll

Wasserfall im Amselgrund

Hotel Elbschlösschen. Wellness, Wandern und Wohlfühlen direkt am Ufer der Elbe und am Fuß der Bastei. Kottesteig 5, Tel. 03 50 24/750, www.hotelelbschloesschen.de

Bibel- und Rüstzeitheim Friedensburg. Die 100 Jahre alte Villa des Sächsischen Gemeinschaftsdiakonissenhauses »Zion« wird für Rüstzeiten und Bibelseminare genutzt oder einfach zum Erholen. Pötzschaer Weg 7, Tel. 03 50 21/685 64, www.friedensburg-rathen.de

INFORMATION

Haus des Gastes. Ostern–Ende Okt. Mo–Fr 9–12 und 13–18 Uhr, Sa/So/Feiertag 9–14 Uhr, Nov.–Ostern Mo/Mi/Do 10–12 und 13–15 Uhr, Di 10–12 und 13–18 Uhr, Fr 10–14 Uhr, Füllhölzelweg 1, Tel. 03 50 24/704 22, www.kurort-rathen.de

Mitte: Der Lilienstein thront über dem Elbtal.
Unten: Aussichten gibt es auf dem Tafelberg genug.

38 Lilienstein

Napoleon im Kreidemeer

Majestätisch thront er in der Landschaft. Hoch über dem Elbtal, gegenüber der Festung Königstein, ragt der Lilienstein wuchtig und markant empor. Schon in der Jungsteinzeit lebten hier Menschen. Für Extremkletterer ist die berühmte Westecke noch immer eine Herausforderung.

Der 415 Meter hohe Sandsteintafelberg liegt inmitten der großen 180-Grad-Elbschleife und als einziger rechtsseitig des Flusses. Er wird also an drei Seiten umflossen. Seine markante Silhouette wurde zum Logo des Nationalparks Sächsische Schweiz. Seit Anfang der 1990er-Jahre gibt es dort auch wieder Wanderfalken – sie waren schon in den 1960er-Jahren ausgestorben. Wie alle Steine und Berge im Elbsandsteingebirge ist der Lilienstein Rest einer verfestigten Sandsteinplatte des Millionen Jahre alten Kreidemeers. In der Westecke wird die Liliensteinwand gerne von Extremkletterern genutzt – normalerweise ist das Felsklettern im sächsischen Elbsandsteingebirge nur an freistehenden Klettergipfeln erlaubt.

Hinauf auf den Lilienstein

Weniger »extrem« lässt sich der Berg über die Süd- oder Nordseite besteigen. Die ältesten Stufen des Südaufstiegs stammen aus dem Jahr 1708, der Nordaufstieg wurde erst 1900 angelegt. Günstigster Ausgangspunkt ist die Stadt Königstein: Von der Fähre führt ein Weg mit blauer Markierung zum Gipfel. Vom Waldparkplatz am Lilienstein geht ein gepflasterter Weg am Waldrand entlang bis zu dieser Markierung. Die Felsgaststätte »Lilienstein« lädt von April bis Oktober zur Einkehr ein. Keramische Funde belegen, dass der Lilienstein bereits in vorgeschichtlicher Zeit aufgesucht wurde. So sind Spuren von Jägern aus der Jungsteinzeit (6.–9. Jahrhundert v.Chr.) gefunden worden sowie Scherben aus der jüngeren Bronzezeit. Um 1200 gab es eine kleine böhmische Burg auf dem Lilienstein, die erste urkundliche Erwähnung als »Ylgenstein« stammt aus dem Jahr 1379. Die nachfolgenden Landeigentümer, die Markgrafen von Meißen, stationierten auf dem Tafelberg eine Wachmannschaft. Um 1550 wurde die Burg aufgegeben. Der Wanderweg führt durch Burgreste aus dem 14. Jahrhundert.

Stufen für den König

1708 erstieg August der Starke (1670–1733) den Berg, weshalb er die Stufen auf der Südseite schlagen ließ. Ein vier Meter hoher Obelisk an der Ostseite erinnert an die Besteigung. Die Legende erzählt, dass er den majestätischen Lilienstein dereinst nach einem rauschenden Fest auf dem Königstein dem preußischen König Friedrich Wilhelm I. (1688–1740) schenkte, ihn von diesem aber wieder zurückbekam. Direkt am Fuße des Tafelbergs befindet sich die kleine Ansiedlung Ebenheit, die zur nahen Stadt Königstein gehört. Im Siebenjährigen Krieg nahm dort 1756 der preußische König Friedrich der Große (1712–1786) die gesamte sächsische Armee gefangen. Sie war zuvor fast zwei Monate in Pirna belagert und von der Versorgung abgeschnitten gewesen. Auch 1813 und 1866 marschierten Truppen um den Lilienstein, es kam aber zu keinen Kampfhandlungen. Rund um den Tafelberg ließ Napoleon 1813 zum Schutz des Elbübergangs für die französischen Truppen Befestigungswälle, Baracken und die sogenannte Kaiserstraße als Verbindung anlegen.

Der Lilienstein hat eine charakteristische Form.

Infos und Adressen

ESSEN UND TRINKEN

Felsbaude Lilienstein. Baude mit Biergarten und gemütlicher Gaststube auf 415 Metern Höhe. Ab April tgl. 10–19 Uhr (Mai–Sept. Sa auch bis 21 Uhr), Tel. 03 50 22/409 43, www.felsbaude-lilienstein.de

ÜBERNACHTEN

Panoramahotel Lilienstein. Ein Wohlfühl-Hotel für jede Jahreszeit auf einsamer Höhe zwischen Festung Königstein und Lilienstein mitten im Nationalpark Sächsische Schweiz. Ebenheit 7, Tel. 03 50 22/531 00, www.hotel-lilienstein.de

Ferienwohnung Schönfelder. Ganzjährige Vermietung für vier Personen. Es werden Kletterkurse für Anfänger und Fortgeschrittene, Reitunterricht, ein Fahrradverleih angeboten – der ideale Ausgangspunkt, um die Sächsische Schweiz zu erkunden. Ebenheit 9 b, Tel. 03 50 22/409 54, www.liliensteinblick.de

Mitte: Auf dem Weg zum Kinderparadies Rauenstein
Unten: Gratwanderung mit Klettermöglichkeiten

39 Rauenstein
Riesengaudi in den Felsen

Wandern mit Kindern hat in der Sächsischen Schweiz einen hohen Spaßfaktor. Zerklüftete Steine, schiefe Wege, Leitern, kleine Felsen, große Brocken – es gibt vieles, was die Fantasie beflügelt. Der Rauenstein eignet sich als Einstiegstour dafür bestens – er ist an einem Vormittag erklettert und macht Lust auf mehr.

Der Aufstieg auf den 304 Meter hohen Berg ist sowohl von Weißig als auch von Stadt Wehlen/Pötzscha, von Naundorf, Thürmsdorf oder Rathen möglich. Ein abwechslungsreicher Kammweg führt über den langen Gipfelgrat mit wunderschönen Ausblicken zu den Bärensteinen, der Bastei und dem Rathener Gebiet. Man kann sogar bis zum Großen Winterberg schauen.

Erlebnis für Kinder

Besonders für Kinder ist die Gratwanderung über den Rauenstein ein Abenteuer. Ständig geht es rauf und runter, alle Arten von Treppen und Leitern sind zu bewältigen, Brücken führen über tiefe Abgründe. Schwierig wird es nie, alles ist gut ausgebaut und abgesichert. Der niedrigste und nördlichste Tafelberg der Sächsischen Schweiz ist etwa 600 Meter lang, 200 Meter breit und stark zerklüftet. Vom Kurort Rathen folgt man zunächst eine ganze Weile der Markierung mit dem roten Strich. Wenn der Fels dann vor Augen ist, sollte der Blick kurz nach oben gehen, dort wirkt die Berggaststätte »Fels Rauenstein« am Sandstein wie ein Schwalbennest. Die touristische Erschließung des nahezu komplett bewaldeten Rauensteins fand 1885 statt, ein Jahr später wurden bereits Getränke in der Kapphöhle auf dem Gipfelplateau ausgeschenkt. Kurz danach sorgte die Berggaststätte am südöstlichen Ende des Berges für die Verpflegung der hungrigen Wanderer. Erst 2006 wurde die Traditionsgaststätte umfangreich saniert, der vormalige Imbiss ist nun wieder eine echte Einkehr mit Plätzen drinnen und draußen und einer bodenständigen Küche zu moderaten Preisen. Zum eigentlichen Aufstieg geht es am Fuß des Felsens der gelben Strichmarkierung nach. Über Stufen beginnt der steile Anstieg. Oben angekommen kann man vom Aussichtspunkt an der Gaststätte den wunderbaren Rundblick zum Lilienstein und dem Struppener Ortsteil Weißig genießen. Zu sehen sind auch die Kletterer, die am 18 Meter hohen Felsen »Nonne« unterwegs sind. An der Gaststätte beginnt der abwechslungsreiche Kammweg, der nach einer Weile zu einem bequemen Waldweg wird. Der gelben Markierung folgend erreicht man die Straße zum Bahnhof Wehlen.

Robert-Sterl-Haus

Wer noch gerne etwas besichtigen möchte, geht diese Straße zunächst bergauf und stößt auf das Robert-Sterl-Haus. In den ehemaligen Wohn- und Atelierräumen des impressionistischen Malers Robert Sterl (1867–1932) ist ein Museum eingerichtet. Sterl kaufte das Haus 1919 für sich und seine Frau Helene. In dem großzügig angebauten Atelier sind neben zahlreichen Ölgemälden auch seine Staffeleien, Pinsel und Paletten zu sehen. In dem weitläufigen Garten ist das Ehepaar begraben. Wer noch Lust hat, kann die Wanderung erweitern und im Anschluss an den Rauenstein zu den Bärensteinen laufen. Durch den Damengrund führt dann der Weg zurück nach Wehlen. Auch ein Abstecher zum Laasenstein ist möglich.

Infos und Adressen

ESSEN UND TRINKEN

Berggaststätte Fels Rauenstein. Der schweißtreibende Aufstieg wird belohnt mit einem frischen Gipfelbier und etwas Herzhaftem sowie mit einzigartigen Blicken auf die gegenüberliegende Bastei. April–Okt. 10–17 Uhr, Tel. 03 50 21/678 81, www.fels-rauenstein.de

Restaurant und Pension Laasenhof. Frische Küche aus regionalen Produkten – entweder mit unverwechselbarer Aussicht oder bei Kerzenschein im gemütlichen Laasenkeller. April–Okt. Di–So ab 11.30 Uhr, Auf der Laase 21, Tel. 03 50 21/992 88, www.laasenhof.de

ÜBERNACHTEN

Hotel Rathener Hof. Das Hotel mit leichter, bodenständiger Küche fügt sich harmonisch in die Landschaft ein. Es bietet am Malerweg eine der schönsten Ausblicke auf der Sächsischen Schweiz. Weißig 7 d, Tel. 03 50 21/593 30, www.hotelrathenerhof.de

Mitte: Sagen und Legenden ranken sich um die Barbarine am Pfaffenstein.
Unten: Die Historische Berggaststätte ist immer noch bewirtschaftet.

40 Pfaffenstein

Die versteinerte Jungfrau

Die Sächsische Schweiz ist auch ein Ort rätselhafter Geschichten. Kein Wunder, dass Besuchern beim Anblick der merkwürdigen Felsen und Schluchten manchmal die Fantasie durchging. Über die Jahrhunderte hinweg entstand ein reicher Sagen- und Legendenschatz.

Das Plateau des Pfaffensteins war schon vor 3000 Jahren besiedelt. Auf der Fläche in der Nähe der heutigen Bergwirtschaft entdeckte man verschiedene steinerne Flachbeile, tönerne Gefäße, einen Mahlstein und eine Herdstelle. Ein sichtbares vorgeschichtliches Relikt ist der ebenfalls aus der Bronzezeit stammende halbkreisförmige Wall an der Westseite des Pfaffensteins beim »Bequemen Aufstieg«. Das 200 Meter lange Bauwerk diente dazu, den einzigen Zugang zum Plateau abzusperren und war von einem Graben umgeben. Innerhalb des Walls wurden Keramikreste gefunden. Vermutlich befand sich auf dem Pfaffenstein auch eine der ältesten Burganlagen der Lausitz (etwa 1300 v. Chr. bis etwa 500 v. Chr.).

Die kleine Sächsische Schweiz

Rund um den Berg gibt es eine reiche Fauna und Flora mit vielen seltenen Pflanzen und Tieren wie Leutmoos, Waldkauz, Waldohreule oder den Wanderfalken. Mit seinen Zerklüftungen, dem zwölf Hektar großen Plateau und den mehr als 30 Kletterfelsen wird der Pfaffenstein oft als die »kleine Sächsische Schweiz« bezeichnet. Der Aufstieg zu dem Berg beginnt in Pfaffendorf, wohin man von Königstein aus über die Straße gelangt. An der ersten Spitzkehre wird die Straße jedoch verlassen, und man folgt nun dem Wanderweg mit der roten Markierung. Auf diesem ist in kurzer Zeit der Quirl mit seinem 350 Meter hohen Gipfelplateau zu erreichen, der rechts entlang umwandert wird. Vorbei geht es am Diebskeller, einer 30 Meter langen Höhle, die man von außen gar nicht vermuten würde. Der Weg führt weiter zum Fuß des Pfaffensteins, wo eine grüne Markierung den Pfad zum Gipfel weist. In halber Höhe kann man zwischen »Bequemem Aufstieg« und dem 1913 erschlossenen Klammweg wählen.

Ausblick und Rast auf des Berges Höhe

Der Pfaffenstein bietet eine historische Berggaststätte, einen steinernen Aussichtsturm und weitere Aussichtspunkte. Von einem dieser Punkte hat man einen herrlichen Blick auf die Barbarine. Die Barbarine oder »versteinerte Jungfrau« ist neben der Bastei das Wahrzeichen der Sächsischen Schweiz schlechthin. Der markante Felsen am Pfaffenstein soll der Legende nach an die junge Barbara erinnern. Es heißt, ihre Mutter hatte das Mädchen an einem Sonntag von Pfaffendorf in die Kirche nach Königstein geschickt. Als sie aber entdeckte, dass ihre Tochter stattdessen Heidelbeeren pflückte, soll sie so wütend gewesen sein, dass sie das Kind zu Stein verfluchte. Heute kann man die Barbarine nicht mehr erklettern, sie musste nach einem Blitzschlag und trotz mehrmaliger Sanierung 1975 für den Klettersport gesperrt werden. Über 600 Stufen in einem zum Teil sehr engen Weg steigt man über das Nadelöhr ab. Wieder am Fuß des Pfaffensteins angekommen, kann noch links am Waldrand entlang ein Schlenker bis zum Aufstiegspunkt gemacht werden, dann führt der bekannte Weg wieder zurück nach Königstein. Der Rundweg dauert etwa drei Stunden.

Blick auf den Pfaffenstein

Infos und Adressen

ESSEN UND TRINKEN

Restauration Pfaffenstein. Die Berggaststätte auf 434 Metern bietet saisonale Küche zum Teil aus biologischem Anbau und ein herrliches Panorama. April–Okt. tgl. 11–18 Uhr, Nov.–März Sa/So 11–16 Uhr, Fels Pfaffenstein, Tel. 030 21/594 10, www.pfaffenstein.com

Gasthaus Zum Pfaffenstein. Eine beliebte Einkehr mit guter sächsischer Küche, von vegetarisch bis Wild. Die Terrasse bietet einen Panoramablick von der Festung Königstein bis zum Pfaffenstein. Pfaffensteinweg 1, 01824 Königstein/OT Pfaffendorf, Tel. 03 50 21/679 51, www.gasthaus-zum-pfaffenstein.de

ÜBERNACHTEN

Pension Lachmann. Das familiär geführte Haus hat acht modern eingerichtete Gästezimmer. Morgens wird man von Vogelgezwitscher geweckt. Pfaffendorfer Str. 44, Tel. 03 50 21/59 73 07, www.pension-lachmann-koenigstein.de

41 Schrammsteine
Felskette mit Hoher Liebe

Urwüchsig und zerklüftet: Die Auf- und Abstiege in dem zerschrammten und aufgerissenen Stein sind abenteuerlich. Was die Natur hervorgebracht hat, ist einzigartig. Ein Wanderspaß für die ganze Familie.

Mitte: Abenteuerliche Schrammsteine
Unten: Herrliche Ausblicke nach schwindelerregenden Aufstiegen

Für das Erkunden der Schrammsteine bietet sich ein Rundweg an, der in Ostrau am Parkplatz beginnt. Dieser ist auch von Bad Schandau mit dem historischen Aufzug erreichbar. Zunächst wandert man gemächlich auf einem breiten Weg mit blauer Markierung und steigt dann durch eine kleine Felsenschlucht, das Klüftel, ab. Von dort geht es durch den Zahnsgrund, der seinen Namen von zannen (spalten, klaffen) hat, und den wildromantischen Lattengrund. Auf dem bequemen Obrigensteig führt dann der Weg hinein in eine Kluft, deren Felsen schroff und zerrissen sind, das Schrammtor. Rechterhand wird das Tor von den hohen Wänden des Schrammtorwärters begrenzt. Die linksseitig gelegenen glatten Wände der Ostertürme gelten als äußerst schwieriges Klettergebiet.

Reizvolle Aussichtspunkte

Weiter geht die Tour auf der Vorderen Promenade und dem Wildschützensteg oder aber dem landschaftlich reizvollen Jägersteig hinauf zur berühmten Schrammsteinaussicht. Dort breitet sich die Schrammsteinkette mit ihren vielen Felstürmen stark zerrissen aus. Auf dem freistehenden massiven Falkenstein begann 1864 die Geschichte des sächsischen Bergsteigens. Der Abstieg erfolgt an der Nordseite steil über Eisenleitern und Treppen in den Mittelwinkel. Von dort folgt man dem grün markierten Zeughausweg und geht dann ein Stück ohne Markierung in Richtung der Sandsteinkuppe Hohe Liebe, die auf der roten Markierung erreicht wird. Über den Oberen Liebenweg kommt man zur Waldwiese und an der Kleinen Liebe vorbei zurück nach Ostrau.

Häntzschelstiege für Schwindelfreie

Die Schrammsteinkette, eingeteilt in vordere und hintere, ist ein beeindruckendes Zeugnis der Jahrmillionen währenden Verwitterung. Wegen der überwältigenden Formenvielfalt ist der Kamm einer der beliebtesten Wanderwege, die Natur belohnt mit herrlichen Aussichten. Charakteristisch sind auch die Stiegen, die jedoch Trittsicherheit erfordern. Zu empfehlen sind die Heilige Stiege oder die Rotkehlchenstiege. Eine Herausforderung ist die Häntzschelstiege in der Nähe des nördlichsten Gipfels der Affensteine, dem Bloßstock. Sie wurde in den 1960er-Jahren durch Rudolf Häntzschel aus Sebnitz angelegt und nach ihrem Verfall von der Nationalparkverwaltung wieder instand gesetzt. Aber Vorsicht: Der Aufstieg über Eisenklammern und senkrechte Leitern ist geübten und schwindelfreien Wanderern vorbehalten, eine Kletterausrüstung kann nicht schaden. Den Kraxler belohnen herrliche Ausblicke vom Langen Horn und dem Carolafelsen. Zurück geht es über die Obere Affensteinpromenade bis zur gelben Markierung, der zu folgen ist. Steil hinab führt der Weg in den Felskessel des Kleinen Doms und über den Zeughausweg (grüner Punkt) auf die Untere Affensteinpromenade (grüner Punkt). Durch den Dietrichsgrund gelangt man zurück zum Beuthenfall im Kirnitzschtal. Hier wartet die historische Neumannmühle auf einen Besuch oder man steigt ein zu einer Fahrt mit der Kirnitzschtalbahn.

Infos und Adressen

SEHENSWÜRDIGKEITEN

Personenaufzug Bad Schandau. Mai–Sept. tgl. 9–19 Uhr, Nov.–März tgl. 9–17 Uhr, April/Okt. tgl. 9–18 Uhr, Rudolf-Sendig-Str.

ESSEN UND TRINKEN

Gaststätte & Pension Schrammsteinbaude. Auf halber Strecke von Postelwitz hinauf nach Ostrau warten sächsische und böhmische Gerichte und Getränke auf Wanderer, die an diesem beliebten Ausgangspunkt starten. Tgl. ab 11 Uhr, Zahnsgrund 5, Tel. 03 50 22/423 05, www.schrammsteinbaude.de

ÜBERNACHTEN

Falkensteinhütten. Naturliebhaber können in der familienfreundlichen Anlage mit individuellen Unterkünften direkt am Malerweg den fantastischen Blick auf die Schrammsteine und den Falkenstein genießen. Falkenstein Str. 9, Tel. 03 50 22/423 05, www.falkenstein-huetten.de

INFORMATION

Touristeninformation im Bahnhof Bad Schandau. Mai–Sept. Mo–Fr 8–18 Uhr und Sa/So/Feiertag 9–17 Uhr, April/Okt. Mo–Fr 8–17 Uhr und Sa/So/Feiertag 9–12 Uhr, Nov./Dez./März Mo–Fr 8–17 Uhr und Sa 9–12 Uhr, Jan/Feb. Mo–Fr 8–17 Uhr und Sa 9–12 Uhr, Am Bahnhof 6, Tel. 03 50 22/412 47, www.bad-schandau.de

Mitte: Die Kirnitzschtalbahn fährt auf fast acht Kilometern Strecke.
Unten: Das Tal der Mühlen ist auch perfekt fürs Familienprogramm.

42 Kirnitzschtal
Ein Kuhstall in wilder Romantik

Idyllisch ist es auch in anderen Tälern, aber hier findet der Wanderer eine Natur, wie sie urwüchsiger selten zu erleben ist. Mit leichten Aufstiegen, ehemaligen Mühlen und urigen Gasthöfen sind das Tal und seine Umgebung auch perfekt fürs Familienprogramm.

Mit der Kirnitzschtalbahn beginnt das Abenteuer. Die knapp acht Kilometer lange Strecke der Ausflugsbahn startet am Stadtpark von Bad Schandau, führt durch das Kirnitzschtal und endet am Lichtenhainer Wasserfall, unterwegs stoppt sie an sieben Haltestellen. Parallel dazu gibt es auch einen Bus durchs Kirnitzschtal. An der Endstation konnte ein Bach seit 1830 durch ein aufziehbares Wehr angestaut werden, einem Wirt, der in unmittelbarer Nähe seinen Ausschank hatte, wurde das Amt des »Wasserfallziehers« übertragen. Gegen einen kleinen Obolus öffnete er Touristen für ein paar Minuten die Stauanlage: Der Übergang vom kleinen in den großen Wasserfall war damals eine der Hauptattraktionen der Sächsischen Schweiz. Heute wird die Anlage unter Musik alle halbe Stunde geöffnet: Zunächst strömt das Wasser langsam, bis es zum Schlussakkord sturzartig den Felsen hinunterbricht.

Der Kuhstall

Etwa 30 Minuten zu Fuß entfernt befindet sich auf dem Neuen Wildenstein der »Kuhstall«, das nach dem Prebischtor zweitgrößte Felsentor im Elbsandsteingebirge. In 337 Metern Höhe liegt es oberhalb des Kirnitzschtals. Das Felsenfenster ist elf Meter hoch, 17 Meter breit und 24 Meter tief.

Historische Neumannmühle

Der Name geht auf zwei mögliche Ursachen zurück: Zum einen versteckten die Bauern während des Dreißigjährigen Krieges in dem mächtigen Felsentor ihr Vieh, zum anderen wird vermutet, dass die Bewohner der mittelalterlichen Burg Wildenstein das bei Raubzügen erbeutete Vieh dort unterbrachten. An den Wänden des Tors sind allerhand Kritzeleien, die zum Teil noch aus der Zeit der touristischen Erschließung der Gegend im 19. Jahrhundert stammen. Von der Aussichtsterrasse südlich des Kuhstalls kann man die Kletterfelsen der Hinteren Sächsischen Schweiz in einem weiten Panorama sehen. Über die »Himmelsleiter«, einer Stahltreppe in einer schmalen Felsspalte, geht es in die frühere Burganlage, von wo die Schrammsteine hervorragend zu sehen sind.

Historische Mühle mit Erlebniswert

Eine weitere Attraktion im Tal ist die Neumann-Mühle, an der Einmündung des Großen Zschand gelegen. Sie ist die einzige Mühle im Kirnitzschtal, die noch annähernd ihre ursprüngliche Gestalt besitzt. Das Wasserrad aus Eichenholz hat einen Durchmesser von 4,80 Metern, eine Breite von

AUTORENTIPP!

AUF DEN BERG MIT DEM SCHLAFSACK

Zu DDR-Zeiten sehr beliebt war das Boofen, der Rückzug in die Freiheit der Natur. Die »Boofe« bezeichnet einen solchen Schlafplatz. Wer Wanderer mit größerem Rucksack samt Schlafsack und vielleicht noch einem kleinen Topf daran baumelnd sieht, kann sich sicher sein, dass sie zu einem dieser Orte unterwegs sind. Früher dienten Boofen oft auch als Versteck. Einige waren mit Baumstämmen befestigt. Mit dem Klettern im Elbsandsteingebirge wurde auch das Freiübernachten immer beliebter, sei es aus Mangel an Unterkünften und Geld oder aus Liebe zur Natur. Ein Hauptgrund für das Nächtigen im Freien bleibt für die Sportler die Nähe zum Berg. Für andere ist es pure Romantik mit Sonnenaufgängen und dem Zwitschern der Vögel. Doch mit Beginn des Status als Nationalpark 1990 ist das Boofen nur noch an den dafür vorgesehenen Stellen erlaubt, offiziell gibt es 57 *Boofen.*

Boofplätze Sächsische Schweiz.
Weitere Infos unter: www.nationalpark-saechsische-schweiz.de/red5/sonstiges/Freiuebernachten

AUTORENTIPP!

KAHNFAHRT IN DER KLAMM

Besonders eindrucksvoll ist eine Bootsfahrt in der wilden und weitgehend ursprünglichen Kirnitzschklamm. Der auf 700 Meter angestaute Wildbach wurde früher für die Flößerei benötigt. Heute fahren Boote ruhig durch das enge, stille Felsenreich bis zur Staumauer – der Oberen Schleuse. Die Fahrt durch die Felsenklamm dauert etwa 20 Minuten. Während der Kahn entlang der rechts und links steil aufragenden Felswände lautlos dahingleitet, erzählt der Kahnführer seine Geschichten. Die Obere Schleuse wurde bereits 1567 auf Anweisung von Kurfürst August von Sachsen (1526–1586) zum Sammeln und Flößen geschlagener Baumstämme gebaut. Die beim Öffnen der Staumauer entstehende Flutwelle ermöglichte das Flößen der Baumstämme bis zur Elbe. Zur Oberen Schleuse in Hinterhermsdorf gelangt man vom Parkplatz Buchenparkhalle in 45 Minuten zu Fuß oder mit einem Kremser.

Kahnfahrt Obere Schleuse.
April–Ende Okt. Mo–Fr 9–16 Uhr, Sa/So 9–17 Uhr, www.nationalpark-saechsische-schweiz.de

1,80 Metern und 45 Stahlblechschaufeln. Als Schneidemühle soll sie hier bereits im 14. Jahrhundert gestanden haben, in der Schauanlage wird die Herstellung von Holzschliff gezeigt. Entlang der Kirnitzsch gab es mehrere Mühlen, die für Getreide und zum Schneiden vom Holz der waldreichen Gegend benutzt wurden.

Romantischer Dorfkern und historischer Bauerngarten

In unmittelbarer Nähe zu Tschechien befindet sich das mehrfach zum »schönsten Dorf« gekürte Hinterhermsdorf, das bis zu seiner touristischen Erschließung im 19. Jahrhundert von der Holzwirtschaft lebte. Im Ort kann man etwa 80, zum Teil originalgetreu erhaltene Umgebindehäuser aus dem 18. und 19. Jahrhundert besichtigen, in einem von ihnen ist auch das Museum untergebracht. Darunter befindet sich ein alter Bauerngarten mit fast vergessenen Kräuter- und Blumenarten. Das Innere der Dorfkirche aus dem 17. Jahrhundert ist von einem Dreiflügelalter (1681–1692) und einem barocken Taufengel geprägt, der ihr den Namen Engelskirche gab. Wegen seiner zentralen Lage, der guten Anbindung und vielen Übernachtungsmöglichkeiten ist Hinterhermsdorf beliebter Ausgangspunkt für Wanderungen. Auch an Aussichtsplätzen in der Nähe mangelt es nicht: Um das Dorf wurde ein Panoramaweg angelegt und der 37 Meter hohe hölzerne Turm auf dem Weifberg bietet einen Rundblick über Hinterhermsdorf und den Nationalpark Sächsische Schweiz. Geschichtsträchtig ist dagegen der 437 Meter hohe Königsplatz, den bereits der sächsische König Friedrich August II. (1797–1854) gern besuchte. Kinder werden in der »Waldhusche« ihre Freude haben. Auf dem Freigelände werden auf spielerische Weise alle Aspekte der Waldarbeit und Waldwirtschaft von der Vergangenheit bis in die Gegenwart thematisiert.

Infos und Adressen

SEHENSWÜRDIGKEITEN

NationalparkZentrum Sächsische Schweiz. April–Okt. tgl. 9–18 Uhr, Feb./März, Nov./Dez. Di–So 9–17 Uhr, Dresdner Str. 2 b, Tel. 03 50 22/502 40, www.lanu.de/de/Nationalparkzentrum

ESSEN UND TRINKEN

Gasthof Lichtenhainer Wasserfall. Am Ziel der Kirnitzschtalbahn und am Beginn vieler Wanderwege lädt die alteingesessene Ausflugsgaststätte zur Stärkung und zum Wasserfall-Schauen ein. April–Okt. tgl. 9–22 Uhr, Kirnitzschtalstr. 11, Tel. 03 59 71/537 33, www.lichtenhainer-wasserfall.de

ÜBERNACHTEN

Camping und Pension Ostrauer Mühle. In einer sonnigen Talweitung der wildromantischen Kirnitzsch liegt der ganzjährig geöffnete Naturplatz. Kirnitzschtalstr., Tel. 03 50 22/427 42, www.ostrauer-muehle.de

Gaststätte & Pension Waldhäus'l. Die Kirnitzschtalbahn hält direkt vor der Haustür, die Wanderungen können beginnen. Kirnitzschtalstr. 89, Tel. 03 50 22/917 86, www.waldhaeusl-bad-schandau.de

INFORMATION

Tourist-Service im Haus des Gastes. Mai–Sept. tgl. 9–21 Uhr, April/Okt. tgl. 9–18 Uhr, Nov.–März Mo–Fr 9–18 Uhr und Sa/So/Feiertag 9–13 Uhr, Jan.–Feb. Mi geschlossen, Markt 12, Tel. 03 50 22/900 30, www.bad-schandau.de

Touristeninformation im Bahnhof Bad Schandau. Mai–Sept. Mo–Fr 8–18 Uhr und Sa/So/Feiertag 9–17 Uhr, April/Okt. Mo–Fr 8–17 Uhr und Sa/So/Feiertag 9–12 Uhr, Nov./Dez./März Mo–Fr 8–17 Uhr und Sa 9–12 Uhr, Jan/Feb. Mo–Fr 8–17 Uhr und Sa 9–12 Uhr, Am Bahnhof 6, Tel. 03 50 22/412 47, www.bad-schandau.de

Die Bahnstation Lichtenhainer Wasserfall ist meist Start von Wanderungen.

Mitte: Bizarre Felsenwelt im Kletterparadies
Unten: Einstiger Kurort ist verwaist.

43 Bielatal

Kraxelparadies auf bizarren Felsnadeln

Das Elbsandsteingebirge ist eins der beliebtesten Kletterregionen Deutschlands. Von den 13 Gebieten für Gipfelstürmer ist das Bielatal das an Kletterzielen reichste. Auf einer Länge von nur sechs Kilometern findet man weit mehr als 200 geeignete Felsen mit rund 3000 Aufstiegen. Etwas Kondition ist allerdings gefragt.

Die Felsen bestehen aus teilweise sehr festem Sandstein, für Familien und Anfänger sind die kleineren unter ihnen gut zu besteigen. Das Bielatal ist einzigartig wegen seiner bizarren Felsentürme, den fantastischen Schluchten und geheimnisvollen Höhlen. Ein guter Start für eine Rundwanderung ist der Ort Schweizermühle. Er ist aus einem alten Hammerwerk mit angeschlossener Mühle und einer Kaltwasserheilanstalt hervorgegangen. Im 19. Jahrhundert war das Bad sehr beliebt, vom einstigen Kurort mit seinen Villen und Gärten ist allerdings nicht mehr viel zu sehen. Als die Kaltwasserheilanstalt geschlossen wurde, diente die Schweizermühle als Erholungsheim, Lungenheilanstalt und Altenheim. Zu den zentralen Privatbauten des ehemaligen Kurorts gehörte die Villa Jordan mit ihrer einst berühmten Parkanlage. Das Mitte des 19. Jahrhunderts im italienischen Stil errichtete Gebäude wurde vom Eigentümer liebevoll saniert.

Kaiser-Wilhelm-Feste, Herkulessäulen und Ottomühle

Vom Parkplatz geht es zunächst ein paar Meter in Richtung Rosenthal, bevor der mit dem gelben

Punkt gekennzeichnete Wanderweg rechts abbiegt. Er schlängelt sich einen Kilometer durch den Wald zu einem kleinen Felsplateau, auf dem ein Steinhäuschen, die Kaiser-Wilhelm-Feste (1880), steht, weit sichtbar vom Bielatal. Seine weit verbreitete Entstehungsgeschichte ist ein Kuriosum, wonach die Idee zum Bau einer bierseligen Stammtischwette entsprungen sei. Kurz nach der kleinen Burg biegt der Gelbe-Punkt-Weg rechts ab und führt über Holztreppen nach unten. Dort angekommen geht es nach links zur Felsengasse, ihr Eingang liegt versteckt hinter einer Felsecke und wird oft übersehen. Nun führt die Wanderung über Geröll und Felsstufen – inklusive kleinen Klettereinlagen – erst nach oben und dann quer durch ein wildes Steinlabyrinth. Am Ende der Gasse wird man mit dem Anblick der imposanten Herkulessäulen sofort belohnt. Sie stehen auf derart schmalem Fuß, dass man sich fragt, warum die beiden dünnen Felsnadeln nicht schon längst umgekippt sind. Zwischen steilen Felsen hindurch führt der Weg bergab ins Tal bis zur kleinen Ortschaft Ottomühle. Im gleichnamigen Gasthof kann man sich erst einmal stärken.

Oben: Gipfelstürmer im Bielatal
Unten: Kuriosum Kaiser-Wilhelm-Feste

AUTORENTIPP!

HERKULESSÄULEN FÜR FÜNF PERSONEN

Wie die Steine so die Unterkunft: In dem Ferienhaus »Felswelten« heißen die Wohnungen wie die bizarren Felsen der Gegend. Modern und ansprechend eingerichtet ist Wohlfühlen angesagt, im Keller bringt eine Sauna die nötige Entspannung, es werden auch Massagen angeboten. Insgesamt stehen acht Apartments für zwei bis fünf Personen bereit, die auch miteinander kombiniert werden können. Zwei Domizile sind barrierefrei! Es gibt einen Gemeinschaftsraum und bei schlechtem Wetter kann ein Spielzimmer genutzt werden. Im großen Garten sprudelt eine eigene Quelle, ein Barfußpfad reizt die Sinne. Direkt an den »Felswelten« beginnt eine Langlaufloipe, die durch den Großen Schaftwald zur Grenzplatte führt, dann über den Beutwald auf die Rosenthaler Straße und über den Kerbensteig zurück. Mehrere Loipen befinden sich auch auf tschechischer Seite.

Felswelten. Ottomühle 6,
Tel. 03 50 33/72 92 73,
kontakt@felswelten.de,
www.felswelten.de

Schöne Aussichten und Kletterfelsen auf dem Kerbensteig

Nach der Halbzeitpause geht es die Straße kurz zurück und dann links den Kerbensteig hinauf, der mit einem grünen Punkt gekennzeichnet ist. Der Aufstieg ist relativ lang, dafür nicht sehr steil. Oben angekommen trifft man auf den vertrauten gelben Punkt, dem es wieder zu folgen gilt. Den Wanderer erwarten nun viele schöne Aussichten und Abzweige, so der Ausblick »Johanniswacht«, der über eine Stahltreppe erreicht werden kann. Auch ein Abstecher zum Sachsenstein lohnt, allerdings ohne Rucksack und kleine Kinder: Der Aufstieg ist steil und eng – und manchmal sehr voll. Da ist der Nachbar eine gute Alternative. Die Aussicht auf diesem Felsen kann man in zwei Etagen genießen, für kurze Beine genügt die untere. Kurz dahinter geht es rechts über einige Treppen zurück ins Tal nach Schweizermühle.

Bennohöhle und Kanzelsteinaussicht

Wem die Tour von sechs Kilometern zu kurz ist und die Kraxelei zu wenig, der kann unterwegs noch weitere Felsen einbauen. Direkt über der Ottomühle befinden sich etliche Gipfel, so der Daxenstein und die beiden Mühlenwächter. Ein schönes Ziel ist auch die Bennohöhle, ebenfalls von der Ottomühle aus gut erreichbar. Es ist eine Einsturzhöhle aus abgestürzten und gekippten Felstrümmern, für den hinteren Teil benötigt man eine Taschenlampe. In der Nähe der Herkulessäulen ist noch die Kanzelsteinaussicht zu empfehlen, die den Blick freigibt auf den schlanken Kanzelturm mit seinem überhängenden Gipfelkopf sowie den Schiefen Turm und den Chinesischen Turm.

Infos und Adressen

ESSEN UND TRINKEN

Zur Schweizermühle. Das Restaurant mit Herberge liegt idyllisch und ruhig am Waldrand in einem großen Park mit Forellenteich. Restaurant April–Okt. Do–Di ab 11.30 Uhr, Nov.–März Fr ab 17 Uhr und Sa/So/Feiertag ab 11.30 Uhr, Schweizermühle 3, Tel. 03 50 33/767 88, www.zur-schweizermuehle.de

ÜBERNACHTEN

Forsthaus Bielatal. Im parkähnlichen Waldgrundstück der ehemaligen Oberförsterei Reichstein laden fünf Ferienwohnungen und ein Gemeinschaftsraum mit moderner Ausstattung ein. Forsthof 2, Tel. 03 50 33/728 93, www.forsthaus-bielatal.de

Natur- und Reiterhof Ruppert. Der denkmalgeschützte Bauernhof ist familiär geführt und beherbergt etliche Hoftiere. Für die ganze Familie werden Reiter- und Pferdefreizeiten angeboten. Übernachtung in einer gemütlichen Ferienwohnung oder abenteuerlich im Heulager! Mühlweg 1, Tel. 03 50 33/728 47, www.naturhof-rosenthal.de, www.natur-reiterhof-rosenthal.de

Ottomühle. Diese einfache Herberge mit Gasthaus ist für Wanderungen der ideale Ausgangspunkt. Ab April Di–So ab 11.30 Uhr, Ottomühle 9, Tel. 03 50 33/768 00, www.ottomuehle.com

INFORMATION

Touristeninformation. Mo–Mi 9.30–14 Uhr, Do 9.30–16 Uhr und Fr 9–12 Uhr, Sa/So 10–19 Uhr, Schulstr. 1, Tel. 03 50 33/702 91, www.rosenthal-bielatal.de, Infos über das Rittergut Bielatal: Tel. 03 50 33/706 02.

Historische Villa im Grünen

Mitte: Romantische Täler
Unten: Wanderwege direkt vor der Haustür

44 Hohnstein und Polenztal

Nach den Märzenbechern kommt der Kasper

Am Rand der Sächsischen Schweiz liegt die Burgstadt Hohnstein. Bekannt für Kasper und Bikerfreundlichkeit ist sie auch ein guter Ausgangspunkt für Wanderer. Ihre Ziele sind hier nicht so sehr die Berge als vielmehr ausdrucksstarke und abwechslungsreiche Täler.

Hohnstein, 1333 erstmals erwähnt, ist von mehreren Tälern umgeben, die Gegend wird gern als Sechstälerland bezeichnet. Die Stadt prägen verträumte Gassen, historische Fachwerkhäuser und die Kirche, die nach einem Brand im 18. Jahrhundert wie die Dresdner Frauenkirche nach Plänen des Ratszimmermeisters George Bähr (1666–1738) neu errichtet wurde.

Bizarre Täler und weite Blicke

Das Hohnsteiner Land bietet ein sehr gut ausgebautes Netz unzähliger Wanderwege direkt vor der Haustür. Allein 45 Kilometer führen durch bizarre Täler. Neben Polenz- und Schwarzbachtal sind der Hockstein, die Waitzdorfer Höhe und der Gickelsberg beliebte Ausflugsziele. Eine besonders schöne Aussicht genießt man vom Brand, dem »Balkon der Sächsischen Schweiz«, der von Hohnstein auf einem bequemen Wanderweg sogar mit Kinderwagen zu erreichen ist: Vor der Bergwirtschaft »Brandbaude« liegen die Sächsische Schweiz und darunter der markante Lilienstein wie auf einer Bühne. In fünf Minuten erreicht man einen zweiten Aussichtspunkt. Von dort aus sind Felsen zu sehen, deren Form Hafersäcken ähnelt. Im Frühjahr blühen im Polenztal die berühmten Märzenbecherwiesen. Sie sind 1821 erstmals erwähnt, um 1900 entwickelten sie sich zu einer Touristenattraktion. Grund für den herrlichen Wuchs ist das späte Mähen der Wiesen Ende Juni.

Schlafen in der Burg

Herzstück und Wahrzeichen der Stadt Hohnstein ist die gleichnamige Burg, die auf einem Felssporn 140 Meter über dem Tal thront. Der Zugang ist über den Marktplatz möglich. Die Burg wurde bereits um 1200 als Verteidigungsanlage errichtet, einige Zeit blieb sie in böhmischem Besitz und gelangte im 15. Jahrhundert an Kursachsen. Die Wettiner gingen von dort aus auf die Jagd und zum Lachsstechen. Später wurde die Burg als Verwaltungssitz, Gerichtsstand und Gefängnis genutzt. Die ursprünglich aus Holz errichteten Anlagen wurden im 17. und 18. Jahrhundert allmählich durch die heutigen Steinbauten ersetzt und widerstanden 1639 sogar einer schwedischen Belagerung. Als die mächtige Burg 1925 Jugendherberge wurde, galt sie als eine der schönsten, vor allem aber mit ihren rund 1000 Schlafplätzen als eine der größten in Deutschland. Kurz nach der Machtübernahme der Nationalsozialisten missbrauchte man die Burg zu einem frühen Konzentrationslager für etwa 5600 politische Gefangene, darunter Frauen und Jugendliche. Sie mussten schwerste Zwangsarbeit im Steinbruch leisten. Im Krieg war dann ein Kriegsgefangenenlager in der Burg untergebracht. Seit 1949 wieder Jugendherberge dient sie heute als Jugendgästehaus mit Museum – und ist sehr bikerfreundlich.

Puppenspiel mit Tradition

1928 hatte der später berühmte »Hohnsteiner Kasper« des Puppenspielers Max Jacob (1888–1967)

AUTORENTIPP!

EISKLETTERN IN DER GROTTE
Auf einem kurzen Weg erreicht man vom Hohnsteiner Rathaus über den Apothekersteig die Gautschgrotte. Etwas versteckt am Halbenweg hoch über dem Polenztal wird sie von einer etwa 18 Meter hohen Felswand umrahmt, die an zwei übereinanderliegenden großen Quereinschnitten weit überhängt. An ihrem Fuß gedeiht ein üppiger grüner Teppich aus Moosen und Farnen. In besonders kalten Wintern bietet sich dort ein beeindruckendes Naturspektakel: Der sonst kleine Wasserfall erstarrt zu einem riesigen, etwa 22 Meter hohen Eiszapfen vom Grund der Grotte bis zur Oberkante – so zuletzt geschehen 1997 und 2012. Es soll sogar Eiskletterer gegeben haben. Die Gautschgrotte wurde nach dem Dresdner Rechtsanwalt Carl Friedrich Constantin Gautsch (1810–1879) benannt, der sich große Verdienste um die Erforschung und Erschließung der Sächsischen Schweiz erwarb.

Bikerparadies Hohnstein

Oben: Hohnstein wurde 1333 erstmals erwähnt.
Unten: Über der Stadt liegt die Burg.

in den Burgmauern seine ersten Auftritte. 1937 spielten »Die Hohnsteiner« auf der Weltausstellung in Paris und erhielten die höchste Auszeichnung. Ein Jahr später bezogen sie in Hohnstein das Puppenspielhaus. Viele der Künstler überlebten den Krieg nicht. Begründer Jacob ging nach Hamburg und fing dort neu an. Ein anderes Mitglied der Gruppe, Harald Schwarz (1921–1995), eröffnete 1946 wieder eine Puppenbühne in Hohnstein. Bis heute wird das Schnitzen der Puppenköpfe nach Originalen der 1920er-Jahre gepflegt. Ihr typisches Aussehen erhalten die Figuren aus Lindenholz durch die Bemalung und die charakteristische Bekleidung. Besucher können sich in der Verkaufsausstellung von Wolfgang Berger in Hohnstein ein Bild davon machen. Die Puppenspielära im Ort ging nach dem Tod von Schwarz 1995 zu Ende. Seit 1986 ist die Stadt am Rande der Sächsischen Schweiz jedoch Gastgeber eines Puppenspielfestivals. Jedes Frühjahr spielen Künstler aus ganz Deutschland in rund 50 Vorstellungen an zwei Tagen. Gespielt wird unter anderem in der Burg Hohnstein und im Burghof. Zur Erinnerung an Max Jacob wurde 2005 die Traditionsstätte Handpuppenspiel eingeweiht.

Infos und Adressen

SEHENSWÜRDIGKEITEN

Burg Hohnstein. Markt 1, Tel. 035975/81202, www.burg-hohnstein.info

Original Hohnsteiner Handspielpuppenwerkstatt. Wolfgang Berger, Sachsenberg-Siedlung 6a, Tel. 035975/81657, www.original-hohnsteiner-handspielpuppen.de

Traditionsstätte Handpuppenspiel. Mo–Fr 9–12 und 13–17 Uhr, Sa 9–13 Uhr, So 9–12 und 13–16 Uhr, Rathausstr. 9, Tel. 035975/86813, www.hohnstein.de

ESSEN UND TRINKEN

Hotel & Gasthof Weißer Hirsch. Die sächsisch-böhmische Küche bietet Gaumenfreuden und legt die richtige Grundlage für Kletter- oder Bikertouren. Obere Str. 1, Tel. 035975/8630, www.ran-an-die-bastei.de

Gasthof & Pension Zur Bockmühle. Mitten im oberen Polenztal an den Märzenbecherwiesen gibt es Wildspezialitäten und hausgemachte Wurst. Tgl. ab 11 Uhr, Im Polenztal 2, Tel. 035973/25696, www.bockmuehle.com

ÜBERNACHTEN

Landgasthaus zum Schwarzbachtal. Sympathisches Haus mit Gästezimmern und idyllischer Gartenterrasse. Mo–Fr ab 17 Uhr, Mi geschlossen, Sa/So 11.30–14 und ab 17 Uhr, Niederdorfstr. 3, Tel. 035975/80345, www.schwarzbachtal.de

Brand-Baude. Rustikale Bergwirtschaft mit gemütlichem Ambiente und Terrasse mit atemberaubendem Ausblick. April–Okt. tgl. 10–19 Uhr, Nov.–März tgl. 10–17 Uhr, Brandstr. 27, Tel. 035975/84425, www.brand-baude.de

INFORMATION

Touristeninformation. Siehe Traditionsstätte Handpuppenspiel

Original Hohnsteiner Handspielpuppen

Mitte: Auf der Burg Stolpen lebte die sächsische Gräfin Cosel in jahrzehntelanger Gefangenschaft.
Unten: Historische Burggemäuer

45 Burg Stolpen

Schicksal einer Gräfin

Eine Zeitreise durch 800 Jahre Landesgeschichte verspricht die Burg Stolpen. Die mittelalterliche Befestigungsanlage diente den meißnischen Bischöfen als Sitz. Später wurde sie von den sächsischen Kurfürsten als Rückzugsort genutzt. Die auffälligen, schon von Weitem sichtbaren Türme verleihen der umgebenden Landschaft ein besonderes Flair.

Auf dem Plateau neben dem Siebenspitzenturm aus dem 15. Jahrhundert hat man eine wunderbare Aussicht auf das Elbsandsteingebirge sowie das Osterzgebirge. Im Erdgeschoss des Turmes hat sich eine Herdstelle erhalten. Dort unterhielt Kurfürstin Anna (1532–1585), die als sehr kräuterkundig galt, nach 1559 ihre Küche. Während eines Rundgangs über die Burg trifft man auch auf feuchte Kerker, verwirrende Kellergänge – wie in einem unterirdischen Labyrinth aus Gewölben – und Folterkammern. Zwangsläufig kommt die Erinnerung an das »finstere« Mittelalter hoch. Aber auch die Abenteuerlust der Besucher wird geweckt.

Jagdschloss für den Fürsten

Von den sächsischen Kurfürsten wurde Stolpen im 16. und 17. Jahrhundert vor allem als Jagdschloss genutzt. Dafür baute man die Anlage um, aus dem bischöflichen Hochschloss entstand das Fürstenhaus, auch ein Tier- und Baumgarten wurde angelegt. Im Seigerturm, der in die repräsentativen Schlossbauten einbezogen wurde, haben sich in der Turmstube Renaissance-Wandmalereien erhalten, heute die einzigen Zeugnisse des weitgehend zerstörten kurfürstlichen Schlosses. Die oberen

Etagen des Turmes wurden als Wohnraum genutzt, die Keller als Gefängnis. Die militärisch abgeschirmte Festung erlaubte bis 1764 keinen Besucherverkehr, Ende des 18. Jahrhunderts sind erste Reisende nachzuweisen. Der erste städtische Schlosswärter wurde 1874 angestellt, er wohnte im Torhaus und führte Besucher über die Festungsanlage. Von Stolpen aus ging der Name »Basalt« durch die Welt, mit seinem reichen Vorkommen wurde das Erzgussgestein in der spezifischen Stolpener Ausprägung im 16. Jahrhundert erstmalig beschrieben. Am Fuße des Johannisturms ist dieser Säulenbasalt sehr eindrucksvoll zu sehen und auf der Burg befindet sich der tiefste Basaltbrunnen der Welt.

Die lange Haft der Gräfin Cosel

Stolpen wird oft auch in einem Atemzug mit der sächsischen Gräfin Cosel (1680–1765) genannt, der bekanntesten Mätresse Augusts des Starken (1670–1733). Ihr Schicksal ist tatsächlich eng verbunden mit der Burg. Nachdem der König ihrer überdrüssig war, verbrachte sie als Gefangene in den Gemäuern die letzten 49 Jahre ihres Lebens. Keine Person in der langjährigen Burggeschichte hat sich länger auf Stolpen aufgehalten als sie – ein einsamer Rekord. Fünf Festungskommandanten hat sie kommen und gehen sehen. Gesundheitlich angeschlagen und teilweise gelähmt wohnte sie zunächst im sogenannten Fürstenhaus, das den Herrschern als Wohnhaus diente. Später hauste sie im Johannisturm, durfte jedoch über einen Verbindungsgang in das Fürstenhaus. Dort hatte sie auch Zugang zu ihrer Bibliothek, die etwa 3000 Bände zählte. In einer Gruft unter der Burgkapelle, von der nur noch die Außenmauern stehen, ist sie beerdigt. Im Johannisturm erinnert eine Ausstellung an sie.

Infos und Adressen

SEHENSWÜRDIGKEITEN

Burg Stolpen. April–Okt. tgl. 9–18 Uhr, Nov.–März 10–16 Uhr, Schlossstr. 10, Tel. 03 59 73/234 10, www.burg-stolpen.de

Evangelisch-Lutherische Stadtkirche. Am Kirchberg, Tel. 03 59 73/264 09, www.kirche-stolpen.de

Stadtmuseum. Di–So 14–16 Uhr, Markt 26, Tel. 03 59 73/280 50, www.stolpener.de

ESSEN UND TRINKEN

Café Goldner Löwe. Frische Gastronomie an traditionsreichem Ort. Tgl. ab 10 Uhr, Markt 3–4, Tel. 03 59 73/649 81 08, www.loewe-stolpen.de

ÜBERNACHTEN

Burghotel Stolpen. Familiengeführtes Haus am Fuß der geheimnisvollen Burg Stolpen. Schloßstr. 12, Tel. 03 59 73/29 900, www.burghotel-stolpen.de

INFORMATION

Touristeninformation. Mo–Fr 10–18 Uhr und Sa 10–12 Uhr, Markt 5, Tel. 03 59 73/273 13, www.stolpen.de

46 Schloss Weesenstein

Kapelle im sechsten Stock

Mitten im wildromantischen Müglitztal thront das Schloss Weesenstein. Mindestens 700 Jahre lang wurde gebaut und abgerissen, verändert und erhalten. Das Bauwerk birgt Spuren der Gotik bis zum Klassizismus. Doch was die Architektur betrifft, scheint alles auf dem Kopf zu stehen.

Der Festsaal auf dem Dachboden, die Pferdeställe in der fünften Etage, darunter die Kellergewölbe und noch ein Stockwerk tiefer die herrschaftlichen Gemächer – das architektonische Kuriosum wuchs zum großen Teil von oben nach unten. Selbst die Fenster sind oft genug Täuschung, jedes dritte ist nur aufgemalt. Das achtstöckige Schloss Weesenstein wurde auf einen Felskegel in einer engen Schleife des Flusses Müglitz gebaut. Seine erste urkundliche Erwähnung findet es 1318, Architekt Gottfried Semper (1803–1879) datierte den Schlossturm jedoch in das 10. Jahrhundert. Der Turm ist heute das älteste Bauwerk der Anlage.

Mitte: Der herrliche Schlosspark in Weesenstein war 2002 schwer von der Jahrhundertflut betroffen. **Unten:** Kostbar eingerichteter Wohnraum

Die kleinste Pfarrei Sachsens

Mit der Gründung der Schlosskapelle 1504 im sechsten Stock schloss man den Burghof nach Südwesten ab, Ende des 16./Anfang des 17. Jahrhunderts kam ein neuer Gebäudeteil im Süden und Südosten dazu. In der Kapelle fanden zunächst Gottesdienste für Herrschaft und Dienerschaft statt. Anfangs bediente der Ortspfarrer von Dohna die Kirche, 1517 genehmigte Papst Leo X. (1475–1521) die Anstellung eines Schlossgeistlichen. Damit war die Kapelle die kleinste Pfarrei in Sachsen. 1738 wurde die gotische Kapelle abgetragen und eine neue Hauskirche im barocken Stil gebaut. Lange Zeit galt Frauenkirchenerbauer George Bähr (1666–1738) als ihr Schöpfer, inzwischen geht man davon aus, dass die Entwürfe von einem seiner Schüler, dem Baumeister Johann George Schmidt (1707–1774), stammen. In den Besitz der königlichen Familie gelangte das Schloss 1830 durch Anton den Gütigen (1755–1836). Acht Jahre später übernahm Prinz Johann (1801–1873), der spätere König, Weesenstein und verweilte dort sehr oft. Hier entstanden wesentliche Teile seiner Übersetzung von Dantes Göttlicher Komödie. Nach dem Ersten Weltkrieg gelangte das Schloss in bürgerliche Hände und 1933 schließlich in den Besitz des Landesvereins Sächsischer Heimatschutz, der auf dem Anwesen ein erstes Museum einrichtete.

Depot und Museum

Während des Zweiten Weltkriegs war Weesenstein Hauptdepot für etwa 450 000 Kunstschätze aus Dresdner Museen wie dem Kupferstichkabinett, der Gemäldegalerie und der Porzellansammlung. Heute beherbergt das Schloss ein Museum. Hier ist neben einer wertvollen Sammlung von Bildertapeten auch eine Ausstellung zum Leben und Wirken von König Johann von Sachsen zu sehen. Zu Pfingsten wird im Schloss ein Mittelalterfest veranstaltet, in der Adventszeit kann man die Burg im Fackelschein erkunden. Der 500 Jahre alte »Brauhof« mit seiner königlichen Schlossküche, eigener Brauerei und Veranstaltungsräumen ist heute Mittelpunkt des Schlossensembles. Dem Schloss liegt ein französischer Park zu Füßen. Diese bildet einen einzigartigen Kontrast zu den scheinbar unberührten und bewaldeten Berghängen, die Schloss Weesenstein umgeben. Bei der Jahrhundertflut 2002 wurde er stark beschädigt.

Blick auf den Garten

Infos und Adressen

SEHENSWÜRDIGKEITEN

Schloss Weesenstein. April–Okt. tgl. 9–18 Uhr, Nov.–März tgl. 10–17 Uhr, Jan. Sa/So 10–17 Uhr, Am Schlossberg 1, Tel. 03 50 27/62 60, www.schloss-weesenstein.de

ESSEN UND TRINKEN

Schlossbrauerei. Beim Braumeister wird Wissenswertes um den Gerstensaft lebendig. Di–Fr 12–24 Uhr, Sa/So 11–24 Uhr, Nov.–April wochentags ab 18 Uhr, Am Schlossberg 1, Tel. 03 50 27/420 04, www.schlossbrauerei-weesenstein.de

Pfeffersack's Königliche Schlossküche. Rustikale Gastlichkeit. Mi–So 12–18 Uhr (im Sommer auch länger), Am Schloßberg 1, Tel. 03 50 27/624 18, www.pfeffersack-koenigliche-schlosskueche.de

ÜBERNACHTEN

Pension Püschel. Familienfreundliche Atmosphäre mit herrlichem Blick auf das Schloss. Schulstr. 8, Tel. 03 50 27/53 64, www.pension-pueschel.de

RUND UM DRESDEN

Vorangehende Doppelseite: Das Spitzhaus in Radebeul
Mitte: Die Stadt blickt auf mehr als 1 000 Jahre Geschichte zurück.
Unten: Die Altstadt blieb im Zweiten Weltkrieg nahezu verschont.

47 Meißen

Porzellan und die »Wiege Sachsens«

Die mehr als 1000 Jahre alte Stadt an der Elbe gilt als die »Wiege Sachsens«. Die ersten sächsischen Markgrafen lebten hier. Von hier aus starteten die Wettiner ihre Expansionspolitik über die Elbe in Richtung Osten. Faszinierend sind die mittelalterlichen Gassen. Vor allem sein Porzellan hat Meißen berühmt gemacht. Der äußerst günstigen geografischen Lage am Elbhang verdankt es aber auch eine lange Weintradition.

Wahrzeichen der malerischen Stadt an der Elbe ist die Burg mit dem Dom. König Heinrich I. (676–936) ließ im Jahre 929 nach der Eroberung der slawischen Burg Gana auf einem strategisch günstig gelegenen Felsen zwischen Elbe, Triebisch und Meisabach die Burg Misni errichten. Sie gilt als der erste befestigte Stützpunkt der Deutschen im Land der Slawen. Schnell entwickelte sie sich zum politischen und wirtschaftlichen Zentrum der Region. Im Jahr 1125 gelangte die Markgrafschaft Meißen in den erblichen Besitz der Wettiner, die fast 800 Jahre lang die Mark Meißen und ab 1423 das Kurfürstentum Sachsen regierten. Bis 1464 war Meißen Residenz der wettinischen Landesherren und wird daher als »Wiege Sachsens« bezeichnet. Ernst (1441–1486) und Albrecht (1443–1500) von Wettin, die das Land gemeinsam regierten, ließen zwischen 1471 und 1524 die Albrechtsburg im spätgotischen Stil errichten und damit den ersten Schlossbau im deutschsprachigen Raum. Das architektonische Meisterwerk nach französischem Vorbild entstand als ganzheitlicher Ent-

wurf Arnolds von Westfalen (um 1425–ca. 1480). Neue Formen und Techniken wurden erstmals in Perfektion umgesetzt, die den Besucher bis in die Gegenwart in Erstaunen versetzen. August der Starke (1670–1733) etablierte in der Burg 1710 die Königlich-Polnische und Kurfürstlich-Sächsische Porzellan-Manufaktur, die über 150 Jahre lang in den Schlossräumen das von August so geliebte »weiße Gold« produzierte. Ende des 19. Jahrhunderts erhielt das Schloss ein künstlerisches Gestaltungskonzept, dessen Kern, monumentale Wandgemälde der Dynastien- und Landesgeschichte, 1881 mit Eröffnung der Burg als Museum zu sehen war. Am historischen Ort präsentiert seit 2011 eine Dauerausstellung Zeugnisse zur Burg- und Baugeschichte und dem Beginn der Porzellanherstellung.

Meißner Porzellanmanufaktur

Europas erste Porzellanmanufaktur zog 1710 in der Albrechtsburg ein. Zwei Jahre zuvor war die Herstellung des weißen Porzellans unter Führung

Oben: Die Albrechtsburg – ein architektonisches Meisterwerk nach französischem Vorbild
Unten: In Meißen zahlt sich gutes Schuhwerk aus.

AUTORENTIPP!

GOLDRIESLING UND TRAMINER
Meißen ist eine der Stationen an der 55 Kilometer langen Sächsischen Weinstraße. Besonderen Charme haben die nahegelegenen romantischen Elbweindörfer um Diesbar-Seußlitz. Eingebettet in eine liebliche Landschaft stehen gemütliche Winzerhäuschen und Weinstuben für Besucher offen. In den Strauß- und Besenwirtschaften kredenzen die Wirte die regionalen Weinraritäten zusammen mit deftigen oder süßen Hausspezialitäten. Lebendig wird es Ende August entlang der Weinstraße am »Tag des offenen Weinguts«. Mehr als 30 Unternehmen bewirtschaften inzwischen die Weinberge an der Elbe. Angebaut werden vorzugsweise Riesling, Müller-Thurgau, Weißburgunder, Grauburgunder, Traminer und Kerner. Lokale Besonderheiten des nordöstlichsten Weinanbaugebiets Deutschlands sind der Goldriesling und der Schieler, ein Verschnitt aus roten und weißen Trauben.

Die traditionsreiche Weinstube »Vinzenz Richter« ist seit 1873 in Familienbesitz.

von Johann Friedrich Böttger (1682–1719) erstmals auf europäischem Boden gelungen. Auftraggeber war wie so oft in dieser Zeit August der Starke. Diesen Umständen verdankt die Stadt bis heute ihre Berühmtheit. In der Gegenwart werden die handgefertigten Kostbarkeiten als Meissener (vormals Meißner) Porzellan vermarktet, ihr weltberühmtes Symbol sind die gekreuzten Schwerter, 1722 eingeführt, um Fälschungsversuchen vorzubeugen. Bis heute werden die Gebrauchs- und Zierporzellane in Handarbeit hergestellt und damit signiert. Ein weiteres Markenzeichen der sächsischen Manufaktur ist das Zwiebelmuster, das seit 1739 verwendet wird. In der Neuzeit vertreibt die Manufaktur auch Unikate zeitgenössischer Künstler, Schmuck sowie Wohndekoration und gehobenes Interieur. Wie die Plastiken, Teller und Vasen entstehen, kann der Besucher in den Schauwerkstätten der »Erlebniswelt Meissen« gleich neben der Manufaktur sehen. Das 1916 als Schauhalle der Manufaktur gegründete Porzellanmuseum entführt den Besucher in ihre mehr als 300 Jahre alte Herstellungs- und Stilgeschichte. Rund 3000 Exponaten sind ausgestellt. Spuren des »weißen Goldes« findet man auch in den Geschäften der Altstadt, am Turm der Frauenkirche mit dem Porzellanglockenspiel (1929) oder in der Nikolaikirche, wo 2,50 Meter hohe Porzellanfiguren einen starken Eindruck hinterlassen.

Dom St. Johannis und St. Donatus

Unmittelbar neben der Albrechtsburg steht der Meißner Dom. Abgesehen von Ergänzungen wie der evangelischen Predigtkanzel von 1591, der an eine Predigerkirche erinnernden Gestühlsblöcke und der Orgel von 1972 scheint der mittelalterliche Raum unverändert. Trotzdem hat auch das

Rundgang Meißen

A Staatliche Porzellan-Manufaktur Meissen – Die Schauwerkstätten laden ein, die Entstehung des berühmten Meissener Porzellans hautnah mitzuerleben. Zusätzlich entführt das Museum durch 300 Jahre Porzellangeschichte. Talstr. 9, Tel. 0 35 21/46 86 00, www.meissen.com

B Albrechtsburg – Architektonisches Meisterwerk des ausgehenden 15. Jahrhunderts. August der Starke ließ hier 1710 die erste europäische Porzellanmanufaktur einrichten. Mehr als 150 Jahre wurde in den spätgotischen Schlossräumen das »weiße Gold« produziert. Tgl. 10–18 Uhr (Sommer), 10–17 Uhr (Nov.–Feb.), Domplatz 1, Tel. 0 35 21/47 07 0, www.albrechtsburg-meissen.de

C Dom – Das gotische Bauwerk wurde über die Jahrhunderte ergänzt und verändert. Dennoch besticht die bis heute erhaltene Hallenarchitektur. Domplatz 7, Tel. 0 35 21/45 24 90, www.dom-zu-meissen.de

D Stadtmuseum/Franziskanerklosterkirche – Das Museum zeigt in der ehemaligen Klosterkirche wertvolle Exponate zu der mehr als tausendjährigen Stadtgeschichte. Di–So 10–18 Uhr, Heinrichsplatz 3, Tel. 035 21/46 73 32, www.stadt-meissen.de/stadtmuseum.html

E Torhausmuseum – Das Haus beherbergt eine Ausstellung über den Maler Ludwig Richter. Er arbeitete von 1828 bis 1836 als Zeichenlehrer an der Meißner Porzellanmanufaktur und bewohnte das Torhaus im Jahr 1828. Stadtmuseum Meißen, Torhaus-Museum, Domplatz 14, Tel. 0 35 21/46 73 32

F Frauenkirche – Als spätgotische Hallenkirche direkt am Markt entstand die Frauenkirche Ende des 15. Jahrhunderts. An der Frauenkirche 1, Tel. 0 35 21/4 07 00 14, Mo–Sa 10–17 Uhr, So 12–17 Uhr

G Markt mit Rathaus – An der Nordseite des Marktes erhebt sich das spätgotische Rathaus, gebaut etwa um 1472. Eines der prächtigsten Häuser am Markt ist das Bennohaus (Nr. 9). Es soll dem legendären Meißner Bischof Benno (im Amt von 1066 bis 1106) gehört haben.

H St.-Afra-Kirche – Die Kirche gehört zu den ältesten Pfarrkirchen in Sachsen. Erstmals erwähnt 984 als Wegekapelle außerhalb der Burg errichteten die Augustiner-Chorherren um 1220 die frühgotische Basilika.

I Prälatenhaus – Das Haus mit dem gotischen Staffelgiebel ist nur zu Fuß erreichbar. Entweder über Stufen nach oben steigen oder alternativ mit dem neuen Lift. Rote Stufen 3.

J Touristeninformation – Informationen zu Meißen erhält man direkt am historischen Marktplatz, gegenüber der Frauenkirche. Mo–Fr 10–18 Uhr, Sa/So 10–16 Uhr (April–Okt.), Mo–Fr 10–17 Uhr, Sa 10–15 Uhr (Nov.–März), Markt 3, Tel. 0 35 21/4 19 40

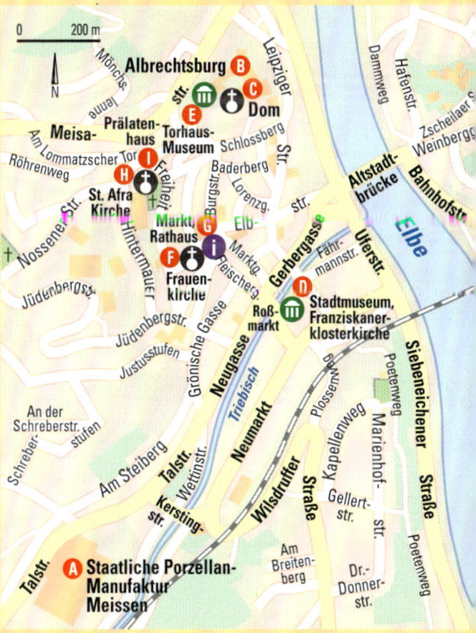

AUTORENTIPP!

MÄRCHENSCHLOSS AUF DEM BERG

Auf einem bewaldeten Felsvorsprung erhebt sich Schloss Scharfenberg. Wildromantisch und zauberhaft liegt die mittelalterliche Burg, die im 17. Jahrhundert im Renaissance-Stil erneuert wurde, hoch über der Elbe. Auch nach ihrem Umbau zum Hotel verdient sie den Namen »Märchenschloss«. Liebevoll konnten die historischen Räume mit ihrem grandiosen Blick hergerichtet werden, die Atmosphäre im Schloss ist ungezwungen, ein Kleinod ist der verwinkelte Garten mit seinen Fliederbüschen, Rosen, Obstbäumen und der Margeritenwiese. Im frühen 19. Jahrhundert war Schloss Scharfenberg für kurze Zeit ein blühendes Zentrum der deutschen Romantik – dort versammelten sich Denker wie Novalis oder E. T. A. Hoffmann zum »Scharfenberger Kreis«. Auch auf Maler, unter ihnen Ferdinand Oehme und Caspar David Friedrich, hatte der Ort eine magische Anziehungskraft.

Schloss Scharfenberg. Schlossweg 1, Scharfenberg, Tel. 035 21/40 15 93, hotel@schloss-scharfenberg.de, www.schloss-scharfenberg.de

auf den ersten Blick sehr einheitlich wirkende Bauwerk einige Brüche. Seit acht Jahrhunderten wird am Dom gebaut. Jedes Zeitalter hat Bauten hinzugefügt und Räume neu ausgestattet. Unter dem Fußboden des Doms haben sich die Grundmauern der Vorgängerbauten erhalten. Die Burgkapelle, 968 zur Kathedrale erhoben, bestand wahrscheinlich aus Holz. Eine erste steinerne Kirche errichtete man im frühen 11. Jahrhundert, als sich die deutsche Herrschaft im Meißner Land endgültig durchgesetzt hatte. Die Planungen und Bauarbeiten zum jetzigen Dom begannen noch vor 1250. Da man mit einer langen Bauzeit rechnete, blieb der Vorgängerbau für Messen zunächst bestehen. Die ersten Steine wurden außerhalb des romanischen Doms versetzt, der erst nach und nach abgebrochen wurde.

Schöne Aussicht vom Burgberg

Den Burgberg kann man auf dem Oberen Promenadenweg von seiner grünen Seite erleben. Entlang der Außenmauern von Kornhaus, Albrechtsburg und Dom bis zu den Amtsgerichtsstufen verläuft er durch die Parkanlagen. Die schönen Ausblicke auf das Elbtal und die Meißner Altstadt ergänzen zahlreiche Informationstafeln an der 500 Meter langen Strecke.

Spaziergang durch eine tausendjährige Geschichte

Die Geschichte Meißens spiegelt sich in der Altstadt wider, deren mittelalterliche Grundform erhalten ist. Sie blieb im Zweiten Weltkrieg nahezu unzerstört, war aber in der DDR dem Verfall preisgegeben. Traumhaft schöne Gassen und Wege, Stufen und Treppen machen den Spaziergang zu einem Erlebnis. Mitten im Zentrum befindet sich im ehemaligen Franziskanerkloster das Stadtmuseum als Ausstellungs- und Veranstaltungsort. Wertvolle Exponate erzählen die mehr als tausendjährige Geschichte Meißens. Zu sehen sind auch die größte und älteste Weinpresse Sachsens und das letzte noch existierende Elbfischerboot. Im kleinen Torhausmuseum kann man auf den Spuren des romantischen Malers Ludwig Richter (1803–1884) wandeln und danach vielleicht im traditionellen Weinrestaurant »Vincenz Richter« einen Schoppen trinken.

Traditionelles Handwerk und »Meißner Fummel«

Vor allem der Meißner Sommer ist von zahlreichen Festen geprägt. Da gibt es die Lange Nacht der Kunst und Kultur, das Literaturfest, den Töpfermarkt und das Weinfest zu besuchen. Künstlerisches Handwerk wie das Schleifen von Bleikristall oder die Herstellung von Zinnartikeln hat sich nach alter Tradition bis heute erhalten. Schließlich rankt sich um den Meißner Wein und seine Folgen eine hübsche Legende. Die kurfürstliche Post soll auf dem Weg nach Dresden sehr lädiert worden sein. Man vermutete, dass die Reiter in Meißen zu viel Wein gebechert hatten und deshalb vom Pferd gefallen waren. Um so etwas in Zukunft zu vermeiden, ließ der Kurfürst ein besonderes Gebäck in Auftrag geben, das überaus zerbrechlich sein sollte und vom Reiter unversehrt überbracht werden musste. Heraus kam der »Meißner Fummel«, ein Hohlkörper aus sehr dünnem einfachem Nudelteig. Die Form entspricht einem unregelmäßigen Ballon, da nach dem Zusammenschlagen der Teigrollen das Innere leicht aufgeblasen wird. Das Gebäck mit einem Durchmesser von etwa 30 Zentimetern ist äußerst spröde und sehr zerbrechlich, aber quasi geschmacklos. Den Fummel gibt es heute nur noch bei einem Bäcker in Meißen oder auf Weinfesten.

Portalschmuck am Hochstift des Doms

AUTORENTIPP!

THEATER IM RITTERSAAL

Längst nicht mehr nur Insider schätzen die Atmosphäre von Schloss Batzdorf nahe Meißen, in dem Künstler, Schauspieler, Musiker, Tänzer zusammenleben und mehrmals im Jahr mit Veranstaltungen an die Öffentlichkeit treten. Fast schon Kult sind die Batzdorfer Barockfestspiele, die seit 1993 in der letzten Augustwoche stattfinden. Im besonderen Ambiente von Rittersaal, Gewolben, Hof und Garten kann man von Barockopern, Schauspiel und Konzerten bis hin zum Kinderprogramm alles genießen – dargeboten vom Haus- und Hofensemble Batzdorfer Hofkapelle und Gästen. Meist werden weniger bekannte Stücke ausgegraben und eigens für die Festspiele inszeniert. Darüber hinaus öffnen die Schlossherren ihre Pforten zu Pfingstfestspielen und in der Adventszeit zu einem Markt. Im 13. Jahrhundert erstmals erwähnt, geht die Schlossanlage wesentlich auf das 16. Jahrhundert zurück.

Schloss Batzdorf. Batzdorf, Tel. 035 21/400105, www.batzdorfer-schloss.de

Infos und Adressen

SEHENSWÜRDIGKEITEN

Porzellan-Manufaktur Meissen. Mai–Okt. tgl. 9–18 Uhr, Nov.–April tgl. 9–17 Uhr, Talstr. 9, Tel. 03521/468208700, www.meissen.com

Lettner und Altar: Der mittelalterliche Dom beeindruckt bis in die Gegenwart.

Albrechtsburg. März–Okt. tgl. 10–18 Uhr, Nov.–Feb. tgl. 10–17 Uhr, Domplatz 1, Tel. 03521/47070, www.albrechtsburg-meissen.de

Dom. April–Okt. tgl. 9–18 Uhr, Führungen ca. jede Stunde, Turmführungen 13/14/15/16 Uhr, Nov.–März tgl. 10–16 Uhr, Führungen 11/13.30 Uhr, Domplatz 7, Tel. 03521/452490, www.dom-zu-meissen.de

Stadtmuseum. Di–So 10–18 Uhr, Heinrichsplatz 3, Tel. 03521/467332, www.stadt-meissen.de/stadtmuseum.html

ESSEN UND TRINKEN

Romantik Restaurant Vincenz Richter. Wo Meißen am schönsten ist, liegt auch das traditionsreiche Haus, das seit 1873 im Besitz der Familie Vincenz Richter ist. Die Hausspezialitäten sind so bekannt wie die Weinproben. Ein Muss: die Hausführung durch die Antiquitätensammlung mit über 500 Originalen. Di–So ab 12 Uhr, An der Frauenkirche 12, Tel. 03521/453285, www.vincenz-richter.de

Domkeller. Älteste Gaststätte im historischen Bauensemble des Burgbergs. Die beiden Freiterrassen bieten einen einmaligen Panoramablick über die Stadt bei regionalen Speisen und einer reichen Auswahl an sächsischen Weinen unterschiedlicher Winzer. So–Fr 11–22 Uhr und Sa 11–23 Uhr, Domplatz 9, Tel. 03521/457676, www.domkeller.com

Café & Konditorei Schreiber. Das niveauvolle Konditorei-Café zwischen Markt und Heinrichsplatz befindet sich seit der fünften Generation in Familienbesitz und hat eine Riesenauswahl an Kuchen, Torten und Eis. Spezialitäten sind Baumkuchen, Sahnetrüffel, Butterteegebäck und Lebkuchen. Di–Sa 9–18 Uhr und So 11–18 Uhr, Elbstr. 31, Tel. 03521/452000, www.konditorei-cafe-schreiber.de

Weinstube 1 Weinkönigin. Die Weinstube mit Blick auf Burg und Dom liegt direkt am Elberadweg. In familiärer Atmosphäre wird Wein verkauft und ausgeschenkt. Dazu gibt es hausgemachte Spezialitäten. Mi–So ab 11 Uhr, Elbtalstr. 5, Tel. 03521/739601, www.weinstube-weisflug.de

ÜBERNACHTEN

Hotel Goldener Löwe. Das traditionsreiche Haus liegt nur wenige Schritte vom Markt entfernt im Kern der Altstadt. Es verbindet alle Annehmlichkeiten eines modernen Hotels mit stilvoller Eleganz und Liebe zum Detail. Heinrichsplatz 6, Tel. 03521/41110, www.goldener-loewe-meissen.com

Hotel Burgkeller. Nur wenige Schritte von der Albrechtsburg und dem Meißner Dom entfernt hat man vom Hotel eine einmalige Aussicht über die historische Altstadt der Wein- und Porzellanstadt. Domplatz 11, Tel. 035 21/414 00, www.hotel-burgkeller-meissen.de

Welcome Parkhotel Meißen. Den Kern des Hotels bildet eine 1870 erbaute Jugendstilvilla. Es liegt ruhig in einem schönen Park am Elbradweg, von wo man einen herrlichen Blick auf die Albrechtsburg und den Dom hat. Hafenstr. 27–31, Tel. 035 21/722 50, www.welcome-hotel-meissen.de

Hotel Knorre. Das familiär geführte Hotel liegt idyllisch direkt im Grün der naturgeschützten Elbwiesen. Der ländlich rustikale Stil lädt zum Entspannen ein. Elbtalstr. 3, Tel. 035 21/728 10, www.meissen-hotel.com

EINKAUFEN

Sächsische Winzergenossenschaft Meissen. Die Mehrheit der sächsischen Winzer hat sich in der Genossenschaft zusammengeschlossen. Es gibt einen reichen Veranstaltungskalender oder auch Anregungen, direkt im Weinberg die saisonal geöffneten Straußenwirtschaften zu besuchen. Vinothek: April–Dez. Mo–Fr 9–18 Uhr und Sa/So 10–18 Uhr, Jan.–März Mo–Fr 9–18 Uhr und Sa 10–16 Uhr, Bennoweg 9, Tel. 035 21/78 09 70, www.winzergenossenschaft-meissen.de

Konditorei Zieger. Ein besonderes Gebäck mit einem speziellen geschichtlichen Hintergrund wird nur noch hier hergestellt, die »Meißner Fummel«. Um sie heil nach Hause zu bringen, ist es erlaubt, sich vorher im Café mit anderen Leckereien zu stärken. Rote Stufen 5, Tel. 035 21/45 31 47, www.konditorei-zieger.de

Brück & Sohn. Seit 1793 werden in nunmehr siebter Generation über Meißen hinaus bekannte Stadtführer, Ansichtskarten, Kalender und Briefpapier mit Blumenmalerei hergestellt. Eine ganz besondere Spezialität des Kunstverlags sind die liebevoll gestalteten Adventskalender mit historischen Städtemotiven. Mo–Fr 9–18 Uhr und Sa 10–16 Uhr, Burgstr. 1, Tel. 035 21/45 24 86, www.brueck-und-sohn.de

INFORMATION

Touristeninformation. April–Okt. Mo–Fr 10–18 Uhr, Sa/So/Feiertag 10–16 Uhr, Nov.–März Mo–Fr 10–17 Uhr und Sa 10–15 Uhr (außer Jan.), Markt 3, Tel. 035 21/419 40, www.touristinfo-meissen.de

Die Planungen zum steinernen Dom begannen bereits vor 1250.

48 Moritzburg
Ein Paradies in der Nussschale

Barock mitten in der Natur: Nur etwa 20 Kilometer von Dresden entfernt liegt das Jagd- und Lustschloss Moritzburg. August der Starke ließ es auf den Mauern eines ehemaligen Renaissance-Baus errichten. Mit Federzimmer, Ledertapete und Fasanenschlösschen steht es für opulentes höfisches Leben. Doch auch der Ort selbst hat einiges zu bieten.

Mitte: Putten als Lieblingsobjekte des Barock
Unten: Die ausufernden Szenen auf den Ledertapeten faszinieren bis heute.

Am besten erreicht man Moritzburg mit dem Auto oder Bus, schön ist auch die Anfahrt mit der historischen Schmalspurbahn »Lößnitzdackel« von Radebeul aus. Hauptbesuchszeit ist zwischen April und Oktober, einige Gebäude sind nur dann geöffnet. Das barocke Jagdschloss bildet den Mittelpunkt einer herrlichen Teich- und Waldlandschaft, das Anwesen ist vom Wasser malerisch eingebettet. Ein schräger Fußweg führt hinauf zum Schloss auf den großzügigen Vorplatz am Haupteingang. Dem Weitblick von Herzog Georg dem Bärtigen (1471–1539) und dem Hause Wettin ist es zu verdanken, dass um 1500 der sumpfige Friedewald durch ein Teichsystem trockengelegt wurde. So entstand auch der Schlossteich, in dessen Mitte sich das Schloss Moritzburg erhebt. Es bildet das Zentrum einer für die kurfürstlichen Vergnügungen geschaffenen Kulturlandschaft, zu der auch Fasanenschlösschen und Leuchtturm gehören. Links vom Ortseingang steht etwas erhöht die Evangelische Kirche von Richard Schleinitz (1861–1916), in der während der friedlichen Revolution regelmäßig Friedensgebete stattfanden. Im Ort kann der letzte Wohnsitz der Künstlerin Käthe Kollwitz (1867–1945) besucht werden, welcher im Rüdenhof als kleines Museum eingerichtet wurde. Das

Das Moritzburger (Märchen-)Schloss umgibt eine künstlich angelegte Teichlandschaft.

weitläufige Moritzburger Wildgehege ist vor allem für Familien ein beliebtes Ausflugsziel. Ein dichtes Netz an Wander-, Rad-, und Reitwegen regen zu einem Aufenthalt in der Natur an.

Jagdschloss

Das Schloss in seiner heutigen Form geht auf August den Starken (1670–1733) zurück. Er ließ es zwischen 1723 und 1733 nach Plänen von Oberlandbaumeister Matthäus Daniel Pöppelmann (1662–1736) zu einem repräsentativen Ambiente umbauen. Ursprünglich hatte es Herzog Moritz von Sachsen (1521–1553) inmitten des wildreichen Friedewalds auf einer Granitkuppe errichten lassen (1542–1546). Als Jagdschloss gehörte es stets zu den beliebtesten Aufenthalten der sächsischen Kurfürsten und Könige. Die Schlosskapelle aus der zweiten Hälfte des 17. Jahrhunderts zählt zu den eindrucksvollsten Bauten des Frühbarock in Sachsen. Rein rechnerisch bringt es das Schloss auf sieben Säle und mehr als 200 Räume. August der Starke hat dort ausschweifende Feste und Jagden zelebriert, angefangen von opulenten Festmahlen

AUTORENTIPP!

HOCHTALENTIERTER NACHWUCHS

Einmal im Jahr wird der Ort vor den Toren Dresdens zur Hochburg der Kammermusik. Musiker aus aller Welt, vorrangig streng ausgewählte Nachwuchskünstler, treffen sich im August zum Kammermusikfestival Moritzburg. Der Cellist Jan Vogler, der schon mit 20 Jahren Konzertmeister bei der Staatskapelle Dresden war, hat es mit ins Leben gerufen und leitet es bis heute als Künstler mit anhaltendem Engagement und Innovationsgeist. Die Musiker arbeiten an neuen Interpretationen kammermusikalischer Werke und präsentieren diese in seltenen Besetzungen. Im Festivalorchester haben die jungen Talente die Möglichkeit, mit renommierten Künstlern zusammenzuarbeiten.

Kammermusikfestival Schloss Moritzburg. Maxstr. 8, Tel. 03 51/810 54 95, www.moritzburgfestival.de

Oben: Erinnerung an Vogelzucht im Fasanenschlösschen
Unten: Federnzimmer im Jagdschloss mit königlichem Himmelbett

im nicht erhaltenen »Tempel der Diana«, umgeben von Tiergehegen mit Löwen, Geparden und Wisenten, bis hin zu inszenierten Seeschlachten auf dem Schlossteich. Heute sind die Museumsräume prachtvoll mit Möbeln, Gemälden und Porzellanen ausgestattet. Eine der größten Trophäensammlungen Europas erinnert an die Jagdlust der wettinischen Herrscher.

Porzellanquartier und Federzimmer

In den königlichen Gäste- und Garderobenräumen im Jägerturm ist das historische Porzellanquartier zu besichtigen. Die Ausstellung zeigt Meißner Porzellane mit Jagdmotiven. Zu den herausragenden Stücken zählt ein über ein Meter langer und 60 Zentimeter hoher Wisent im Kampf mit einem Wildschwein. Mehrere der Tierfiguren waren ursprünglich für die Vision Augusts des Starken vom »größten Porzellanschloss der Welt« im Japanischen Palais realisiert worden. Zu sehen sind auch Vasen sowie Tee- und Kaffeeservices mit Szenen der höfischen Jagd. Fast ausnahmslos handelt es sich um Originale aus dem 18. Jahrhundert, geschaffen von namhaften Künstlern wie Johann Joachim Kaendler (1706–1775) und Johann Gottlieb Kirchner (1706–ca. 1738). Von der Wohn- und Tafelkultur des 18. Jahrhunderts zeugen im Schloss aber auch großformatig bemalte und verzierte barocke Ledertapeten, die die Säle in ein wahres Bilderbuch antiker Mythologie verwandeln. Von ehemals 60 Räumen sind immerhin elf mit diesen Tapeten erhalten. Im Mittelpunkt der Darstellungen steht Diana, die Göttin der Jagd. Ein weiterer Höhepunkt im königlichen Jagdschloss ist das Prunkbett Augusts des Starken aus zwei Millionen Vogelfedern, das nach jahrelanger Restaurierung wieder zu bewundern ist. Um das Bett ranken sich Legenden, wonach es einst Thron eines mexikanischen Königs oder Teil eines indischen Hausrats gewesen sein soll. Sehr wahrscheinlich aber hat der sächsische König die farbig-flauschige Pracht 1723 in London von dem gebürtigen Franzosen Le Normand erworben. Dieser hatte die Federn in einen Stoff regelrecht eingewoben. Benutzt hat der Kurfürst die noble Schlafstätte offenbar nicht. Porzellanquartier und Federzimmer sind nur in den Sommermonaten zugänglich. Mit dem Umbau der Jagdresidenz im 18. Jahrhundert entstand im Sockelgeschoss auch die Schlossküche zur Beköstigung der zahlreichen Gäste mit einem Fischbecken, der Brunnenanlage und dem wiederentdeckten Backofen, der zu besonderen Anlässen erneut in Betrieb genommen wird. Rund ums Schloss liegen die Teichhäuser und flankieren die Grenze der Schlossinsel. Sie dienten als Wach- oder Gondelhäuschen, später auch als Bedienstetenwohnungen. Fünf der Teichhäuser können im Sommer angemietet werden. Die Schlossgartenanlage war beim Tode Augusts des Starken nur in den Grundzügen fertiggestellt. Um 1740 begann sein Sohn August III. (1696–1763) eine weitere Planungsphase, bei der Oberlandbaumeister Johann Christoph Knöffel (1686–1752) die

AUTORENTIPP!

ASCHENBRÖDEL IN MORITZBURG

Im Schloss Moritzburg lebt seit einigen Jahren im Winter der Film »Drei Haselnüsse für Aschenbrödel« wieder auf. Die Schau zur berühmten deutsch-tschechische Koproduktion von 1974 informiert ausführlich über die damaligen Dreharbeiten in Sachsen und Böhmen, die Schauspieler und das Filmteam. Es werden originale Kostüme und Requisiten gezeigt, andere sind nachgeschneidert. Einige Szenen können auch »live« erlebt werden, während die Filmmusik durch die Räume tönt. Man könnte meinen, Aschenbrödels Pferd Nikolaus steht gleich nebenan im Stall, während das Mädchen sich vor dem nahenden Prinzen auf einen Baum rettet. Zum Zeitpunkt der Dreharbeiten war Moritzburg tief verschneit. Viele der Szenen spielen in traumhafter Winterlandschaft. Für Filmfans steht seit Jahren fest: Spätestens zu Weihnachten gehören Drei Haselnüsse für Aschenbrödel einfach dazu.

Winterausstellung von Schloss Moritzburg zu »Drei Haselnüsse für Aschenbrödel«. Mehr Infos unter: www.dreihaselnuessefuer-aschenbroedel.de

AUTORENTIPP!

EISLAUFEN AUF DEM SCHLOSSTEICH

Wer Moritzburg im Winter besucht, dem ist viel Kälte zu wünschen. Wegen seiner geringen Tiefe friert der Schlossteich schnell zu und wird zu einem Eldorado für Schlittschuhfahrer – vor hinreißender Kulisse. Auch Anfänger haben ihren Spaß, Geübtere oder Alteingesessene umrunden ein- oder mehrmals das Schloss – auch wenn die volle Runde vom Zugangsweg zum Schloss unterbrochen wird. Aber auch ohne Schlittschuhe macht das Zuschauen Spaß: Unterhaltsam wird es allemal, wenn Kinder mit ihren Vätern anfangen, Eishockey zu spielen – womöglich ohne Schläger und mit improvisierten Stöcken. Oder man klinkt sich aus dem wintersportlichen Schlittschuhvergnügen ganz einfach aus und folgt fröstelnd den knirschenden Wegen des Parks. An einer Seite des Schlossteichs gibt es einen kleinen Imbiss mit warmen Getränken zum Aufwärmen.

Schlossteich Moritzburg.
Mehr Infos unter:
www.schloss-moritzburg.de

Gefrorenes Glück vor atemberaubender Kulisse

Aufsicht hatte. Es wird vermutet, dass Knöffels Pläne nur teilweise realisiert wurden, denn der nächste Entwurf von 1757 zeigt den Garten in seiner ursprünglichen, einfachen Form. Erst im 19. Jahrhundert wurden einige der Pläne umgesetzt, zum Beispiel die Anpflanzung seltener Gewächse.

Fasanenschlösschen und Leuchtturm

Nur einen Spaziergang vom Barockschloss entfernt liegt das Fasanenschlösschen, das im Sommer besichtigt werden kann. Zusammen mit dem benachbarten Fasanengarten, dem Miniaturhafen und dem Leuchtturm bildete es damals die Kulisse für rauschende Feste des sächsischen Adels. Das Häuschen wird gern als »Paradies in der Nussschale« bezeichnet. Es ist das letzte im Stil des späten Dresdner Rokoko erhaltene Schloss in Sachsen. Auf dem bescheidenen Grundriss von nur 13,4 Quadratmetern gelang es dem Architekten Johann Daniel Schade (1730–1798), eine ganze Hofhaltung en miniature unterzubringen. Grund genug zu staunen. Auf dem Dach des Schlösschens begrüßt mit einem freundlichen Nicken der Mandarin schon von Weitem die Besucher, wenn auch nur als wetterfeste Kopie. Das Original saß vor 200 Jahren an dieser Stelle, als hier das Kurfürstenpaar Friedrich August III. von Sachsen (1750–1827) und Amalie Auguste von der Pfalz-Zweibrücken (1752–1828) ihre wöchentlichen Jagden veranstalteten. Heute steht es im Besucherzentrum und bittet um Spenden.

Praktische Details

Nicht nur die Winzigkeit des Schlösschens ist bemerkenswert, sondern auch die vielen kleinen praktischen und teilweise amüsanten Einbauten. Zum Beispiel gibt es im Toilettenzimmer des Fürsten eine Geheimtür, die zum Garnhaus vor dem

Schlösschen führte, in dem exotische Vögel gehalten wurden. Gegenüber den kleinen Räumen wirkt der Speisesaal gigantisch. Durch die Fensterfront blickt man über Venusbrunnen und Kanal direkt zum Barockschloss. Die Sammlung von Vogelpräparaten auf den vergoldeten Konsolen erinnert an die Fasanenzucht. Die heute als Spielerei anmutenden maritimen Bauten am Großteich und der Leuchtturm von 1775/76 an der Moritzburger Mole dienten im 18. Jahrhundert dem kurfürstlichen Hof und seinen Gästen als Kulisse für ihre Fregatten oder Gondeln. Historischer Hintergrund ist das Ende des Russisch-Türkischen Krieges 1770, das in Europa große Beachtung fand.

Sächsisches Landgestüt

Berühmt ist Moritzburg auch für seine Pferdezucht. Das Sächsische Landgestüt ist in den ehemaligen Jagdstallungen der Wettiner von 1733 untergebracht. Zu den traditionellen Hengstparaden auf dem großen Paradeplatz pilgern jährlich im September Tausende Pferdeliebhaber nach Moritzburg. Der sächsische König Anton der Gütige (1755–1836) hatte nach dem Ende der Napoleonischen Kriege 1815 entschieden, in den Jagdstallungen 38 Hengste als Landbeschäler aufzunehmen. 1830 kamen weitere dazu, man bestimmte verschiedene Rassen als Zuchtziel. Ab dem Ende des 19. Jahrhunderts fanden regelmäßig Stuten- und Fohlenschauen statt. Um den Bedarf an kräftigen Pferden für die Landwirtschaft zu decken, kamen später auch Kaltbluthengste der belgisch-brabanten Zuchtrichtung hinzu. Während des Zweiten Weltkriegs ging der Bestand in den Stallungen stark zurück, wurde jedoch nach 1945 wieder mit Warm- und Kaltbluthengsten erweitert. Heute gibt es im Landgestüt 100 Zuchthengste der Rassen Sächsisches Warmblut, Sächsisch-Thüringisches Schweres Warmblut, Rheinisch-Deutsches Kaltblut und Haflinger.

Oben: Miniaturhafen mit Leuchtturm als Kulisse für rauschende Feste
Mitte: Früherer Wegweiser mit königlichem Wappen
Unten: Kutschen in der Dauerausstellung im Jagdschloss

Infos und Adressen

SEHENSWÜRDIGKEITEN

Schloss Moritzburg. März Sa/So 10–16 Uhr, April–Okt. tgl. 10–17.30 Uhr, im Winter Sonderausstellung Di–So 10–17 Uhr, Schloss Moritzburg, Tel. 035207/87318, www.schloss-moritzburg.de

Fasanenschlösschen Moritzburg. Besuch nur mit Führung (max. 15 Personen), Mai–Okt. Mo–Fr stündlich 11–16 Uhr, Sa/So/Feiertag halbstündlich 11–17 Uhr, Fasanerie, Tel. 035207/873610, www.schloss-moritzburg.de

Käthe-Kollwitz-Haus. April–Okt. Mo–Fr 11–17 Uhr und Sa/So 10–17 Uhr, Nov.–März Di–Fr 12–16 Uhr und Sa/So 11–16 Uhr, Meißner Str. 7 (Rüdenhof), Tel. 035207/82818, www.kollwitz-moritzburg.de

Im letzten Wohnhaus der berühmten Künstlerin Käthe Kollwitz entstand ein kleines Museum.

Wildgehege Moritzburg. Jan.–Feb. Sa/So 9–16 Uhr, in den sächsischen Winterferien tgl. 9–16 Uhr, März–Okt. tgl. 10–18 Uhr (Schaufütterung ab 14.30 Uhr), Nov.–Dez. tgl. 9–16 Uhr, Radeburger Str. 2, Tel. 035207/99790, www.wildgehege-moritzburg.sachsen.de

Sächsisches Landgestüt. Mo–Fr 8.30–11.30 und 13.30–16 Uhr, Gestütsführungen nach vorheriger Anmeldung, Schlossallee 1, Tel. 035207/8900, www.saechsische-gestuetsverwaltung.de

ESSEN UND TRINKEN

Bärenhäusl. Die Atmosphäre eines 300-jährigen Bauernhauses ist mit moderner Gastronomie verbunden. Vom gemütlichen Garten bietet sich der direkte Blick auf das Barockschloss. Tgl. ab 11 Uhr, Markt 24, Tel. 035207/89700, www.baerenhaeusl.de

Adams Gasthof. Der traditionelle Gasthof ist bekannt für seine frischen Fisch- und Wildgerichte. Tgl. ab 11 Uhr, Markt 9, Tel. 035207/99775, www.adamsgasthof.com

Gasthaus Zum Dreispitz. Urgemütliches Restaurant mit gutbürgerlicher Küche sowie köstlichen Kuchen und Torten. Tgl. 11–24 Uhr, Schlossallee 5, Tel. 035207/82200, www.zumdreispitz.de

ÜBERNACHTEN

Churfuerstliche Waldschaenke Moritzburg. Das denkmalgeschützte Bauensemble, in dem die Tradition und Geschichte der sächsischen Kurfürsten gepflegt wird, bietet heute als Hotel 33 modern und individuell ausgestattete Zimmer sowie sieben Restaurant- und Veranstaltungsräume. Große Fasanenstr., Tel. 035207/8600, www.waldschaenke-moritzburg.de

Eisenberger Hof. Die Zimmer und Suiten sind liebevoll eingerichtet, an den Wänden hängen antike Stiche mit sächsischen Ansichten und Pferdemotiven. Kötzschenbrodaerstr. 8, Tel. 035207/81673, www.eisenberger-hof.de

Teichhäuser Schloss Moritzburg. Ehemalige Wach- oder Gondelhäuschen laden mit heutigem Komfort von April bis Oktober zum romantischen Übernachten auf der Schlossinsel ein. Schloss

Moritzburg, Tel. 03 52 07/873 18, www.schloss-moritzburg.de/de/ferienwohnungen

Pension Hof Türke. Die gemütliche Pension mit Bauernhofcharakter bietet Ferienwohnungen und Zimmer. Schulstr. 1, Tel. 03 52 07/811 90, www.pension-hof-tuerke.de

Ferien- und Campingplatz Bad Sonnenland. Die naturbelassene Anlage mit Ferienhäusern, Campingplatz und Gastronomie liegt direkt am Dippelsdorfer Teich. Das Areal bietet Ruhe und Entspannung in der Natur, aber auch vielfältige Aktivitäten für alle Altersklassen. Dresdner Str. 115, Tel. 03 51/830 54 95, www.bad-sonnenland.de

AKTIVITÄTEN

Kutschfahrt durch Moritzburg. Die Moritzburger Teich- und Waldlandschaft lässt sich hervorragend mit einer Kutsche erkunden. Buchung über die Touristenformation, Tel. 03 52 07/85 40, oder direkt bei den Kutschunternehmen, die vor dem Schloss die Gäste erwarten.

Das Fasanenschlösschen bildete einst die Kulisse für rauschende Feste.

Sandsteinfiguren gehören auch in Moritzburg zur Ausstattung.

Waldhochseilgarten Abenteuerpark Moritzburg. Über dem Wildgehege stehen den Besuchern verschiedene Parcours von einfach bis schwierig zur Verfügung. April–Okt. tgl. 10–18 Uhr (witterungsbedingte Änderungen möglich), Radeburger Str. 2, Tel. 03 52 07/288 92, www.abenteuerpark-moritzburg.de

Erlebnisplantage Moritzburg. Aus einem Maisfeldlabyrinth wurde eine beliebte Erlebnisplantage mit Heidelbeeren zum Selbstpflücken, einem kunterbunten Kürbisland, einem Strohlabyrinth, dem Streichelzoo, Tobeplatz und Beerencafé. Juni–Sept. tgl. 9–18 Uhr, Schlossallee, Tel. 01 51/12 52 40 07, www.erlebnisplantagen.de/moritzburg

INFORMATION

Touristeninformation Moritzburg. Apr.–Okt. Mo–So/Feiertag 10–16 Uhr, Nov.–März Di–So/Feiertag 10–16 Uhr, Schlossallee 3, Tel. 03 52 07/85 40, www.kulturlandschaft-moritzburg.de

49 Radebeul

Wein und Winnetou

Schon von Weitem begrüßen die Weinberge den Besucher der Stadt Radebeul. Das Spitzhaus, eines der Wahrzeichen, thront auf dem Berg. Nach unten führen serpentinenartige Straßen vorbei an herrlichen Villen. Ein bisschen südländisches Flair macht sich breit. Manche sprechen vom »Sächsischen Nizza«.

Mitte: Schloss Wackerbarth ist eine feine Adresse für Weinliebhaber. **Unten:** Hoflößnitz ist ein beliebter Ausgangspunkt für Wanderungen in die Weinberge.

Die Weinstadt, ein Zusammenschluss aus mehreren Dörfern, grenzt unmittelbar an Dresden und sollte schon mehrfach eingemeindet werden. Die Radebeuler haben sich dagegen erfolgreich gewährt. Radebeul, das ist ein selbstbewusster Ort zwischen Elbe, Lößnitzgrund und Weinbergen, der sich seit 1995 »Große Kreisstadt« nennen darf. Er lebt von der Tradition und Geschichte. Die Villen am Fuße der Weinberge wurden früher als Sommersitz genutzt.

Hoflößnitz

Das ehemals kurfürstliche Weingut Hoflößnitz ist ein möglicher Ausgangspunkt für Wanderungen durch die etwa 100 Meter hohen Weinberge. Die Anlage, einst ländlicher Rückzugsort der Wettiner, ist ein idyllisches Kleinod, das mit natürlichem Charme besticht. Ein kleiner rustikaler Gasthof mit angrenzendem Spielplatz lädt zum Verweilen ein. Die Hoflößnitz beherbergt im Lust- und Berghaus ein Weinmuseum, das einzige Sachsens. Informiert wird über die Geschichte des Weinbaus in der Region, die Arbeit der Winzer vergangener Jahrhunderte und ihre Gerätschaften. Im barocken Festsaal des Obergeschosses prangt an der Decke ein seltenes Vogelgemälde, zu sehen sind auch die

Das Belvedere gehört
zu Wackerbarhs Ruhe.

AUTORENTIPP!

GERÜTTELTER SEKT

Wo früher Grafen residierten und der Hof rauschende Feste feierte, kann der Besucher heute sächsischen Wein kosten. In barockem Ambiente lädt das Sächsische Staatsweingut regelmäßig zu Genusstouren auf einer Wanderung durch die Weinberge von Schloss Wackerbarth ein. Durch die barocke Gartenanlage und vorbei am Belvedere führt sie zu den Steilhängen. Unterwegs werden Weinproben gereicht. Man erfährt, dass die prickelnden Produkte der ältesten Sektkellerei Sachsens gerüttelt und nicht geschüttelt werden. Die kurzweilige Tour dauert etwa zwei Stunden, vermittelt wird auch Wissen zur mehr als 850 Jahre alten Weinbautradition in Sachsen. Wer noch mehr lernen will, für den lohnt die Teilnahme an einem Seminar der Sächsischen Weinakademie, für den großen Geldbeutel gibt es jeden Sonntag einen Winzerbrunch mit Sektproben.

Erlebnisweingut Schloss Wackerbarth. Wackerbarthstr. 1, Tel. 0351/8955-0, www.schloss-wackerbarth.de

kurfürstlichen Gemächer. Im früheren Winzerhaus kann man das Ergebnis des Traubenanbaus mit regionaler Küche kosten. Seit 1992 wird der edle Tropfen konsequent nach Richtlinien des ökologischen Weinanbaus produziert. Unterhalb des historischen Ensembles der Hoflößnitz gibt es die Möglichkeit, in einem anderen Winzerhaus – dessen Ursprünge bis in das 17. Jahrhundert zurückreichen – zu übernachten.

Spitzhaustreppe

Begünstigt vom milden Klima des oberen Elbtals wird in dieser Gegend bereits seit mehr als 850 Jahren Wein angebaut. Verbreitete Rebsorten sind Goldriesling und Müller-Thurgau bis hin zum Traminer. Die steilen Terrassen werden in mühsamer Handarbeit bewirtschaftet. Die Winzer im kleinsten Weinanbaugebiet Deutschlands haben sich der Pflege der alten Kulturlandschaft verschrieben. Durch die Weinberge des Landschafts- und Denkmalschutzgebiets führen rund 20 Kilometer Wanderwege. Wer etwas für seinen Kreislauf tun möchte, dem sei die Spitzhaustreppe empfohlen. Dieser steile Weg mit seinen 397 Stufen, gern auch »Himmelstreppe« genannt, führt direkt von Hoflößnitz zum Bismarckturm und dem benachbarten Spitzhaus. Entworfen wurde die größte barocke Treppenanlage Sachsens von Landbaumeister Matthäus Daniel Pöppelmann (1662–1736) für August den Starken (1670–1733). Ursprünglich war am oberen Treppenende ein Lusthäuschen geplant, realisiert wurde ein Muschelpavillon. Einmal im Jahr findet der Spitzhaustreppenlauf statt. Seit 2005 wird er unter dem Namen »Sächsischer Mt. Everest Treppenmarathon« veranstaltet. Bei diesem Wettkampf müssen die Teilnehmer die Treppe innerhalb von 24 Stunden 100 Mal auf und ab bewältigen. Zugelassen sind Einzelstarter, Dreierseilschaften und Mannschaften. Der Lauf hat eine Gesamtstrecke von 84,39 Kilometern auf insgesamt 79 400 Stufen. Dabei werden 8848 Höhenmeter bezwungen, was etwa der Höhe des Mount Everest entspricht.

Spitzhaus

Ganz oben auf dem Radebeuler Weinberg steht das vermutlich 1622 errichtete Spitzhaus. Es gehört zu den ältesten Lusthäusern der Lößnitz. Gebaut ist es auf fast quadratischem Grundriss über zwei Etagen im Stil der Spätrenaissance. Das geschweifte Zeltdach erhielt das Haus nach 1656. Genutzt wurde es vor allem als Weinberghaus. Noch öfter als die Namen wechselten jedoch die Besitzer. An die sächsischen Kurfürsten gelangte das Gebäude durch Gräfin Cosel, die es 1710 ihrem Gönner August dem Starken vermachte, der auf der Bergeshöhe glänzende Feste feierte. Im prächtigen Festsaal des Obergeschosses wurden unter anderem der französische König Karl X. (1757–1836) und Wilhelm I. von Preußen (1688–1740) empfangen. Unter Augusts Sohn, Kurfürst August III. (1696–1763), erfuhr das Spitzhaus nach Plänen von Pöppelmann 1749 eine barocke Umgestaltung und eine kupferne Turmabdeckung. Der sächsische Hof verkaufte das Spitzhaus 1889 an einen Dresdner Kaufmann, der die Schankerlaubnis erwirkte. Anfang des 20. Jahrhunderts ließ dieser die beiden Flügel mit den Erkertürmchen und eine verglaste Veranda zur Talseite anbauen, womit das turmartige Aussehen verloren ging. Nur unweit entfernt erhebt sich einer von den 145 in Deutschland noch existierenden Bismarcktürmen zu Ehren des Fürsten Otto von Bismarck (1815–1898). Die Radebeuler Version wurde 1907 eingeweiht. Vom Plateau am Fuße des 18 Meter hohen Turmes ist ein Blick über das Elbtal garantiert. Begehbar ist der Koloss jedoch nicht, eine ursprünglich vorgesehene Treppe wurde nie eingebaut.

Oben: Mit dem Rad die Umgebung erkunden lohnt auch in Radebeul.
Mitte: Ältestes Lusthaus in der Lößnitz: das Spitzhaus
Unten: Ein lauer Sommerabend in Altkötzschenbrada

AUTORENTIPP!

SCHNAUFENDER LÖSSNITZDACKEL

Eine Reise voller Nostalgie verspricht die Lößnitzgrundbahn. Als vierte sächsische Schmalspurbahn nahm sie 1884 ihren Dienst auf und dampft seither zwischen Radebeul, Moritzburg und Radeburg. Die 16,55 Kilometer lange Strecke führt durch elf Bahnhöfe und über 17 Brücken. Vorbei an Weinbergen schlängelt sich der Zug durch den malerischen Lößnitzgrund, bevor er die Moritzburger Wald- und Teichlandschaft erreicht. Besonders eindrucksvoll ist es, wenn der »Lößnitzdackel«, wie die Bahn liebevoll genannt wird, den Dippelsdorfer Teich über einen 210 Meter langen Damm überquert. In Moritzburg hat sie die Hälfte der Strecke erreicht. Von hier aus schnauft sie weiter durch die Ortschaften Cunnertswalde, Bärnsdorf und Berbisdorf bis Radeburg. Bei den regelmäßigen Sonderfahrten kommen Dampflokomotiven und historische Personenwagen zum Einsatz.

Lößnitzgrundbahn. Weitere Infos unter: www.loessnitzgrundbahn.de

Karl-May-Wohnhaus Villa Shatterhand

Ein weiterer Höhepunkt von Radebeul, allerdings nicht auf dem Berg, ist das Karl-May-Museum im früheren Wohnhaus des Schriftstellers. Karl May (1842–1912) ließ sich im Oktober 1888 in der Region nieder. In der idyllischen Lößnitz entstanden alle seine Hauptwerke, darunter Winnetou und Der Schatz im Silbersee sowie seine Autobiografie. Zunächst mietete er eine Villa in Kötzschenbroda, später wohnte er in Nieder- und Oberlößnitz. Schließlich kaufte er 1895 nach dem Erfolg seiner Gesammelten Werke das Haus in der heutigen Karl-May-Straße 5 in Radebeul, wo er ab 1895/96 bis zu seinem Tod lebte. In der Villa Shatterhand – wie er sie selbst nannte – informiert eine Ausstellung über sein Leben und Werk. Zu sehen sind Souvenirs seiner Reisen in den Orient und nach Nordamerika, Erstausgaben seiner Jugend- und Reiseerzählungen und viele persönliche Gegenstände. Das orientalisch eingerichtete Arbeitszimmer Karl Mays, die Bibliothek mit über 2500 Bänden und sein Empfangssalon sind zugänglich gemacht. Zu sehen ist außerdem sein Schreibtisch, die »Wiege Winnetous«, sowie die Silberbüchse Winnetous und der Henrystutzen Old Shatterhands, eine Winchester, Modell Henry 1866. Ein Dresdner Büchsenmacher hatte dem Abenteuerschriftsteller diese »berühmtesten Gewehre des Westens« heimlich angefertigt. Indianerromantik auf Sächsisch erwartet dagegen den Besucher der Villa Bärenfett im Museumsgarten. Thema der unterhaltsamen Schau im Blockhaus sind die Indianer Nordamerikas, deren Lebenswelt und Handwerkskunst. Unter den rund 800 Originalobjekten des 18. bis frühen 20. Jahrhunderts sind Mokassins (mit Stachelschweinborsten oder Perlen verziert), Tomahawks, Adlerfederhauben ebenso wie Totempfähle, Pfeifen und Bärenkrallenketten. Entstanden ist die Sammlung aus dem ursprünglichen Bestand Karl Mays, den Ankäufen seiner Frau Klara und der reichhaltigen Sammlung des weitgereisten Artisten und Karl-May-Verehrers Patty Frank. Das Museum wurde 1928 nach Karl Mays Tod von seiner Witwe gegründet.

Altkötzschenbroda

Geschichtsträchtig ist auch der Stadtteil Altkötzschenbroda. Erstmals 1271 als »Coschebrode« urkundlich erwähnt hieß der Ort dann zunächst Kötzschenbroda. 1924 bekam er Stadtrecht, wurde aber 1935 zu Radebeul eingemeindet. Im Pfarrhaus schlossen 1645 Schweden und Sachsen im Dreißigjährigen Krieg einen Waffenstillstand. Eine Bronzeplatte im Fußweg vor seinem Eingang erinnert daran. Im Turmzimmer der evangelischen Kirche am östlichen Ende des Dorfangers kann seit 1995 eine kleine Gedenkstätte besucht werden. Die Kirche hieß bis zur Eingemeindung des Ortes Kirche zu Kötzschenbroda, erhielt dann aber den Namen Friedenskirche zur Erinnerung an die Vertragsunterzeichnung. Von dem 1510 geweihten Vorgängerbau stehen nur noch der Altarraum mit den drei gotischen Fenstern und der Turm bis zur Brüstung über der Uhr. Die ehemalige Bauernsiedlung Altkötzschenbroda ist heute Kunst- und Kulturzentrum. Der Dorfanger mit herrlichen Höfen geriet wie viele andere Gebäude in der DDR allmählich in Vergessenheit und wäre fast gänzlich verschwunden. Doch 1994 wurde er zum Sanierungsgebiet erklärt und entwickelte sich innerhalb kurzer Zeit zu einem architektonischen Kleinod. Heute strahlt der Stadtteil ein lebendiges Flair aus mit rund 40 kleinen Läden, Cafés, Galerien und Werkstätten sowie Pensionen, Ferienwohnungen und einem Hotel. Im Herbst feiert man traditionell die Weinernte, außerdem findet ein internationales Wandertheaterfestival statt.

AUTORENTIPP!

MEDITIEREN AM HISTORISCHEN ORT

An den zwischen Radebeul und Moritzburg gelegenen Teichen trafen sich die »Brücke«-Künstler in den Jahren 1905 bis 1911, um unbelastet von zivilen Zwängen zu arbeiten. Auf ihren Zeichnungen und Gemälden taucht auch das Rote Badehaus (1900) auf und der markante Höhenzug am Südufer des Dippelsdorfer Teichs. Der besondere Ort, an dem Max Pechstein und Ernst Ludwig Kirchner gemalt haben, geriet lange fast in Vergessenheit. 2005 wurde dann das Rote Haus Moritzburg-Friedewald als Nachbildung des alten Badehauses und als Ort der Kunst und Kultur errichtet. Es bietet Kochkurse für gesunde Ernährung und meditative Entspannungsabende an. Außerdem finden Konzerte, Lesungen und Ausstellungen statt. Durch den großzügig angelegten Kräutergarten gibt es Führungen. Viele Dresdner kommen auch gern hierher, um einfach nur in den See zu springen.

Rotes Haus Moritzburg/Friedewald.
Alt-Wettinshöhe 3,
Tel. 0351/2147745,
www.rotes-haus-moritzburg.de

Infos und Adressen

SEHENSWÜRDIGKEITEN

Sächsisches Weinbaumuseum Hoflößnitz. April–Okt. Di–So 10–17 Uhr, Nov.–März Di–Fr 12–16 Uhr, Sa/So/Feiertag 11–17 Uhr, Knohllweg 37, Tel. 0351/8398341, www.hofloessnitz.de

Karl-May-Museum. März–Okt. Di–So 9–18 Uhr, Nov.–Feb. 10–16 Uhr, Karl-May-Str. 5, Tel. 0351/8373010, www.karl-may-museum.de

DDR-Museum Zeitreise. Di–So 10–18 Uhr, Wasastr. 50, Tel. 0351/8351780, www.ddr-museum-dresden.de

Historischer Dorfanger Altkötzschenbroda. Tel. 0351/4593008, www.altkoetzschenbroda.de

Volkssternwarte & Planetarium Adolph Diesterweg. Himmelsbeobachtungen an Fernrohren: April–Aug. Fr 21.30 Uhr, Sept.–März Fr 20 Uhr, Familienplanetarium: jeden Sa 15 Uhr, zahlreiche Sonderveranstaltungen, Auf den Ebenbergen 10a, Tel. 0351/8305905, www.sternwarte-radebeul.de

ESSEN UND TRINKEN

Gasthaus Oberschänke. Die Oberschänke ist das älteste Gasthaus am Kötzschenbrodaer Anger, direkt neben der weithin sichtbaren Friedenskirche. Biergarten und Weinkeller inklusive. Tgl. ab 17 Uhr, Sa/So/Feiertag ab 12 Uhr, Altkötzschenbroda 39, Tel. 0351/8388813, www.oberschaenke.de

Schwarze Seele. Der Missionshof Lieske liefert schlachtfrisches Fleisch und naturtrübes Pils, alles aus eigener Herstellung. Das passt wunderbar zur hier bevorzugten sächsischen und deutschen Küche. Tgl. 8–1 Uhr, Altkötzschenbroda 19, Tel. 0351/8389501, www.gasthaus-schwarze-seele.de

Das Kaffee. Schmökern in schönen Büchern und sächsischen Kuriositäten – bei hausgebackenem

Winzerhaus Lorenz hat wieder das Aussehen von etwa 1800.

Kuchen und Meißner Weinen. In der Regel ist das Café nachmittags geöffnet – am besten vorher erkundigen. Altkötzschenbroda 46, Tel. 03 51/830 75 15, www.das-kaffee.de

Gasthaus Schloss Wackerbarth. Wo August der Starke mit seinem Hof rauschende Feste feierte, begrüßt Schloss Wackerbarth inmitten der Weinberge heute herzlich seine Gäste mit sächsisch-mediterraner Küche zu Weinen aus den eigenen Kellern. Mo–Fr 12–22 Uhr und Sa–So 10–22 Uhr, Wackerbarthstr. 1, Tel. 03 51/895 53 10, www.schloss-wackerbarth.de

Weingut Friedrich Aust. Direkt hinter dem Gutsgebäude liegen die Weinflächen der bekannten Spitzenlage »Radebeuler Goldener Wagen«. Nach den Flachlagen beginnen die Steilterrassen mit den markanten Trockenmauern. Dort reifen Riesling, Spätburgunder und Traminer mit besonderer Qualität. Restaurant: Do 17–22 Uhr, Fr 13–22 Uhr, Sa/So 12–22 Uhr, Feiertag 11–22 Uhr, Weinbergstr. 10, Tel. 03 51/833 87 50, www.weingut-aust.de

Weingut Drei Herren. Das Weingut (mit zwei Herren und einer Dame) steht für die moderne Wiederbelebung alter Traditionen wie der Wiederaufrebung jahrhundertealter Steillagen, der Bewahrung der Landschaft durch Trockenmauern sowie schonendste Kellerbehandlung der Weine. Vinothek Do–Sa 14–18 Uhr und So 11–18 Uhr, Weinbergstr. 34, Tel. 03 51/795 60 99, www.dreiherren.de

ÜBERNACHTEN

Romantik Hotel Villa Sorgenfrei. Entspannen im alten Gemäuer, ohne auf Komfort verzichten zu müssen. Wiederfreigelegte Wandmalereien, Holzdielen und Sandsteinböden machen dieses Haus so besonders. Augustusweg 48, Tel. 03 51/795 66 60, www.hotel-villa-sorgenfrei.de

Der Dorfanger von Altkötzschenbroda

Hotel Goldener Anker. Das Hotel direkt am Elberadweg und an den Elbauen bietet 60 individuell eingerichtete Zimmer. Altkötzschenbroda 61, Tel. 03 51/83 99 01 00, www.goldener-anker-radebeul.de

Schwarze Seele. Ferienwohnungen. Altkötzschenbroda 19, Tel. 03 51/838 69 98, www.ak19.de

Ferienhof Altkoetzschenbroda. Am Dorfanger gibt es diverse Übernachtungsmöglichkeiten vom Einzelzimmer bis zum Familienzimmer, vom Apartment bis zum Heuboden. Altkötzschenbroda 27, Tel. 03 51/656 37 60, www.ferienhof-altkoetzschenbroda.de

VERANSTALTUNGEN

Karl-May-Festtage. Der Abenteuerdichter und seine Romanhelden werden lebendig im Mai! Amt für Kultur und Tourismus, Altkötzschenbroda 21, Tel. 03 51/831 16 00, www.karl-may-fest.de

INFORMATION

Touristeninformation Radebeul. April–Okt. Mo–Fr 9–18 Uhr und Sa 9–13 Uhr, Nov.–März Mo–Fr 10–16 Uhr, Meißner Str. 152, Tel. 03 51/895 41 20, www.radebeul.de

50 Bautzen
Minderheit mit Tradition

Straßenschilder in zwei Sprachen. In Bautzen wird eine bedrohte Sprache gepflegt: Sorbisch. Das westslawische Volk prägt das Stadtbild mit Bräuchen und Traditionen bis heute. In der mehr als 1000 Jahre alten Stadt haben viele sorbische Institutionen und kulturelle Stätten ihren Sitz. Es gibt sogar einen schiefen Turm.

Mitte: Kein Vergleiche mit Pisa: der schiefe Reichenturm in Bautzen
Unten: Die wuchtige Ortenburg war einst eine Festung in Bautzen.

Ab nach Bautzen? Bis 1989 besser nicht. In der bis zur politischen Wende geläufigen Formel ballten sich die drei schlimmsten Worte der DDR. »Ab nach Bautzen« stand wegen der Haftanstalt Bautzen II als Synonym für Rechtlosigkeit, Ausweglosigkeit und Willkür. Heute erinnert eine Gedenkstätte an den »Stasiknast«, in dem ab 1956 politische Häftlinge wie der Schriftsteller Erich Loest weggesperrt wurden. Das rund 40 000 Einwohner zählende Bautzen mit seiner eindrucksvollen Silhouette, der barocken Architektur und markanten Kirchen ist dennoch eine Reise wert.

Zwei Kulturen harmonisch in einer Stadt

Schnell bekommt man mit, dass in der Stadt zwei Sprachen gesprochen werden. Hinweisschilder sind auf Deutsch und Sorbisch. Denn Bautzen ist das politische und kulturelle Zentrum der rund 60 000 Sorben in Ostsachsen und Brandenburg. Sie sind in der Regel deutsche Staatsangehörige, entstammen aber dem kleinsten slawischen Volk, das vor 1000 Jahren Teile des heutigen Mitteldeutschlands besiedelte. Die meist katholischen Sorben wachsen bis heute bilingual auf. Ein klug installiertes Beschilderungssystem weist den Weg

durch die Altstadt an der Spree. Zu den Sehenswürdigkeiten zählen die malerischen Türme der Stadtsilhouette. Mit dem Reichenturm hat auch Bautzen wie Pisa sein schiefes Bauwerk. Der 56 Meter hohe Turm neigt sich um knapp eineinhalb Meter gen Nordwesten und bietet einen grandiosen Blick über das Bautzner Zentrum. Sehenswert ist auch die frühere Anlage zur Wasserversorgung, dessen Vorgängerbau Ende des 15. Jahrhunderts datiert ist.

Älteste Simultankirche Deutschlands

Im Herzen der Altstadt liegt der Dom St. Petri. Der Bau mit Elementen aus Gotik und Barock ist die älteste Simultankirche Deutschlands. Das heißt: Seit 1524 nutzen sie evangelische und katholische Christen. Die Domschatzkammer in unmittelbarer Nachbarschaft beherbergt liturgische Gewänder, Figuren und Bilder. Wer aufmerksam die Vitrinen abschreitet, entdeckt die Rosenthaler Muttergottes aus dem 17. Jahrhundert. Die kleine Figur wirkt wie eine dunkelhäutige Maria. Unweit des Doms steht die wuchtige Ortenburg. Die einstige

Oben: Bautzen ist das Zentrum für rund 60.000 Sorben in Sachsen und Brandenburg.
Unten: Die mehr als 1 000 Jahre alte Stadt bietet verschiedene Architektur.

AUTORENTIPP!

DER SORBISCHE FAUST
An der Schwarzen Mühle mit dem großen Wasserrad erlebt der berühmte Krabat seit einigen Jahren seine Auferstehung. Die bekannte sorbische Sagen- und Zaubergestalt ist in einer der ältesten Ortschaften der Region zu Hause: Schwarzkollm. Das 600 Jahre alte Dorf liegt im künstlich angelegten Lausitzer Seenland und im Kerngebiet der sorbischen Oberlausitz. Die historische Mühle wird derzeit zu einem Erlebnishof ausgebaut. Gesindehaus und Laubengang sind schon fertig. 2012 kam Krabat am Originalschauplatz erstmals auf die Bühne. Die Geschichte vom »sorbischen Faust«, dem Waisenjungen, der in der Schwarzen Mühle lernt und das Böse besiegt, hat Schriftsteller wie Filmemacher inspiriert. Vorbild für die Figur ist der Kroate Johannes Schadowitz, genannt Krabat, den Kurfürst Friedrich August I. nach einem Feldzug gegen die Türken im Jahr 1696 mitbrachte.

Mühle in Schwarzkollm.
vKoselbruch 22, Führungen unter Tel. 03 57 22/912 57, www.schwarzkollm.de

Festung des Milzener-Stammes und spätere Grenzburg ist heute Domizil des Sächsischen Oberverwaltungsgerichts, eine Spielstätte des deutsch-sorbischen Volkstheaters und sorbisches Museum. Bemerkenswert ist der Rietschelgiebel. Die 1840 vollendete Allegorie der Tragödie des Bildhauers Ernst Rietschel (1804–1861) zierte bis zu einem Brand 1869 das erste Hoftheater Gottfried Sempers (1803–1879) in Dresden. Beim Nachfolgebau fand sie keine Verwendung und schmückt seit 2003 den Burghof, der im Sommer Schauplatz von Theateraufführungen ist. Der Weg zur Burg führt vorbei an stimmungsvollen Kneipen, Cafés und Restaurants. Doch Achtung: Häufig schließen sie gegen 14.30 Uhr und öffnen erst abends wieder.

Erlebenswertes in Bautzen und Umgebung

Unter den vielen sorbischen Bräuchen, die immer noch gepflegt werden, sind neben den kunstvoll verzierten Ostereiern die Osterprozessionen am populärsten. Hoch zu Ross verkünden die Osterreiter die Auferstehung Christi. Während die Eier von allen bemalt werden dürfen, ist die Reiterprozession in schwarzer Tracht nur Jungen und Männern vorbehalten. Als Delikatesse gilt der Bautzner Senf. Alles über das scharfe Gewürz aus Ostsachsen erfährt man im Bautz'ner Senfladen samt Manufaktur und Museum am Fleischmarkt. Vor den Toren der Stadt liegt der Saurierpark Kleinwelka, der besonders reizvoll für Kinder ist. Auch entstehen in der Region 23 Seen mit einer Gesamtgröße von mehr als 14 000 Hektar als neue »blaue Augen« im ehemaligen Braunkohletagebaugebiet: Surfen, Segeln, Tauchen, Radfahren, Reiten – vieles ist möglich in der künstlichen Landschaft. Zehn Seen werden durch schiffbare Kanäle miteinander verbunden.

Infos und Adressen

SEHENSWÜRDIGKEITEN

Museum Bautzen. April–Sept. Di–So 10–17 Uhr und Okt.–März 10–18 Uhr, Kornmarkt 1, Tel. 03591/49850, www.bautzen.de/museum-bautzen.asp

Serbski muzej – Sorbisches Museum. April–Okt. Mo–Fr 10–17 Uhr und Sa/So/Feiertag 10–18 Uhr, Nov.–März Mo–Fr 10–16 Uhr und Sa/So/Feiertag 10–17 Uhr, Ortenburg 3, Tel. 03591/2708700, www.museum.sorben.com

Gedenkstätte Bautzen. Mo–Do 10–16 Uhr, Fr 10–20 Uhr und Sa/So/Feiertag 10–18 Uhr, Weigangstr. 8 a, Tel. 03591/40474, www.gedenkstaette-bautzen.de

ESSEN UND TRINKEN

Wjelbik. Traditionelle sorbische Küche im historischen Zentrum. Tgl. 11–15 und 17.30–23 Uhr, Nov.–März So Nachmittag und Mo Ruhetag, Kornstraße 7, Tel. 03591/42060, www.wjelbik.de

ÜBERNACHTEN

Best Western Plus Hotel Bautzen. Direkt am Reichenturm, dem Beginn der historischen Innenstadt. Wendischer Graben 20, Tel. 03591/4920, www.bwbautzen.de

Osterreiter – sorbische Bräuche werden in der Region bis heute gepflegt.

Eine der größten Simultankirchen in Deutschland: Dom St. Petri

AKTIVITÄTEN

Deutsch-Sorbisches Volkstheater. Seminarstraße 12, Tel. 03591/584225, www.theater-bautzen.de

Saurierpark Kleinwelka. Eine Reise in die Urzeit für die ganze Familie. April–Okt. tgl. 9–18 Uhr, Saurierpark 1, Tel. 035935/3036, www.saurierpark.de

INFORMATION

Touristeninformation Bautzen-Budyšin. März–Okt. Mo–Fr 9–18 Uhr und Sa/So/Feiertag 9–15 Uhr, Nov.–Feb. Mo–Fr 9–17 Uhr und Sa/So 9–14 Uhr, Hauptmarkt 1, Tel. 035 91/42016, www.bautzen.de

Sorbische Kulturinformation. Mo–Fr 10–16.30 Uhr, Postplatz 2, Tel. 03591/42105, www.tourismus-sorben.com

REISEINFOS

Dresden von A bis Z

Anreise mit dem Auto, Anreise mit dem Zug, Anreise mit dem Flugzeug, Apotheke, Banken und Geldkartensperrung, Einkaufen, Essen und Trinken, Fahrrad, Feiertage, Fundbüro, Fußgänger, Internet, Klima, Kreditkarten, Museumsöffnungszeiten, Nahverkehr, Notruf, Parken, Religion und Glaube, Souvenirs, Sport, Stadtführungen, Stadtrundfahrten und Stadttouren, Taxi, Telefonieren, Touristeninformation, Trinkgeld, Übernachten, Veranstaltungen, Verleih

Vorangehende Doppelseite:
Die Elbwiesen
Oben: Der Trabi auf Amerikanisch mitten in Dresden
Mitte: Mit der Straßenbahn bequem durch die Stadt
Unten: Mit dem Dampfschiff auf der Elbe bis in die Sächsische Schweiz

Dresden von A bis Z

Anreise mit dem Auto

Dresden ist über die Autobahnen A4 (Kirchheimer Dreieck – Görlitz), A13 (Berlin – Dresden) und A17 (Dresden – Prag) sowie über die Bundesstraßen B6, B97, B170, B172 und B173 gut an das europäische Verkehrsnetz angebunden. Ein Hotelleitsystem weist von den acht Autobahnabfahrten bzw. über die Bundesstraßen den Weg zu den Unterkünften durch farbig gekennzeichnete Routen (blau, rot, lila, gelb). Direktverbindungen mit klimatisierten Linienbussen gibt es aus vielen Städten, darunter Berlin, München, Wien und Prag.

Anreise mit dem Zug

Die beiden Fernbahnhöfe Dresden-Hauptbahnhof und Dresden-Neustadt haben direkten ICE/EC/IC-Anschluss. Mehrmals täglich pendeln Züge aus ganz Deutschland und dem benachbarten Ausland, auch über Nacht bequem zu genießen per City Night Line.

Anreise mit dem Flugzeug

Der Flughafen Dresden International ist über große deutsche Drehkreuze und internationale Nonstop-Verbindungen aus allen Richtungen der Welt erreichbar. Die S-Bahn (S2) fährt vom Flughafenuntergeschoss in knapp 30 Minuten direkt in die Zentren auf beiden Elbseiten.

Anreise mit dem Schiff

Auch über das Wasser kann man sich der Stadt nähern. Dresden wird von Flusskreuzfahrtschiffen angesteuert, auch die Flotte der »Sächsischen Dampfschiffahrt« hat in Dresden ihren Sitz und bringt Besucher an Ziele entlang der Elbe bis in die Sächsische Schweiz. Gastboote sind im Yachthafen Neustadt am rechten Ufer willkommen.

Apotheke

Im Stadtgebiet gibt es ein flächendeckendes Apothekennetz. Für die Versorgung in der Nacht und an Sonn- und Feiertagen hat in jedem Stadtteil mindestens eine Apotheke Notdienst. Tel. 03 51/1 15 00

Banken und Geldkartensperrung

Das gesetzliche Zahlungsmittel Deutschlands ist der Euro. Alle großen Kreditinstitute haben Filialen und Geldautomaten in der Stadt. Die ReiseBank Dresden befindet sich im Hauptbahnhof. Mo–Fr 8–20 Uhr, Sa 8–18 Uhr und So 10–18 Uhr, Wiener Platz 4, Tel. 03 51/471 21 77, Sperrnotruf EC-/Kreditkarte (gebührenfrei und 24 Stunden am Tag): 116 116

Einkaufen

Facettenreich wie die Stadt ist ihr Shoppingangebot. Attraktive Einkaufsgalerien säumen den Weg vom Hauptbahnhof über die Fußgängermeile Prager Straße zum Altmarkt. Zahlreiche individuelle Läden gibt es rund um die Frauenkirche am Neumarkt bis zum Residenzschloss. Als Adresse für exquisites Einkaufen gilt auf der Neustädter Elbseite das Barockviertel, das auch für seine Galerien und Kunsthandlungen bekannt ist. Übergangslos schließt sich am Albertplatz die Äußere Neustadt mit ihren Szeneläden an. Der größte Wochenmarkt bietet freitags auf der Lingnerallee (neben dem Deutschen Hygiene-Museum) regionale Produkte aller Art an. Großer Beliebtheit erfreut sich samstags der Elbeflohmarkt an der Albertbrücke. Die Geschäfte in der Innenstadt sind

Oben: Altes Bräustübel am Körnerplatz in Loschwitz
Mitte: Zeit zum Meditieren: Sitzen an der Elbe
Unten: Wochenmärkte gibt es in vielen Stadtteilen – einen davon am Großen Garten.

Oben: Das traditionsreiche Brauhaus »Watzke« verfügt noch immer über einen Ballsaal.
Mitte: Unfiltriertes naturtrübes Bier aus der Hausbrauerei Watzke
Unten: Radfahren auf einem technischem Denkmal

in der Regel Mo–Sa 10–20 Uhr geöffnet. Sonntags sind sie geschlossen. Ausnahmen gibt es bei Bäckereien, in Bahnhöfen und an Tankstellen.

Essen und Trinken

In den letzten zwei Jahrzehnten sind Zahl und Vielfalt der gastronomischen Einrichtungen beträchtlich gewachsen. In Dresden kann man mittlerweile eine kulinarische Reise um die ganze Welt unternehmen. Starten sollte man aber unbedingt mit einigen Raritäten, die es (fast) nur hier gibt: Dresdner Eierschecke, Quarkkeulchen, sächsische Kartoffelsuppe und dem hervorragenden Wein aus dem Elbtal. Schnell ist man der regionalen Vielfalt der sächsischen Küche verfallen, ob sie nun gerade herzhaft oder honigsüß ist. Dazu kommt die jeweils passende Lokalität: die Terrasse mit dem grandiosen Blick auf die Frauenkirche, der urige Biergarten an der Elbe, das tiefe Kellergewölbe im historischen Gemäuer oder die schrille Szenekneipe in der Neustadt. Kultur spielt immer eine Begleitrolle, der Jazz zum Frühschoppen, das klassische Konzert und das gemütlich-kulinarische Beisammensein danach, durchtanzte Nächte und der erste Döner am Morgen. Für jeden Gaumen und jede Preisklasse ist etwas dabei.

Fahrrad

Kostengünstig und flexibel ist man mit Fahrrad und Skateboard unterwegs. Entlang vieler Hauptverkehrsstraßen verlaufen Radwege und auch Parks wie der Große Garten sind für Fahrräder und Skater freigegeben. Der wichtigste innerstädtische Radweg ist der Elberadweg, der sich rund 30 Kilometer am linken und 27 Kilometer am rechten Elbufer abseits des Verkehrs und vorbei an zahlreichen Sehenswürdigkeiten schlängelt. Mehrere Veranstalter bieten geführte Radtouren in Stadt und Umland an.

Feiertage

1. Januar, Karfreitag, Ostermontag, 1. Mai (Tag der Arbeit), Christi Himmelfahrt, Pfingstmontag, 3. Oktober (Tag der Deutschen Einheit), 31. Oktober (Reformationstag), Buß- und Bettag, 25./26. Dezember (Weihnachtsfeiertage)

Fundbüro

Ordnungsamt Fundbüro: Fundsachen werden dem Eigentümer gegen eine Gebühr zurückgegeben. Mo/Fr 9–12 Uhr und Di/Do 9–18 Uhr, Theaterstr. 13, Tel. 03 51/488 59 96

Fußgänger

An 46 markanten Standorten wie Bahnhöfen, Verkehrsknotenpunkten und Parkplätzen im Areal des Innenstadtrings weisen Stelen des touristischen Leitsystems den Weg zu Sehenswürdigkeiten. Sie enthalten einen Übersichtsstadtplan und Wegangaben auf Deutsch und Englisch.

Internet

Stadtverwaltung Dresden: www.dresden.de
Dresden Tourismus: www.dresden.de/tourismus
Dresden Marketing: www.marketing.dresden.de
Sächsisches Elbland: www.elbland.de
Sächsische Schweiz: www.saechsische-schweiz.de
Marketing-Gesellschaft Oberlausitz-Niederschlesien: www.oberlausitz.com

Klima

Durch seine Elbtallage gehört Dresden zu den wärmsten Städten Deutschlands. In den Sommermonaten beträgt die durchschnittliche Tageshöchsttemperatur 23 °C, wobei Hitzeperioden mit über 30 °C nicht ungewöhnlich sind. Im Winter liegen

Oben: Details gibt es an der Elbestadt viele zu entdecken – etwa am Palais Großer Garten. **Mitte:** Paradies Flohmarkt – der größte in Dresden ist jeden Samstag am Elbufer zu finden. **Unten:** Dresdner pflegen auch die Gartenkultur.

die Durchschnittswerte 2 °C über dem Gefrierpunkt. Die Niederschläge verteilen sich gleichmäßig über das Jahr.

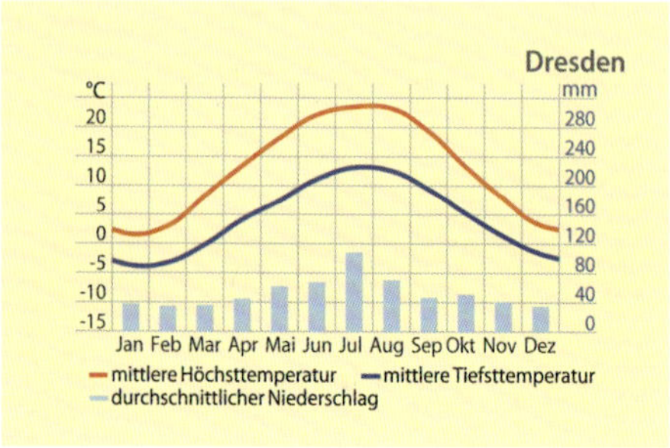

Klimadiagramm für Dresden

Kreditkarten

Sie sind in Hotels, Restaurants, Kaufhäusern und Boutiquen selbstverständlich, in Kneipen weniger üblich.

Museumsöffnungszeiten

In der Regel haben Museen von 10–18 Uhr geöffnet. Allerdings trifft das nicht auf alle der insgesamt 44 Ausstellungsstätten zu, man sollte sich also vor einem Besuch genau informieren. Ruhetag ist Montag, eine Ausnahme bilden die Museen des Residenzschlosses (Dienstag). Das Militärhistorische Museum hat am Mittwoch geschlossen. In einigen städtischen Museen ist am Freitagnachmittag der Eintritt frei.

Nahverkehr

Die Stadt (eine Tarifzone) und das Umland (angrenzende Tarifzonen) sind über ein sehr gut ausgebautes öffentliches Verkehrsnetz (Straßenbahnen,

Oben: Der Blick auf die nächtliche Silhouette sollte mindestens einmal erhascht werden.
Mitte: Kunst für Schüler wird groß geschrieben.
Unten: Interessierter Besucher im Militärmuseum der Bundeswehr

Busse, Regional- und S-Bahnen, Bergbahnen, Elbfähren) miteinander verbunden. Fahrscheine können an Servicepunkten, Haltestellen und direkt im Verkehrsmittel erworben werden. Bei Fahrantritt werden sie entwertet. Ein Einzelfahrschein gilt für Fahrten innerhalb einer Tarifzone maximal eine Stunde lang. Die Dresden-City-Card und die Dresden-Regio-Card bieten freie Fahrt mit öffentlichen Verkehrsmitteln, freien Eintritt in bestimmte Museen und zahlreiche Ermäßigungen. Für Touristen eignen sich auch Tageskarten (Einzelperson, Familie, Kleingruppe), die bis 4 Uhr am Folgetag gelten. Aufeinander abgestimmte GuteNachtLinien sammeln die Nachtschwärmer ein.
Verkehrsverbund Oberelbe: Tel. 03 51/852 65 55, www.vvo-online.de
Dresdner Verkehrsbetriebe: Tel. 03 51/857 10 11, www.dvb.de

Notruf

Polizei: 110 Feuerwehr: 112
Ärztlicher Notdienst: 03 51/192 92
ADAC-Pannenhilfe: 01 80/222 22 22

Parken

Ein dynamisches Parkleitsystem weist Autofahrern in der Innenstadt den Weg zu Parkplätzen, Parkhäusern und Tiefgaragen. Die Innenstadttiefgaragen »Frauenkirche/Neumarkt« und »Altmarkt« bieten Parkplätze für günstige 5 Euro in der Zeit zwischen 9–23 Uhr. Dazu sind in den Touristeninformationen Sondertickets erhältlich, die beim Bezahlvorgang mit dem normalen Parkpreis verrechnet werden.

Religion und Glaube

Ein Fünftel der Dresdner gehört einer Religionsgemeinschaft an. Rund 16 Prozent sind evange-

Oben: Den Artesischen Brunnen am Albertplatz schmückt ein Rundtempel.
Mitte: Straßenbahnen ersetzen die fehlende U-Bahn.
Unten: Wanderfreunde zieht es in die Sächsische Schweiz etwa 30 Kilometer von Dresden.

Oben: Zu Weihnachten ist die Kreuzkirche am Altmarkt bis auf den letzten Platz gefüllt.
Mitte: (Barocke) Engel sind ein besonderes Kennzeichen von Dresden.
Unten: Teilnahme erwünscht: Jedes Jahr zum Elbhangfest gibt es das Drachenbootrennen.

lisch-lutherischen und etwa fünf Prozent katholischen Glaubens. 1000 Menschen gehören der Russisch-Orthodoxen Kirche an, 700 der Jüdischen Gemeinde. Es gibt viele Möglichkeiten, an Gottesdiensten teilzunehmen. Besondere spirituelle Orte sind die wiedererrichtete Dresdner Frauenkirche und die Neue Synagoge, die beide für Versöhnung stehen.

Souvenirs

Die Vorstellungen, wie kleine Mitbringsel denn auszusehen hätten, sind unterschiedlich. Wie wäre es mit »ess- und trinkbaren Landschaften«? Die »süßen« Sachsen haben die Milchschokolade, den Dominostein, Russisch Brot und natürlich den Dresdner Christstollen erfunden. Guter Wein wächst im Elbtal und Käse kann man im »schönsten Milchladen der Welt«, Pfunds Molkerei, kaufen. Langlebiger sind Kalender oder Bildbände, die aus unterschiedlichster Sicht die Barockstadt festhalten. Oder wie wäre es mit einer Frauenkirchenuhr, Porzellan aus Meißen oder den geschnitzten und gedrechselten Holzfiguren aus dem nahen Erzgebirge?

Sport

Dresden ist eine der grünsten Städte Europas, deren mannigfaltige Naturflächen hervorragend für sportliche Aktivitäten geeignet sind. Die Elbwiesen und die nahe Dresdner Heide vervollständigen das Bild. Von Ende April bis Mitte Oktober treffen sich jeden Freitagabend 3000 Skater zum Dresdner Nachtskaten. Per Kanu oder Schlauchboot ist die Stadt vom Wasser aus zu entdecken. Zahlreiche Freibäder und Schwimmhallen kühlen im Sommer ab, Saunen wärmen im Winter. Zur kalten Jahreszeit kommen auch Eisläufer auf ihre Kosten. Dann kurven sie um Schloss Moritzburg oder nutzen eine der Eishallen.

Außerdem hat Dresden in reizvoller Landschaft zwei Golfplätze vor seinen Toren.

Stadtführungen

Neben klassischen Rundgängen durch die historische Altstadt heben thematische Führungen zu unterschiedlichen Tages- und Abendzeiten besondere Momente der Stadtgeschichte hervor. Historische Figuren in Kostümen wie Graf Brühl, der Porzellanerfinder Böttger, die exotische Mätresse Fatima oder der Abenteuerschriftsteller Karl May laden zu Zeitreisen ein. Weitere Infos erteilen die Touristeninformationen. Dort oder direkt beim Veranstalter gibt es auch die Karten. Außerdem besteht die Möglichkeit, Audio Guides in Deutsch und Englisch auszuleihen und sich individuell auf den Weg zu machen.

Stadtrundfahrten und Stadttouren

Mehrere Unternehmen bieten Stadtrundfahrten unterschiedlicher Thematik und Länge (auch Hop on/Hop off) in mehreren Sprachen an. Nicht nur im Bus, auch per Schiff, Bergbahn, Kutsche, Rikscha-Taxi, Segway-Roller, Rad oder als Trabi-Safari lässt sich die Stadt erkunden. Karten sind in den Touristeninformationen, an Verkaufsständen und direkt am Verkehrsmittel erhältlich. Eine preiswerte Alternative zur klassischen Stadtrundfahrt ist die »Kulturlinie 4«. Historische Bauwerke, zahlreiche Museen und Theater in Dresden und dem Umland sind durch die Straßenbahnlinie 4 verbunden, die auch reizvoll durch Elbtal und Weinberge führt.

Taxi

An Bahnhöfen, Sehenswürdigkeiten, Kultureinrichtungen oder Gaststätten gibt es Taxistände

Oben: Zahlreiche Skulpturen säumen die Stadt.
Mitte: Wasser Marsch: Hof der Elemente im Kunsthof
Unten: Perfekter Augenblick: die Stadt am Fluß bei Sonnenuntergang

Oben: Der Kasper auf dem Museum Jägerhof mit Puppentheatersammlung
Mitte: Seit 2011 sind sämtliche Etagen der Albrechtsburg Meißen zugänglich.
Unten: Restaurant »Felix« im Schauspielhaus

oder einzeln wartende Autos. Außerdem ist eine telefonische Bestellung möglich: Tel. 03 51/211 211 oder 03 51/88 88 88 88. Die Preise setzen sich aus Grundpreis und Kilometertarif zusammen. Ist es in anderen Städten üblich Taxis während der Fahrt zu stoppen, so ist das in Dresden zwar möglich, aber eher ungern gesehen.

Telefonieren

Die Vorwahl für Dresden aus dem Ausland lautet +49 (0) 351. Öffentliche Telefonzellen werden im Stadtbild immer seltener. Telefonläden, in denen internationale Gespräche zu günstigen Preisen geführt werden können, befinden sich vorrangig in der Dresdner Neustadt.

Touristeninformation

Info- und Buchungshotline: Mo–Sa 9–18 Uhr, Prager Str. 2 b, Tel. 03 51/50 16 01 60, info@dresden.travel. Mehrsprachige Mitarbeiter bieten Serviceleistungen für Dresden und Umgebung (Information, Planung, Buchung, Verkauf, Verleih).
Touristeninformation: April–Dez. Mo–Fr 10–19 Uhr, Sa 10–18 Uhr und So/Feiertag 10–15 Uhr, Jan.–März verkürzte Öffnungszeiten, Schössergasse 23 (Ecke Sporergasse, zwischen Schloss und Frauenkirche), www.dresden.de
Touristeninformation im Hauptbahnhof: tgl. 9–19 Uhr, Wiener Platz 4, www.dresden.de

Trinkgeld

Service und Mehrwertsteuer sind in allen Preisen enthalten. In bestimmten Dienstleistungsbereichen wie Hotels und Restaurants wird traditionell Trinkgeld gegeben. Üblich sind 5 bis 10 Prozent, wobei sich die Höhe nach dem Zufriedenheitsgrad mit der erbrachten Leistung richtet.

Übernachten

Im gesamten Stadtgebiet stehen in mehr als 100 Hotels aller Kategorien rund 20 000 Betten zur Verfügung. Wer länger bleiben möchte, kann über die Dresdner Mitwohnzentrale möblierten Wohnraum unterschiedlicher Größe und Ausstattung in allen Stadtteilen anmieten.

Veranstaltungen

Das gesamte Jahr über (und nicht nur in den klassischen Veranstaltungsmonaten) kann man täglich aus einer Vielzahl von Veranstaltungen mit überregionalem, aber auch mit ganz individuellem Charakter auswählen. Einige Höhepunkte im Jahreslauf sind: Semperopernball, Dampfloktreffen, Dampferparade, Oberelbemarathon, Internationales Dixieland-Festival, Dresdner Musikfestspiele, Bunte Republik Neustadt, Elbhangfest, Filmnächte am Elbufer, Dresdner Schlössernacht, Nachtskaten, Pillnitzer Schlossnacht, Moritzburg Festival, Dresdner Stadtfest, Pyro Games, Dresden Marathon, Jazztage, Striezelmarkt, Silvester-Open-Air. Aktueller Veranstaltungskalender: www.dresden.de/veranstaltungen-tourismus

Verleih

Die großen Autovermietungen haben Filialen an den drei Verkehrsknotenpunkten Flughafen, Hauptbahnhof und Bahnhof Dresden-Neustadt. Carsharing ist ebenfalls möglich, teilAuto hält 75 Stationen für seine Kunden. An 30 touristisch attraktiven Standorten sind Mietfahrräder über nextbike erhältlich: Ein angemeldeter Kunde kann bis zu vier Räder gleichzeitig ausleihen. Bei weiteren Anbietern werden neben Fahrrädern E-Bikes und Roller vermietet. Für Wassersportler stehen Boote unterschiedlicher Ausstattung bereit.

Oben: Blick in die Lifestyle Suite des Innside Hotels Dresden nahe den Brühlschen Terassen
Mitte: Bier trinken mit Blick auf die Altstadt
Unten: Dorfatmosphäre auf dem Anger in Radebeul-Altkötzschenbroda

Produktmanagement: Ulrich Jahn
Lektorat: Dr. Barbara Münch-Kienast, Andechs
Satz/Layout: Roman Bold & Black, Köln
Repro: Repro Ludwig, Zell am See
Umschlaggestaltung: Ulrike Huber, www.uhu-design.de, Kolbermoor
Kartografie: Kartographie Huber, Heike Block, München
Herstellung: Bettina Schippel
Printed in Slovenia by Korotan, Ljubljana

Bruckmann Verlag
Postfach 40 02 09
80702 München
E-Mail: lektorat@verlagshaus.de

Bildnachweis:
Alle Bilder des Innenteils und des Umschlags stammen von Ernst Wrba, außer: Ludwig Boehme: S.35; Restaurant Brennnessel: S.83 u.; Kabarett Breschke & Schuch: S.39; Buelow Palais & Residenz Dresden: S.131; Restaurant Goldener Reiter: S.120; Birgit Großer: S.235; IS DRS Innside: S.281 (Guerrero, F.); Restaurant Kastenmeiers: S.65; Restaurant Lingner: S.103, 164 o.; Cersten Nussler: S.36; Oe's Gastro GmbH: S.91; Schmidt's Restaurant Dresden: S.151; Hotel Schloss Eckberg:S.164 u.; Roetting/LOOK-foto: Umschlag vorne links; Schloss Scharfenberg: S.246; Shutterstock (www.shutterstock.com): S.19 (maleevsw), 108 (Kondratenko, N.); 116 (50u15pec7a70r), 218, 228 o., 229 (LianeM), 243 u. (Kolos, O.), 266 (Derics, D.), 266 ,267 (clearlens), 267 o. (guukaa), 268 (pecold), 269 (Bocman1973); Stadtwerke Pirna: S.193 (Biosauna); Lothar Sprenger: S.31; Swiss Hotel Dresden: S.57 u. (Clutton, N.); Hotel Taschenberg Kempinski: S.55 (Kraehahn, B.); Steffen Tiersch: S.58 o.; Wikimedia (www.wikipedia.de): S.49 (Kaiser, N.);

Umschlag:
Vorderseite: Goldener Reiter (o.), Besucher im Deutschen Hygienemuseum (M.l.), Basteibrücke in der Sächsischen Schweiz (M.r.), Blick auf Dresdner Altstadt (u.);
Rückseite: Lokal in Altkötzschenbroda (r.), Radfahrer auf dem Elberadweg beim Blauen Wunder (l.)

Die Deutsche Nationalbibliothek verzeichnet diese Publikation in der Deutschen Nationalbibliografie; detaillierte bibliografische Daten sind im Internet über http://dnb.d-nb.de abrufbar.

ISBN 978-3-7654-5848-4